U0936664

Martin Heidegger
WAS HEIẞT DENKEN?
2., unveränderte Aufl.

本书根据德国马克斯・尼迈耶出版社 1961 年单行本第二版,以及
德国维多里奥・克劳斯特曼出版社 2002 年全集版第 8 卷译出。

汉译世界学术名著丛书
（120 年纪念版·珍藏本）
增订本出版说明

2017 年 10 月，为纪念商务印书馆创立 120 周年，本馆推出“汉译世界学术名著丛书”（120 年纪念版·珍藏本），计七百种。近五六年来，仰赖学界同人倾力支持，订正旧译，增补新译，拓展新著，积累日多。为满足读者需要，本馆在七百种的基础上，继续推出“汉译世界学术名著丛书”（120 年纪念版·珍藏本·增订本）三百种。至此，“汉译世界学术名著丛书”累计出版已达千种。

今后，本馆将继续推进丛书的翻译出版工作，在积累单本名著的基础上陆续分辑刊行，汇印出版。为促进中外文明互鉴、推动我国学术发展，使“汉译世界学术名著丛书”这项对我国学术文化有基本建设意义的重大工程发挥更大作用，诚望海内外学术界、翻译界继续给予支持，帮助我们把这套丛书出得更好。

商务印书馆编辑部

2024 年 2 月

汉译世界学术名著丛书
（120年纪念版·珍藏本）
出版说明

2017年2月11日，商务印书馆迎来120岁的生日。120年前，商务印书馆前贤怀揣文化救国的理想，抱持“昌明教育，开启民智”的使命，立足本土，放眼寰宇，以出版为津梁，沟通中西，为中国、为世界提供最富智慧的思想文化成果。无论世事白云苍狗，潮流左右激荡，甚至战火硝烟弥漫，始终践行学术报国之志，无改初心。

逐译世界各国学术名著，即其一端。早在20世纪初年便出版《原富》《天演论》等影响至今的代表性著作，1950年代后更致力于外国哲学和社会科学经典的译介，及至1980年代，辑为“汉译世界学术名著丛书”，汇涓为流，蔚为大观。丛书自1981年开始出版，历时三十余年，迄今已推出七百种，是我国现代出版史上规模最大、最为重要的学术翻译工程。

丛书所选之书，立场观点不囿于一派，学科领域不限于一门，皆为文明开启以来，各时代、各国家、各民族的思想与文化精粹，代表着人类已经到达过的精神境界。丛书系统译介世界学术经典，引领时代思想，为本土原创学术的发展提供丰富的文化滋养，为推动中国现代学术和现代化进程做出了突出的贡献。

为纪念商务印书馆成立120周年，我们整体推出“汉译世界学术名著丛书”120年纪念版的珍藏本，寄望既利于文化积累，又便于研读查考，同时向长期支持丛书出版的译者、编者和读者致以敬意。

两甲子后的今天，商务印书馆又站在了一个新的历史时间节点上。我们不仅要铭记先辈的身影和足迹，更须让我们的步伐充满新的时代精神。这是商务人代代相传的事业，更是与国家和民族的命运始终紧密相连的事业。我们责无旁贷，必须做好我们这代人的传承与创造，让我们的努力和成果不仅凝聚成民族文化的记忆，还能成为后来人可以接续的事业。唯此，才能不负前贤，无愧来者。

商务印书馆编辑部

2017年10月

献给我太太六十岁生日

目　　录

附录

单行本前言

本书端出我在弗莱堡大学做的两个讲座的未改动文本，这两个讲座均为一课时，课名相同，分别做于 1951—1952 年冬季学期和 1952 年夏季学期。

各个讲座课的文本，我们用罗马数字加以标识。

各堂课之间有隔周的休息，有时甚至还有更长的休息，这就有必要通过重复前一堂课的内容把听众带回到讲座的进程之中。课时之间的过渡是单独印的。[①] 读者可以按它们固有的秩序来阅读它们，但也可以把它们当作各课之间的过渡和转化来阅读。

① 编者按：全集版出版时，课时之间的过渡被置于每个课时的开头，因为它们都是在每堂课开头做的。

第一部分

1951—1952年
冬季学期讲座及过渡

第 一 讲 5

当我们亲自思想时，我们才通达那个叫[1]思想的东西。而为了让这样一种尝试获得成功，我们就必须准备去学习思想。

一旦我们让自己投身于这种学习，我们也就已经承认了：我们还不能够思想。

然而，人却被叫作能思想的东西——而且这个说法是有道理的。因为人是理性的生物。而理性，即 ratio，是在思想中展开自身的。作为理性的生物，只要人愿意，他是必定能思想的。可是，也许人意愿思想，其实却不能思想。说到底，在这种思想意愿中，人意求太多，因而所能太少。就人具有思想的可能性而言，人是能思想的。只不过，这种可能性尚未保证我们能够思想。因为，我们只能够做我们喜欢之事。[2] 但我们真正喜欢的，又只是那种东西，它自己反过来也喜欢我们本身，而且是就我们的本质而喜欢我们；作为把我们守持在本质中的东西，它由于把自身允诺给我们的本

---

① 德语中的“叫”(heißen)类似于汉语的“叫”，有“召唤、叫”(如“我叫你来”)与“意指、意味”(如“这意味着什么?”)双重意义。本书书名 Was heißt Denken? 中的 heißen 即有此双重含义，故我们把书名译为《什么叫思想?》。——译注

② 注意此处“能够”(vermögen)与“喜欢”(mögen)之间的字面和意义联系。——译注

质而喜欢我们。真正说来，守持意味着：看护、在牧场上放牧。[①]但是，只有当我们自己从我们自身出发把那个守持者保－持[②]下来，这时，把我们守持在我们的本质中的那个东西才能守持我们。当我们不让那个守持者逃离记忆时，我们就把它保－持了。记忆乃是思想之聚集。把思想聚集到何处呢？到那个守持我们的东西上面，这个东西在我们这里受到思虑，而之所以受到思虑，是因为它[③]始终是有待思虑者。这个受到思虑的东西，就是随一种思念[④]被赠送出来的东西；之所以被赠送出来，是因为我们喜欢它。唯当我们喜欢那个本身就作为有待思虑者而存在的东西时，我们才能够思想。

为了能够思想，我们必须学习思想。什么是学习呢？当人使
6 他的有为和无为与那个总是在本质方面被允诺给他的东西相吻合时，人就在学习。我们通过关注那个使思想有所思虑的东西来学习思想。

例如，我们的语言把朋友的本质内涵称为友好。相应地，现在我们把那个本身就有待思虑者称为可思虑者。[⑤] 一切可思虑者给

---

① 此句中的“守持”(halten)与“看护”(hüten)两词之间有词根联系。——译注

② 此处“保－持”(be-halten)词根为“守持”(halten)。——译注

③ 此处“它”被大写为 Es。——译注

④ 此处“思念”(Andenken，或译为“追忆”)，词根也是“思/思想”(denken)。——译注

⑤ 此句中“有待思虑者”原文为 das zu-Bedenkende，“可思虑者”原文为 das Bedenkliche，均与动词“思虑”(bedenken)相关。这两个词在字形上类似于前句中的“朋友”(Freund)与“友好”(das Freundliche)。——译注

予我们思想[1]。但无论何时，只有当可思虑者从自身而来已经是有待思虑者时，可思虑者才给出这份礼物。从现在起，我们把那个自始并且先于一切地，因而总是有待思虑者称为：最可思虑者。什么是最可思虑者呢？在我们这个可思虑的时代里它如何显示自身呢？

这个最可思虑者就是我们尚未思想；尽管世界状况不断地变得更可思虑，我们仍然尚未思想。诚然，这个过程似乎更多地要求人们毫不迟疑地行动起来，而不是在各种协商谈判和国际会议上空话连篇，不是囿于单纯地提出什么应当存在以及它必须怎样被做出来之类的观念。所以，缺少的是行动而决不是思想。

不过——多少世纪以来直到现在，也许人们早已经是行动过多而思想过少。而在今天，到处都更加显露出对哲学的热烈而持久的兴趣，几乎人人都想知道哲学究竟是什么东西，这时候，如何能断言我们尚未思想呢？哲学家就是“这些”思想家呀。之所以这样说，是因为思想原本就是在哲学中发生的。

没有人会否认，今天人们对哲学是有某种兴趣的。不过，就人们对“兴趣”的理解而言，今天难道还有什么东西是人们不感兴趣的么？

兴-趣的意思是：处于事物当中，在事物之间，置身于某个事物的中心并且寓于这个事物。[2] 可是，对当今的兴趣来说重要的只是有趣的东西（das Interessante）。这个有趣的东西让人见异思

① 此处“给予我们思想”（uns zu denken gibt）中的“思想”是动词 denken。或也可译为“给予我们去思想”（不合汉语表达习惯，但可理解）。——译注

② 海德格尔在此把“兴趣”（Interesse）一词写作 Inter-esse，其中前缀 Inter-有“进入”、“在……之中”等义，esse 则可解为拉丁文的“存在”。——译注

迁，过一会儿就对它满不在乎了，并用另一个有趣的东西来取而代之，而后者与它所取代的前一个有趣的东西一样，也很少与人相
7 干。今天人们常常以为，发现某物是有趣的，就是对它表示了莫大的尊敬。实际上，人们在做这种断定时，早已把这个有趣的东西抛入漠然无殊和索然乏味的境地中了。

人们对哲学表现出某种兴趣，这依然丝毫没有证明人们已准备思想。的确，到处都有人在严肃认真地研究哲学和哲学问题。学者们在为哲学史的研究工作消耗着他们值得称道的博学。这是一些有用的、值得做的工作，只有最优秀的人物才配做这种工作，尤其是在他们把最伟大之思想典范呈现给我们的时候。然而，即便我们花费多年的心血，对伟大思想家们的论文和著作进行了深入细致的研究，这一事实仍不能保证我们自身正在思想，或者哪怕只是准备去学习思想。相反：这种哲学研究甚至可能最顽固地给我们造成一种假象，即：我们在思想，因为我们确实不停地在“做哲学”①呀。

尽管如此，断言在我们这个可思虑的时代最可思虑的是我们尚未思想，这仍然令人诧异，也显得狂妄。因此，我们必须证明这一断言。而更加可取的办法则是首先对这一断言做一番解释。因为情形可能是，一旦这个断言所说的东西得到了充分的澄清，则寻找证明的要求就将失效。这一断言说：

① 此处“做哲学”原文为动词 philosophieren，或可译为“哲思、哲学思考”。——译注

在我们这个可思虑的时代里最可思虑的是我们尚未思想。

前面我们已经提及应如何理解“可思虑者”(das Bedenkliche)一词。可思虑者乃是给予我们思想的东西。让我们更仔细地看看这句话，并且从一开始就咬准每一个字。有这样一个东西，它本身从自身而来，可以说原本地就是给予我们思想的。有这样一个东西，它召唤我们思虑之，使我们在思想中朝向它：去思想它①。

因此，可思虑者，即给予我们思想的东西，绝不是由我们来固 8
定的，不是通过我们才建立起来的，不是一味地由我们来表－象②的。根据我们的断言，最能自发地给予我们思想的东西，亦即最可思虑者，乃是：我们尚未思想。

现在这就是说：我们尚未达到那个东西面前，尚未进入那个东西的领域中，亦即从自身而来在某种本质性意义上想要得到思虑的那个东西。这兴许是因为，我们人尚未充分朝－向③那个想要得到思虑的东西。若然，则所谓我们尚未思想，就只是思想上的一个耽搁、一种拖延，或者充其量，只是我们人类方面的一个疏忽。那么，对于这个人类的缺陷，就可以通过人方面的适当措施，以一

---

① 此句中的“它”(es)均指“这样一个东西”。——译注

② 此处“表－象”(vor-gestellt)是对动词“表象”(vorstellen)的拆分写法。——译注

③ 此处“朝－向”原文为 zu-wenden，是作者对动词 zuwenden 的拆分写法。——译注

种人类的方式来加以弥补了。人类的疏忽虽然会给予我们思想，但只是稍纵即逝的。我们尚未思想，这一点诚然是可思虑的，但作为当今人类的这样一种瞬间的和可排除的状况，这一点却决不能被称为最可思虑者。然则我们却如此命名之，并且由此暗示着以下情形：我们尚未思想，决不只是因为，人尚未充分地朝向那个东西，那个由于本质上始终是有待思想者而原本地意愿得到思虑的东西。而毋宁说，我们尚未思想，乃是起因于这种有待思想者本身从人那里扭身而去，甚至久已从人那里扭身而去了。

我们立即就想知道，这种情形是何时发生的。甚至在此之前，我们会更好奇地追问，我们究竟如何能够知道这样一个事件[1]。最后，如果我们还进一步补充说，真正给予我们思想的东西，并不是在某个历史时期从人那里扭身而去的，相反，真正有待思想者本身自始就保持在这样一种扭身而去中，那么，上面这种潜伏着的问题就会纷至沓来。

9 另一方面，我们历史中的人类总是以某种方式进行了思想；人类甚至思想了最深邃的东西，并且把它托付给记忆了。作为如此这般的思想者，人类一直并且依然保持着与有待思想的东西的联系。然而，只要有待思想的东西隐匿自身，则人类还是不能真正思想。

此时此地，如果我们不想轻信任何空谈，我们就必须把前面所说的话当作一连串独特的空洞断言来加以拒绝，此外还必须声明，

---

① 此处“事件”原文为Ereignis，应该不是在后期海德格尔思想的基本词语“本有”（Ereignis）意义上被使用的。——译注

上面端出的说法与科学毫无干系。

如果我们尽可能长久地坚持在这样一种对前面所讲的东西的抵抗态度中，那是好事；因为唯有这样，我们才能守住为一种助跑所必需的距离，由这种助跑而来，某个人或者别的人也许就能成功地跃入思想之中。因为有一点是真实的：前面所说的东西以及下面整个探讨都与科学毫不相干；当这种探讨可能就是一种思想时，情形就更是如此了。这一事态的原因在于，科学自身不思想，也不能思想——而且这正是它的运气，在此也就意味着，科学不能思想保证了它能按自己固定的通道运行。科学不思想。[①] 这是一个有失体统的命题。我们就让这个命题保持其有失体统的性质吧，即便我们立即附加一个后置从句：尽管如此，科学始终还是以其特殊的方式与思想相干的。然而，只有当思想与科学之间存在的鸿沟已经变得清晰可见，而且成为一道不可逾越的鸿沟时，上面讲的这种特殊方式的关系才是一种真正的关系，因而是一种富有成效的 10
关系。在这里，在思想与科学之间没有桥梁，而只有跳跃。因此，

① “科学不思想。”

（参看《演讲与论文集》第 62 页）

并非一个贬低的判断；并非对某个事实的确定；而毋宁说是一个本质规定（其中的“不”并非疏忽而是“拒绝给予”）：这就是说：科学并不以其领域本身的存在方式（*Seinsweise*）为课题——为自己的课题——根本不能以此为课题——

思想家意义上的思想

思想从其指令（Ge*heiß*）而来规定着分解之指令（Geheiß des Austrags）——“思想之实事”存在之命运与存在学差异

科学与沉思——技术上和政治上的失度——

“这种科学”——并不是：可能“思想”的个别研究者，但进而也并非在他们的研究方法上，作为科学从业人员。——作者边注

今天人们想要在思想与科学之间搭起各色临时备用的桥梁，由此来建立两者之间的一种适宜的交易，此种做法完全是有害的。因此，我们这些来自科学的人，现在就必须忍受思想的有失体统和令人诧异的性质——假如我们已经准备好学习思想。学习意味着：使我们的所作所为与每每允诺给我们的本质性的东西相应合。为了能够做到这一点，我们必须启程上路。如果我们要学习思想，那么首要地，在此间踏入的道路上，我们不可自欺，草率地对那些令人困扰的问题视而不见，相反，我们必须投身于那些寻求任何发明和虚构都找寻不到的东西的问题之中。尤其是今天的我们，只有当我们总是同时荒疏时我们才能学习；就眼下与我们相干的情形而言：只有当我们彻底地荒疏了迄今为止的思想之本质时，我们才能学习思想。而为此，我们就必须同时了解思想。

我们说过：人尚未思想，而且这是因为有待思想的东西从人那里扭身而去；人没有思想，决不只是因为人没有充分地朝－向有待思想的东西。

有待思想的东西从人那里扭身而去。它对人隐匿自身。然则对于这样一种自始就自行隐匿的东西，我们究竟如何可能有一鳞半爪的了解呢，抑或哪怕只是对它进行命名呢？自行隐匿的东西拒绝到达。不过——自行隐匿并非一无所有。隐匿乃是本有[①]。自行隐匿者甚至可能比一切触及人的在场者更本质性地关涉人、

① 此处“隐匿乃是本有”原文为：Entzug ist Ereignis。其中“本有”（Ereignis）属后期海德格尔的基本词语，用来取代形而上学意义上的“存在”（Sein）。Ereignis的日常含义为“事件”。可参看海德格尔：《哲学论稿（从本有而来）》，《全集》第65卷，中译本，孙周兴译，北京：商务印书馆，2012年。——译注

要求人。这种为现实之物所震撼的状态[1]，我们喜欢视之为现实之物之现实性的构成要素。然而，这种为现实之物所震撼的状态恰恰可能把人与跟人相关涉的东西隔绝开来——后者以无疑具有 11
神秘色彩的方式与人相关涉，也即通过对人隐匿自身而逃离于人。隐匿之本有[2]或许是一切现在当前之物中最当前之物，因而无限地超越了一切现实之物的现实性[3]。

对我们隐匿自身者，恰恰通过隐匿牵引我们同行，不论我们是否立即发觉这一点或者根本毫无察觉。一旦我们通达这种隐匿之牵引，我们——只不过完全不同于候鸟——也就被牵引至那个通过自行隐匿而吸引我们的东西处。如若我们作为如此这般被吸引者而被牵引至那个牵引我们的东西处，那么，我们的本质即已得到这种“被牵引至……”[4]的烙印。在被牵引至自行隐匿者之际，我们本身就指引着这个自行隐匿者。我们之成为我们，乃由于我们指引着那里；不是事后地也不是附带地，相反，这种“被牵引到……”本身就是一种本质性的，因而持久的对自行隐匿者的指引。所谓“被牵引到……”说的就是：显示着自行隐匿者。[5]

---

① “为现实之物所震撼的状态”原文为 Die Betroffenheit durch das Wirkliche，或也可译为“被现实之物所关涉的状态”。——译注

② “隐藏之本有”原文为 das Ereignis des Entzugs，或可译为“隐匿之事件”。——译注

③ 此处“一切现实之物的现实性”原文为 die Aktualität alles Aktuellen，中译文未能与上文讲的“现实性”(Wirklichkeit)区分开来。——译注

④ 此处“被牵引至……”(auf dem Zuge zu...)也可译为“向……行进”。——译注

⑤ 此处“显示”(Zeigen)或可译为“指示”。——译注

只要人存在于这种牵引中，他就作为这样一个牵引者显示着自行隐匿者。作为如此这般的显示者，人就是显示者。但在这里，人并非首先是人，此外和偶尔还是一个显示者，而毋宁说，被牵引至自行隐匿者那里，在向自行隐匿者的牵引过程中，因而显示着隐匿，人才是人。人的本质就在于成为这样一个显示者。一个显示者本身按其本质而言所是的东西，我们称之为标志（Zeichen）。人被牵引至自行隐匿者那里，人就是一个标志。但因为这个标志显示着自行隐匿者（das Sich*ent*ziehende），所以与其说它指向于此自行隐-匿者，不如说它指向自行隐匿。这个标志始终是没有解释的。[①]

在一首赞美诗的草稿中，荷尔德林写道：

“我们是一个标志，没有解释”

这位诗人接着写下了这样两行：

12 “我们毫不痛苦，在异乡
几乎已经失去了语言。”

（海林格拉特版，第四卷，第 225 页）

除了诸如《蛇》《标志》《仙女》等标题之外，荷尔德林这首赞美

① 此处译文未能传达出句中名词“解释”（Deutung）与上句中的动词“指向”（deuten auf）的字面和意义联系。——译注

诗的草稿也被冠以《摩涅莫绪涅》[①]之题。我们可以把这个希腊词语译成:Gedächtnis(回忆、记忆)。我们德语中用的是中性名词:“das Gedächtnis”;但我们德语中也说:die Erkenntnis(认识)、die Befugnis(权限);又说:das Begräbnis(葬礼)、das Geschehnis(事件)。[②] 例如,在康德的语言用法中,他既用阴性名词 die Erkenntnis(认识),又用中性名词 das Erkenntnis(认识)。[③] 所以,我们可以毫不勉强地根据希腊语的阴性名词,把Μνημοσύνη翻译为德语阴性名词:“die Gedächtnis”(回忆、记忆)。

因为荷尔德林把希腊词语Μνημοσύνη当作一个泰坦族人[④]的名字来命名。根据神话传说,她是天地之女。神话意味着:有所道说的话语。对希腊人来说,道说(Sagen)就是:使……敞开出来,让……显现出来,亦即闪现与在闪现中、在其显灵(Epiphanie)中本质现身者。Μῦθος[神话]就是在其道说中本质现身者:即在其呼声(Anspruch)之无蔽状态中的闪现者。这个μῦθος[神话]就是那种先行从根本上与所有人相关涉的呼声,后者让人想念闪现者,想念本质现身者。Λόγος[逻各斯]道说的是同一回事;μῦθος[神

---

① 摩涅莫绪涅(Mnemosyne):希腊神话中的记忆女神。宙斯化作牧神与她生了缪斯。她教导人们记忆,并给每件东西取名。——译注

② 德语中“认识”(die Erkenntnis)、“权限”(die Befugnis)为阴性名词;“葬礼”(das Begräbnis)、“事件”(das Geschehnis)为中性名词。海德格尔在此是要指明:德语中以-nis结尾的名词既可以是中性的,也可以是阴性的;故我们亦可把中性的 das Gedächtnis 改为阴性的 die Gedächtnis,以后者来翻译阴性的希腊名词Μνημοσύνη。——译注

③ 德语名词“认识”一般为阴性,即 die Erkenntnis。中性名词 das Erkenntnis 通常意为“判决”,并无“认识”之义。——译注

④ 泰坦(Titan):又译“提坦”,古希腊神话中的巨人,因反抗主神宙斯而被后者推入地狱中的巨神族成员。——译注

话]与λόγος[逻各斯]绝不像流俗的哲学史所以为的那样，通过哲学本身而进入一种对立之中，相反，恰恰是早期希腊思想家（巴门尼德残篇第八）在同一含义上来使用μῦθος[神话]与λόγος[逻各斯]的；μῦθος[神话]与λόγος[逻各斯]只在两者都不能保持自己的原初本质时才会走向分裂和对立。此事在柏拉图那里已经发生了。以为μῦθος[神话]已经被λόγος[逻各斯]毁灭了，这是基于柏拉图主义而从近代理性主义那里接受下来的一个历史学和语文学的偏见。宗教性的东西决不会被逻辑所摧毁，相反，它始终只能通过上帝之隐匿[①]而被摧毁。

13 作为宙斯的新娘，摩涅莫绪涅，天与地的女儿，在九夜之后成了缪斯的母亲。戏剧与音乐、舞蹈与诗歌，都归于摩涅莫绪涅这位记忆女神的怀抱。显然，"记忆"这个词语的意思不同于那种单纯在心理学上可确定的能力，亦即把过去掌握在表象中的能力。记忆思念被思想者。[②] 作为缪斯之母的名字，"记忆"（Gedächtnis）并不意味着一种对无论哪个可思之物的任意思想。记忆乃是思想之聚集，这种思想聚集于那种无论在哪里都要求预先已经得到思考的东西上。记忆乃是思念（Andenken）[③]之聚集。它在自身那里庇护，并且在自身中遮蔽着那个向来首先要得到思念的东西，寓于一切本质性地现身并且作为本质现身者、曾在者而允诺自身的

① （"由于上帝进入哲学之中"）

让・波弗勒。——作者边注

② 此处"记忆"（Gedächtnis）与"被思想者、所思"（das Gedachte）在字形上极相像。——译注

③ 此处"思念"（Andenken）或可译为"追忆"。——译注

东西：记忆，即缪斯的母亲：对有待思想者的思念乃是诗之源泉。因此，诗就好比泉水，时常向源头倒流，流向作为思念的思想。诚然，只要我们认为逻辑会给予我们关于什么是思想的消息，那么，我们就不可能去思量，何以一切诗皆依据于思念。一切诗歌皆起源于思念之凝－思。[①]

在《摩涅莫绪涅》这个标题下面，荷尔德林诗云：

“我们是一个标志，没有解释……”

我们是谁呢？我们就是今天的人；今天的人的这个“今天”已经长久地延续，而且还将长久地延续，其长度之久长，是任何一种历史纪年法都无法为之提供一个尺度的。在同一首赞美诗《摩涅莫绪涅》中，荷尔德林说：“久长啊/ 这个时代”——也就是那个时代，我们在其中成为一个没有解释的标志。我们是一个标志，而且是一个没有解释的标志——难道这还不足以让人思考吗？这位诗人在这些诗句以及下面的诗句中所道说的东西，也许就属于向我们显示出来的那个最可思虑者，就属于关于我们这个可思虑的时代的断言试图思及的那个最可思虑者。也许，只有当我们充分地探讨了这个断言时，这个断言才能为我们启明这位诗人的诗句；也许，由于荷尔德林的诗句是一种诗意的话语，它反过来又会以更大 14
的感召力，因而更大的暗示性，把我们召唤到一种沉思最可思虑者

① “思念之凝－思”德语原文为：An-dacht des Andenkens。其中“凝－思”（Andacht）在字面上也与“思念、追忆”（Andenken）相关。——译注

的思想的道路上去。尽管如此，首先依然晦暗不明的是，我们援引荷尔德林的诗句究竟是为了什么。依然成问题的是，我们有何权利在一种思想尝试的道路上提及一位诗人，而且偏偏是荷尔德林这位诗人。同样未予廓清的是，我们必须在何种基础上、在何种界限内援引诗意的东西。

第二讲 15

从第一讲到第二讲的过渡

我们试图通过本次讲座课来学习思想。路还很长呐。我们只是要冒险走几步。假如一切顺当，这几步将把我们带向思想之山前[①]。然则这几步将把我们带向那些位置，我们必须游历这些位置，方能达到唯有跳跃才能促成的那个目的地。唯有跳跃才能把我们带入思想的地方之中。[②] 因此之故，在这条道路的开头，我们就要学习若干跳跃方面的预备练习，尽管我们不会立即察觉这一点，也不需要察觉这一点。

与我们在其中不知不觉地由一物到另一物，而一切都保持相同的持续进程不同，跳跃突兀地把我们带向那个处所，那里万物皆异而令我们诧异。突兀、突如其来，就是突然从天而降或者拔地而起。它规定着鸿沟之边缘。尽管我们在这样一种跳跃中没有跌

---

① 此处“思想之山前”原文为 das Vorgebirge des Denkens。德语 das Vorgebirge 意为“山脉前的小山丘、山麓小丘”，差不多可取字面义即“前山”。——译注

② 中译文未能显突此句中的“地方”(Ortschaft)与前面的“位置”(Orte)的字面和意义联系。——译注

倒,但我们在跳跃中达到的东西却使我们震-惊。①

那么,在我们的道路开头就显露出这种令人震惊的东西,这是非常正常的。但倘若令人诧异的东西只是由于你们尚未足够仔细地倾听,那可就糟糕啰。在这种情形下,你们一定会径直完全忽略掉那个处于实事本身中的令人诧异的东西。思想之实事从来都是令人震惊的。我们越是摈弃了偏见,思想之实事就越是令人震惊。而为摈弃偏见,我们就得乐意去倾听。这种乐意态度让我们逾越了通常意见的藩篱,进入更开放的地带。为了鼓励这样一种乐意态度,让我们现在插入若干过渡性的评论,它们同样适用于下面全部的课程。

16 人们往往会听错了思想,这种危险在大学里依然是特别大的——尤其是当我们直接谈论科学之际。因为比起从事科学工作的研究机构和教学机构来,还有什么地方更强制性地要求我们去绞尽脑汁呢?如今,尽管人们在节日讲话中还总是把科学与艺术相提并论,但两者已经完全分道扬镳了,这一点是人人都毫无保留地承认的。相反,如果要把思想与科学区分开来,并且把两者加以对照,那么,人们立即就会认为这是对科学的贬低。人们甚至担心,思想会开启一种对科学的敌视,损害科学研究的严肃性,毁掉科学研究的乐趣。

但即使此类担心是合理的(实情绝非如此),在致力于科学教育的场所反对科学,也还是不得体的,是自讨没趣的。在此光是节

① 此处译文未传达出“跌倒”(stürzen)与“使……震-惊”(be-stürzen)的字面联系。——译注

拍和礼节(Takt)就必定会阻止所有的争论。只不过其中还有别的因素在起作用。任何一种争论都先行错失了思想的态度。一个对手的角色并不是思想的角色。因为,只有当一种思想去探究那个为某个实事说话的东西时,这种思想才思想。在这里,一切防御性的言说始终只具有保护实事的意义。只要我们在自己的道路上必须言说科学,那么,我们并不是要反对科学,而是要为科学说话,也就是要弄清楚科学的本质。这里已经蕴含着我们的一个信念,即:科学于自身中就是某种积极的本质性的东西。然而,科学的本质却全然不同于今天人们在大学里依然愿意设想的那种本质。无论如何,我们似乎依然惧怕去直面一个令人激动的事实:今天的科学属于现代技术之本质的领域,而且只归属于此。请注意,我说的是“属于技术之本质的领域”,而没有径直说“属于技术”。现代科学之本质依然像一团迷雾。然而,这团迷雾并不是科学圈里的个
别研究者和学者造成的。它根本就不是人造成的。它是一团从那 17
个最可思虑者——即我们尚未思想——的地带升起的迷雾;我们全体都尚未思想,包括现在对你们讲话的我,甚至首先是我呢。

因此之故,我们在此试图学习思想。我们在此共行于一条道上,并不相互抵牾。学习意味着:使我们的有为和无为去应合那个总是向我们劝说的本质性的东西。根据这种本质性的东西的种类,根据其劝说所从出的那个领域,这种应合[①]以及学习的种类也各不相同。

---

① 此句中的“劝说”原文为 Zuspruch(相应的动词为 zusprechen),“应合”原文为 das Entsprechen,都含有词根 sprechen(言说)。——译注

举例说来，一个细木工学徒，也就是学习制作衣柜之类家具的人，在学习时不光是要练习使用工具的技能。他也不光是要熟悉他要制作的常用样式。假如他要成为一个真正的细木工，他首先得让自己去应合各种不同的木头以及在其中蛰伏的形象，去应合木头如何以其本质的隐蔽丰富性突现于人类的居住中。这种与木头的关联甚至支撑着整个手艺。没有这种与木头的关联，这门手艺就会停留在空洞的瞎忙碌中。其中的活计就只能由生意利益来决定了。每一门手艺，所有人类的行动，始终都处于这样一种危险当中。作诗与运思一样，同样也不例外。

可是，一个细木工学徒在学习时是否能达到与木头和木器的应合，明显地取决于某个教学徒本事的师傅的在场。

实情如此。教比学更难。我们是知道这一点的；但对之少有
思量。为什么教比学更难呢？并不是因为教师必须拥有更多的知
识积累，在任何时候都做了准备。教比学更难，乃是因为教意味
18 着：让学习。[1] 甚至，真正的教师让人学习的无非是——学习。[2]
所以，他的行为往往也唤起一种印象，即：我们在他那里其实什么
也学不到——只要我们现在不经意间把“学习”仅仅理解为获取有
用的知识。教师唯一地在一点上面先行于他的弟子们，那就是：比
起他的弟子们，他必须学习的东西还要多得多，即他必须学习让学
习。教师必须有能力变得比弟子们更可教。教师对自己的事务，
远比跟他学习的人们更没把握。因此，如果教师与学生之间的关

① 此处“让学习”的德语原文为：lernen lassen。——译注

② 类似于中文世界所讲的：好的教育是授人以渔而非授人以鱼。——译注

系是真实的，那么，在这种关系中就绝不会有万事通的权威和官方的权威影响发挥作用。因此，成为一名教师，依然是一件崇高的事情，与成为一位名教授完全是两码事。如今，一切都是从下面和低处着眼来衡量的，例如从商业出发来衡量，如今再也没有人想做一名教师了，这大概是因为当教师是一件崇高的事情，是因为这件事的崇高性。也许，这种厌弃与那个给予我们思想的最可思虑者紧密相关。假如在本讲座过程中要唤醒一种学习的话，我们就必须牢牢盯住教师与学徒们之间的真正关系。

我们在此尝试去学习思想。说不定思想也只不过是与一个衣柜的制作相类似的东西呢。无论如何，思想也是一门手艺，是一种“手－工”[①]。手有特殊的情况。按照通常的看法，手是我们的身体器官之一。不过，我们绝不能把手的本质规定为身上的一个抓握器官，或者从这个角度来加以说明。举例说来，猴子也有抓握器官，但它们却没有手。手根本不同于所有的抓握器官（爪子、钳子、利齿等），也就是说，与后者有着本质上的天壤之别。只有会说话、也即会思想的动物才能有手，并且能在操作中完成手的作业。

不过，手的作业比我们通常所以为的要丰富得多。手不光是握和抓，不光是压和推。手伸展和触及，接受和欢迎，而且不光是对物，手也伸出去，也在他人的手中受到欢迎。手能把握。手能携 19
带。手能画画和标记，也许是因为人就是一个标志。两手合一，这个姿势据说意味着把人带入伟大的纯一性之中。手是所有这一

① 德语中的“手艺”（Handwerk）由“手”（Hand）与“作品、作业、工作”（Werk）合成。故海德格尔此处把它分写为“手－工”（Hand-Werk，也可译为“手－作业”、“手－工活”）。——译注

切，这一切都是真正的手－工。我们通常认作手工活，并且任其保持原样的那一切，都植根于此。不过，手势在任何地方都贯通语言，而且恰恰是当人通过沉默来说话时，手势才最纯粹。然则唯就人说话而言，人才思想；而不是相反的情况，并不是像形而上学仍然以为的那样。在手的每一个作业中，任何手的运动都是由思想的要素来承担的，都是在思想的要素中表现出来的。所有手的作业都基于思想。因此，如果思想要适时地特别地得到完成，那么，思想本身就是人的最简单因而也最艰难的手－工。

我们必须学习思想，因为思想的能力，甚至于思想的天赋，还不能保证我们能够思想。因为要能够思想，就要求我们预先喜欢那个对思想进行劝说的东西。而这就是从自身而来给予我们思想的东西。赋予我们这件礼物的东西，也即真正有待思虑者，我们称之为最可思虑者。

那么，这个最可思虑者是什么？对此问题，我们以一个断言来回答：在我们这个可思虑的时代里最可思虑的是我们尚未思想。

可是，我们尚未思想，原因决不只是也绝不首先在于，我们这些人没有充分地转向那个真正给予我们思想的东西；而是由于，那最可思虑者从我们这里扭身而去，甚至早就从人这里扭身而去矣。

以此方式隐匿起来的东西，保持并展开它本己的、无可比拟的切近。

如果我们是与这个自行隐匿者相关联的，那么我们就被牵引至这个自行隐匿者之中，被牵引入其呼声（Anspruch）的神秘的
20 因而无常的切近之中。当一个人特地以此方式被牵引，那么他就在思想——尽管他可能依然远离于那个自行隐匿的东西，尽管隐

匿一如既往地依然保持掩蔽。苏格拉底在其有生之年，其所作所为无非是把自己置入这一牵引之风中，并且持守于其中。因此，他是西方最纯粹的思想家。所以他没有写下什么东西。因为谁若着手基于思想来写作，他就必定不可避免地类似于那些由于太过强烈的牵引之风而逃往避风地的人们。一种依然遮蔽着的历史的奥秘乃是，苏格拉底以后的所有思想家虽有其恢宏睿智，但必定都难免成为这样一种逃逸者。思想早已进入文献。文献决定了西方科学的命运。西方科学经由中世纪的 doctrima［教义］而成为现代 scientia［科学］。以此方式，所有科学以双重的方式起源于哲学。科学来自哲学，因为科学不得不离弃哲学。如此这般起源者再也不能自发地作为科学往回跳，回到自己的本源。现在，它们被托付给一个本质领域了，在其中只有思想才能找到它们——前提则是思想本身能够自行其是。

当人被牵引至那个自行隐匿者那里时，他就在指示着那个自行隐匿者。当我们被如此牵引时，我们就是一个标志。但我们在此显示的是这样一个东西，它没有——尚没有——被转化为我们的言说的语言。它依然没有解释。我们是一个无解释的标志。

在其被冠以《摩涅莫绪涅》（回忆）之名的赞美诗草稿中，荷尔德林说：

“我们是一个标志，没有解释
我们毫不痛苦，在异乡
几乎已经失去了语言。”

于是，在通向思想的道路上，我们倾听一个诗句。但何以我们的思想尝试要进入一种与诗的对话，而且是与这位诗人的诗歌的对话？以何种权利、在何种地基上以及在何种界限内我们可以这
21 样做？——对于此类问题，只有当我们自己已经踏上一条思想的道路时，我们才能把它们当作无可避免的问题来加以探讨。

第二讲

只要我们还不知道什么叫思想，因此也还不能思量什么是作诗[①]，则我们如何可能来思量思想与作诗之间的那种众说纷纭的关系呢？我们今人也许丝毫都不了解，希腊人在体验他们的崇高的诗歌时，在体验他们的艺术作品时是多么富有思想——不，不是体验，而是置身于艺术作品的闪耀（Scheinen）之在场状态中。

现在已经可以弄明白的只有一点，即：我们引用荷尔德林的诗句，并不是要从诗歌道说领域里弄来一段引文，以此来激活和装饰思想的枯燥进程。这或许是对诗意话语的侮辱了。诗意话语的道说乃基于其特有的真理。这种真理被叫作美。美乃是真理之本质的一种天命遣送[②]，在其中，真理意味着：自行遮蔽者的解蔽[③]。所谓美，并不是那些令人喜欢的东西，而是属于那种真理之天命遣送

---

① 此处“思想”（Denken）与“作诗”（Dichten）都是动名词，也可译为“思”与“诗”。海德格尔后期把两者视为作为“道说”（Sage）的语言的基本方式。——译注

② 此处“天命遣送”原文为 Geschick，也可译为“命运”。“命运”（Geschick）的词根为 schicken，有“遣送、派送”之义。——译注

③ 此处“自行遮蔽者的解蔽”德语原文为：die Entbergung des Sichverbergenden。——译注

的东西——当永远不可闪耀因此不可见的东西进入最具显现特性的闪耀之中时,这事就发生了。我们必得让诗意话语立身于其真理中,也即立身于美中。这并不排除——而是包括——我们要思考诗意话语。

当我们把荷尔德林的诗句特别地纳入思想领域之中时,我们当然必须小心提防,可不能不假思索地把荷尔德林的诗意道说等同于我们着手思考的所谓"最可思虑者"。诗意地被道说出来的东西与在思想中被道说出来的东西,从来都不是相同者;但两者有时候也是同一者,也就是在诗与思之间的鸿沟纯粹而明确地出现之 22
际。当诗是崇高之诗而思是深邃的思时,就可能发生这种情况。荷尔德林对此也有所知晓。从题为《苏格拉底与阿尔西比亚德斯》这首诗的两节中,我们可以看出这一点:

苏格拉底与阿尔西比亚德斯

为什么,神圣的苏格拉底,为什么你总是崇拜
　这位年轻人?难道你不知道更伟大的人物?
　　为什么你望着他
　　　爱恋地望着他,有如望着神一般?

(第二小节给出了答案:)

思最深邃之物者,爱最富生机者,
　洞察世故者,深谙青年的价值,

而聪明的智慧者
　最终往往倾心美。
　　(斯图加特版,第一卷,第260页)

我们在此要关注的诗句是:“思最深邃之物者,爱最富生机者”。然则在此诗句中,我们太容易忽略掉真正有道说力量的因而基本的词语,即动词。现在我们把重音放在动词上,以通常的听法不习惯的方式,给予这个诗句不同的强调:

“思最深邃之物者,爱最富生机者。”

“思”和“爱”这两个相邻的动词[①]构成这个诗句的中心。喜欢(Mögen)落在思想上。把爱(Liebe)建立在思想之上,这是多么奇特的理性主义!一种令人不愉快的思想,它正要变成感伤的!然而关于所有这些,我们在这个诗句中找不到一点儿蛛丝马迹。只有当我们能够思想时,我们才能估量这个诗句说了些什么。因此之故,我们要追问:什么叫思想?

举例说来,什么“叫”游泳,我们绝不能通过阅读一篇关于游泳的论文来了解。只有跳进河里才能告诉我们什么叫游泳。对于
23 “什么叫思想?”这一问题,我们也绝不能这样来解答,即:我们端出一个关于思想的概念规定,端出一个定义,并且努力展开其内涵。

① 在原诗中,“思”(gedacht)与“爱”(liebt)这两个动词是挨在一起的,但在我们的中译文中却不得不分开了。——译注

在下面的讨论中，我们并不进行关于思想的思考。我们保持在把思想弄成自己的对象的单纯反思之外。伟大的思想家，首先是康德，然后是黑格尔，他们知道这种反思是徒劳无益的。所以，他们不得不尝试摆脱这种反思来反思。他们走得有多远，到达了什么地方，这些问题在我们的道路的适当位置上给予我们许多要思索的东西。在西方，关于思想的思想作为“逻辑学”而展开出来了。逻辑学汇集了关于一种特殊的思想种类的特殊知识。这种逻辑学知识只是在最近才在科学上变得卓有成效，而且是一种所谓“逻辑斯蒂”①的特殊科学里。“逻辑斯蒂”是所有专门科学中最专门的。如今在许多地方，尤其是在盎格鲁－撒克逊国家，逻辑斯蒂已经被看作严格哲学的唯一可能的形态，因为它的结果和它的程式立即为技术世界的构造提供了一种可靠的用处。所以，今天在美国以及其他地方，逻辑斯蒂作为真正的未来哲学开始接管对精神的统治。由于逻辑斯蒂以某种适当的方式联合了现代心理学和精神分析学，联合了社会学，将要到来的哲学的垄断组织就变得完美了。可是，这种包围绝不是人类的制品。而毋宁说，这些学科置身于一种权力的天命遣送中，这种权力远远而来，也许希腊词语ποίησις（诗歌）和τέχνη（技术）②依然是表示这种权力的合适名称——假定ποίησις（诗歌）和τέχνη（技术）能为我们这些思想者命名那个给予我们思想的东西。

① 逻辑斯蒂（Logistik）：即数理逻辑。——译注

② 此处两个希腊文ποίησις（诗歌）和τέχνη（技术）在希腊的原本意义上意味着“制作”和“精通”。——译注

25

第 三 讲

从第二讲到第三讲的过渡

上一讲的过渡评论涉及三件事：思想与科学的关系；教与学的关系；作为一种手－工[①]的思想。

在此我们不拟重复这三点评论，而是要尝试廓清由这个过渡评论的不同方面提供出来的若干问题和思考。

如果我们要在现代技术的本质中寻找今日科学的本质，那么，我们由此就已经把科学确定为某种在最高意义上值得思考的东西了。比起传统的观点（人们在科学中只看到了一种人类文化现象），我们在这里把科学的意义抬得更高些。

因为技术的本质不是任何人性的东西。技术的本质尤其不是任何技术性的东西。技术的本质，其位置在于那个自始并且先于其他一切给予我们思想的东西。因此，目前依然值得推荐的做法或许是：少谈点技术，少写点技术，多想想技术的本质，以便我们能首先找到一条通向技术的道路。技术的本质贯通并且支配着我们

---

① 此处“手－工”原文为 Hand-Werk，或译为“手－艺”。——译注

的此在（Dasein），其方式我们几乎还不能猜度。因此之故，在前面一次讲座中，恰恰在差不多要求我们去探讨技术世界的地方，我们却对技术保持沉默了。现在可以表明的是，在本课堂我们的道路的开端处，已经对各位同学的理解提出了太多的要求。我们曾把思想叫作别具一格的手－工。

思想指导并且支撑着每一个手势。支撑在字面上意即： 26
举动。[1]

我们曾谈过细木工的手工。有人可能会反驳说，如今甚至连任何一个乡村木工也用机器干活了。人们可能也会指出，在今天，而且已经很久了，在手工作坊旁边耸立起一座座巨大的工厂。在工厂里，工人们拉着相同的控制杆，女工们按着相同的按钮，没日没夜，连续工作八小时或者十小时。这种说法是正确的。但在我们的情形中，这种方式的说法尚未得到考虑。这种说法不免沦于空洞，因为对于我们的探讨关于手工所说的话，它只听了个半拉子。我们选择了细木工的手工作例子，同时做了一个预设，即假设没有人会认为，我们这种例子的选择表达了某种期望，即期望我们这个星球上的状态在可预见的将来，或者根本上就是有朝一日，会重新回到一种田园牧歌般的状态。细木工的手工之所以被设为我们的思索的例子，是因为通常对“手工”（Handwerk）这个名词的使用，只局限于我们指出的那个种类的人类行为。然而——正如人们特别地注意到的那样，即使在这种手工上，具有支撑作用的基

① 这里被译为“支撑”的动词 tragen 有“承担、携带、拥有”等多种含义，海德格尔指出 tragen 在字面上与“举动、动作”（gebärden）相近。——译注

本东西也不是单纯对工具的操作，而是与木头的关联。可是，在产业工人的操作中，与诸如蛰伏在木头里的形象之类的东西的关联在哪儿呢？这个问题是你们会碰到的，诚然不是为停留在那儿。因为只要我们仅仅如此发问，我们就始终还是从我们所熟悉的、先前习以为常的手工出发来发问的。

控制杆的情形如何？工人们操作的按钮又是怎样的情形呢？控制杆和按钮也是早就存在的，甚至旧式作坊的木工刨台上也可以看到这些东西。但在产业工人的操作中使用的控制杆和按钮属于一架机器。还有，发电机这样的机器又归属于何处呢？现代技术并不基于——并不在于——这样一点，即电力发动机、汽轮机以
27 及类似的机械开始得到使用。相反，只有当现代技术的本质已经达到统治地位时，此类东西才可能被建造起来。我们的时代是一个技术时代，并不是因为它是机械时代；相反，它之所以是一个机械时代，因为它是技术时代。但是，只要技术的本质（而且作为一个被思考的本质）并不与我们相关涉，我们就将不可能知道机械是什么。我们将不可能说，与产业工人的手相关联的是什么。我们将不可能确定，这种操作属于何种手－工。然而——为了能够哪怕只是追问此类问题，我们就必须已经从其本质性的关联出发，把通常所指的手工收入眼帘了。无论是产业工人还是工程师，更不用说工厂业主以及国家，他们都不可能知道，当今天的人类处于与机械和机器零件的某种关联中时，人类到底逗留于何处。我们全都还不知道，技术世界里的现代人必须从事何种手－工——即使他不是在机器工人意义上的工人也必须从事何种手－工。连黑格尔和马克思也还不知道这一点，他们也还不能追问这一点，因为连

他们的思想也必定依然活动在技术之本质的阴影里，所以他们也从来没有达到自由之境，得以充分地思量这种本质。不论经济的-社会的、政治的、道德的甚至宗教的问题多么重要，都是关于技术的手-工问题所要审理的，但这些问题全都未触事情的核心。那事情隐藏于尚未经思考的本质中，即所有在技术之本质的统治领域里立身（根本说来即在其中存在）的一切东西的方式中。但实际上，这种东西迄今还未经思考，这一点首先是由于，行动的意志，在此也即求制作和成效的意志，席卷了思想。

在座一些同学也许还记得我在第一次课上讲过的一个句子：
以往的人行动过多而思想过少。然而，思想的缺席原因不只—— 28
而且并不首先——在于，人太少地保护思想，而倒是由于，有待思想的东西，也即真正地给予我们思想的东西，早就已经自行隐匿了。因为这种隐匿起着支配作用，所以技术操作的手-工所要达到的东西依然遮蔽着。这种隐匿乃是真正地给予我们思想的东西，乃是最可思虑者。现在我们也许更容易注意到，这个最可思虑者（现代技术的本质即隐藏于其中）时时处处都招呼着我们，这个最可思虑者甚至更切近于我们，甚于日常的操作最切近的清楚明确性，但它却隐匿了。由此生出那种急迫性，产生出那种必要性，那就是：我们首先要听一听这个最可思虑者的呼声（Anspruch）。但为了能够获悉那给予我们思想的东西，我们必须尽我们所能，开始学习思想。

靠着这种学习（但决不是通过这种学习），我们是否能通达与最可思虑者的关联，这个问题是从事思想的手艺的人最不能掌握的。

在目前的情形下我们能做的，或者我们无论如何能够学习的，就是：仔细地倾听。学会倾听也是学生与教师的共同事情。因此，没有人会因为自己还没有能力去倾听而受到责备。但同样地，你们也要承认，一位教师的尝试也是会出错的，而且在他不该出错的地方，他不得不屡屡放弃一点，即每一次都把自己要说的一切都阐发出来。

另一方面，如果你们能及时改掉一种可以被称为“单轨思维”的陋习，那么，你们从本质上说将更容易去仔细倾听。在今天，这种想法的统治地位几乎不可忽视。选用“单轨”这种说法是有意图的。轨迹与轨道相关，而轨道与技术相关。倘若我们以为单轨思维的统治地位源自人类的安逸和懒惰，那么，我们就太轻松地看待

29 事情了。这种以不同方式广为流传的单轨思维，乃是那些前面已经提及的技术之本质的未估计到的和毫不起眼的统治形式之一种——因为技术之本质意愿因而需要无条件的明确单义性。

在前一次讲座中，我们曾说过，苏格拉底是西方最纯粹的思想家，而之后的追随者都不得不甘拜下风。人们惊恐地反问：柏拉图、奥古斯丁、托马斯·阿奎那、莱布尼茨、康德、尼采又如何呢？我们竟敢在与苏格拉底的比较中如此小看这些思想家么？然而，人们没有理会我的一个说法：苏格拉底之后的所有西方思想家“虽有其恢宏睿智”云云。所以，情形或许是，一个人尽管未归入最伟大之列，但仍是最纯粹的思想家。于是在此就出现了许多有待思量的东西。因此之故，关于苏格拉底的评论句子是这样开头的：“一种依然遮蔽着的历史的奥秘乃是，苏格拉底以后的所有思想家

虽有其恢宏睿智……”[①]

我们听到苏格拉底这位最纯粹的思想家的一些事……没有理会其余，进而在一条听个半拉子的轨道上继续前进，直到进入那种惊恐，即关于如此片面而教条的陈述的惊恐。第二次讲座的结尾也有类似情形。在那里说的是，我们的道路依然保持在关于思想的单纯反思之外。人们如何能够在连续两小时一味谈论思想之后做出这样的断言呢？但是也许，关于思想的反思与对思想的沉思，[②]这两者未见得就是一回事。我们必须来思量一下什么叫反思。

第三讲

当我们尝试学习什么叫思想时，我们没有迷失于对思想进行思想的反思中吗？但在我们的道路上，持续地有一道光落在思想上面。不过，这道光不是通过反思之灯才被带出来的。它来自思 30
想本身，而且只是来自思想本身。思想具有谜一般的神秘性：它本身被带入它自己的光亮中，当然，只有当——只要——它是一种思想，而且并不固执于一种关于 ratio[理性]的推论时，这个事情才会发生。

当思想与最可思虑者相吻合时，思想才进行思想。在我们这个可思虑的时代里，最可思虑者显示在：我们尚未思想。这个句子眼下还是一个断言。它具有一个陈述句的形式，是我们现在要加

① 参看本书德文版第 20 页。——译注

② 海德格尔区分了此句中的两个动词“反思”（reflektieren）与“沉思”（nachdenken，在字面上为“后思”），前者是对象性的，后者则未必。——译注

以研讨的。我们首先要探讨两点：首先是这个断言所具有的音调；其次是它的陈述句特征。

这个断言说的是：在我们这个可思虑的时代里最可思虑的是我们尚未思想。

举例说来，在一个重病人的状况中可思虑的就是引起我们忧虑的东西。我们把那种不安的、黑暗的、威胁性的、阴沉的东西，一般地即令人讨厌的东西，称为可思虑的。如果我们谈论可思虑者，那么，我们通常就是指某种有害的东西，因而是指某种消极的东西。因此，一个陈述句谈论一个可思虑的时代，甚至还谈论该时代最可思虑者，那么它自始采取了一种消极的音调。它只看到了这个时代的令人讨厌的、阴暗的特征。它沾染了恶劣的、推动一切虚无之物的现象，即虚无主义的现象。它必然地在一种缺失中寻求这些现象的核心，而按我们的命题，这种缺失就在于思想之缺失。

在关于我们这个时代的评判中，我们充分了解了这种音调。在前一代，人们谈论“西方的没落”。今天我们说“中心丧失”。所到之处，人们都在追踪和记录衰败、破坏以及即将面临的世界之毁灭。处处可见一种特殊的报道小说，它们只会一味地翻寻这样一种堕落和沮丧。一方面，比起言说某种本质性的和真正经过思考的东西，这在文学上要容易得多；而另一方面，这种文学已经开始变得
31 乏味无聊了。人们发现，世界不仅乱了套，而且卷入无意义之虚无中了。早在 19 世纪 80 年代，尼采就高瞻远瞩，预见了这一切，道出了一个因为深思熟虑因而简单明了的说法：“荒漠在生长”[①]。

---

① 语出尼采《查拉图斯特拉如是说》一书，可参看中译本，孙周兴译，上海：上海人民出版社，2009 年，第 393 页。——译注

这意思是说：荒芜化正在蔓延。荒芜化比毁灭更甚。荒芜化比消灭更加阴森可怕。毁灭只是消除掉以往已长成和建成的东西；而荒芜化则禁阻未来的生长，阻碍任何建造。荒芜化比单纯的消灭更加阴森可怕。单纯的消灭也消除一切，甚至包括虚无，而荒芜化恰恰是建立和扩散那种起禁阻和阻碍作用的东西。非洲的撒哈拉沙漠只是荒漠的一个种类而已。地球的荒芜化可以与人类最高生活标准的达到结伴而行，同样也与所有人的一种千篇一律的幸福状态的组织相合。荒芜化可以与两者相同一，以最阴森可怕的方式四处出没，也就是通过自行遮蔽的方式。荒芜化并不是单纯的淤塞和沙化。荒芜化乃是对摩涅莫绪涅的全力驱逐。“荒漠在生长”这个说法来自另一个位置，有别于对我们时代的流行评判。尼采在快 70 年之前说“荒漠在生长”。他补充说道：“苦啊，怀藏荒漠者！”[①]

现在看起来，仿佛我们这个断言“在我们这个可思虑的时代里最可思虑的是我们尚未思想”同样也属于一些声音的协奏曲，这些声音把今日欧洲评估为病态的，把当今时代评估为处于没落中的。

让我们更仔细地来倾听！这个断言说，最可思虑的是我们尚未思想。这个断言并没有说，我们不再思想了；它也没有断然地说，我们压根儿不思想。这个被谨慎地说出的“尚未”暗示出，远远地来猜度，我们已经在通向思想的途中，不光是在通向作为曾经练习过的行为的思想的途中，而是在思想之中上路，在思想之道 32

① 参看尼采：《查拉图斯特拉如是说》，中译本，孙周兴译，上海：上海人民出版社，2009 年，第 393 页。

路上。

所以，我们这个断言带来了一道投向那种阴霾化的光芒，这种阴霾化看起来不只是从某个地方而来笼罩着世界，而不如说，它差不多是被人类强行拉扯过来的。诚然，我们这个断言把今日时代称为可思虑的时代。以此词语[①]，我们指的是——不带任何不利的腔调——那给予我们思想的东西，亦即那想要得到思量的东西。如此这般被理解的可思虑者完全无需成为引起忧虑的甚或令人惊慌失措的东西。因为给予我们思想者，也包括令人喜悦的东西、美的东西、神秘的东西、仁慈的东西。也许，上述这些东西甚至比所有其他的东西更可思虑，比我们通常而且多半不假思索地习惯于称之为“可思虑者”的所有其他的东西更可思虑。只要我们并没有通过把令人喜悦的、美的、仁慈的东西仅仅当作保留给感觉和体验，并且要避开思想之气流的东西来拒绝这份赠礼，那么，上述这些东西就能给予我们思想。唯当我们已经投身于那作为真正给予我们思想的东西的神秘的和仁慈的东西之中，我们也才能思量，我们该如何来看待恶之恶意。

因此，假如人还是那个生物，这个生物存在(*ist*)是由于他在思想，也即为记忆所招呼，因为他的本质乃在于记忆，那么，最可思虑者或许就是某种崇高的东西，也许甚至是对人来说最高的东西。最可思虑者，恰恰当它是最高的东西时，也完全可能也是最危险的东西。要不然，我们怎么会以为，一个人——哪怕只是一点点——也能毫无危险地经受真的本质、美的本质和仁慈的本质？

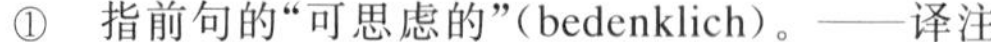

① 指前句的“可思虑的”(bedenklich)。——译注

所以，当我们的断言谈论可思虑的时代及其最可思虑者时，它绝不是以沮丧和绝望为调子的。它没有盲目地漂向恶劣状况。它不是悲观主义的。但是，这个断言也同样不是乐观主义的。它并 33
不想通过人为地描绘出充满希望的美好远景，快速地给人慰藉。那么，此外还有什么选择吗？是在两者之间无所决断么？漠然无殊？这更不行。因为一切无所决断的东西始终只乞灵于其中没有做出决断的那个东西。即便有人相信自己的判断超越了悲观主义和乐观主义（或者说在两边的这一边），他也总是已经以悲观主义和乐观主义为定向，并且只不过是遵守了漠然无殊态度的一个变种。然而，悲观主义和乐观主义，这两者连同由它们供养的漠然无殊态度及其变种，莫不源自人与我们所谓的“历史”之间的一种独特关系。这种关系因其特殊性而难以为我们所把握；并非因为它远离于我们，而是因为它对我们来说已然是一种习以为常的关系了。显然，连我们的断言也来自一种与历史和人类处境的关系。这种关系是何种关系呢？以此问题，我们就站在我们就我们这个断言而言必须关注的第二点上了。

35 第 四 讲

从第三讲到第四讲的过渡

我们对科学、学习和手－工做了过渡性的评论，然后我们回到本讲座的进程上了。一种关于单轨思维的提示构成了这种过渡。单轨思维不同于单纯的片面的思维，它具有更大的影响和更高的起源。在眼下关于片面思维和单轨思维的谈论中，“思维/思想”一词的意思就如同“意见”。例如，某人说“我想今晚会下雪”；谁这样说时，他并没有思想，而只是发表意见。不过，我们决不能把这种意见看作某种微不足道的东西。我们日常的所作所为都活动于这种意见中，而且必然如此。甚至各门科学也居留于其中。何以这种意见是片面的呢？尽可能从多方面，甚至于全方位地研究科学的对象，这难道不是科学的最高原理之一吗？在此某种片面的东西在哪里呢？恰恰就在科学研究的领域里。例如，历史科学从所有可能的角度深入探究某个时期，但从不研究历史是什么。历史科学根本不能科学地研究这一点。一个人决不能通过历史学的途径来发现历史是什么；就如同一个数学家，从来都不能通过数学的途径，也即通过他的科学，因而最终用数学公式，来表明数学本身是什么。它们的领域的**本质**——历史、艺术、诗、语言、自然、人、神——是各门科学达不到的。但同时，倘若各门科学没有在自己的领域范围内活动，那么它们就会不断地落入空虚之中。这里举出的各个领域的本质乃是思想的实事。既然各门科学**作为**科学无 36
法通达这个实事，那我们就必须说，科学并不思想。一旦我们说出这话，乍一听我们就容易得出印象，仿佛思想自以为要比各门科学优越。这样一种狂妄自大如果会在什么地方存在，或许也是无理的；因为恰恰由于思想在它能思考历史、艺术、自然、语言之本质，但还不能够思考这种本质的地方活动，所以思想根本上总是比各门科学知道得更少。各门科学是完全名实相符的，因为科学要比思想知道的多得多，多至无限。可是，在每一门科学中都存在着另一个方面，是科学之为科学绝不能达到的，那就是：科学之领域的本质和本质来源，也包括科学所从事的知识方式的本质和本质来源，以及其他等等。各门科学必然地停留在一个方面上。在这个意义上，各门科学是片面的，但情况却是：另一个方面也仍然总是一道显现出来。各门科学的片面性[①]保持着它自己的多面性。但这种多面性可能扩展到这样一个程度，以至于科学奠基于其上的片面性根本不再被我们收入眼帘。而如果人们根本不再把这一方面看作这一方面，那么他也就看不到另一方面了。两方面的区分，即处于两者之间的东西，可以说被填埋了。一切都被平整到一个平面上了。我们对万事万物都按相同的意见方式具有同一种意见。如今，每一份报纸，每一种插图杂志，每一个广播节目，都以相

① 此处“片面性”(das Einseitige)或译为“单面性”。——译注

同的方式把一切提供给一式的意见。各门科学的对象与思想的实事都是以同一种一式性而被处理的。然而,假如我们认为,指出这样一种现象只是为了充当一种关于我们当今时代的特性刻画甚或批判,那么,我们就将陷入一种有害的谬误之中。假如我们认为,一种傲慢的蔑视就足以让我们逃离这种一式片面的意见的毫不起眼的力量,那么,我们就会沦于一种有害的自欺而自食其果。与之
37 相反,要紧的是看到那个在此首先得到酝酿的阴森可怕的东西。这种片面的意见无论在哪里都不再注意到实事的本质,它已经使自己鼓胀为一种全面性,而这种全面性伪装自己,使自己取得了一种无害的和自然的假象。但这种全面的意见,它以相同的方式和同样无所思虑地对待一切,只不过是为真正地发生的事情做准备。因为在片面而相同方式的意见的平面上,单轨思维才能启动。由此,一切都被带向概念和名称的单义性上,这种概念和名称的精确性不只符合于技术程式的精确性,而不如说,它与后者具有同一个本质渊源。首先我们必须记住的只是,单轨思维并不就等于片面的思维,不如说,单轨思维是在片面意见的基础上构造起来的,同时也对片面意见做了改造。对于单轨思维之不断提高的力量的一种初眼看起来完全外部的标识,处处都要在那些名称的增长中得到确定,这些名称是由单词的缩写或者在于词首字母的组合而成的。也许今天在场诸位当中,还从来没有人严肃地思考过,当你们不说“大学堂”而只说“学堂”[①]时已经发生了什么事。“学堂”就像

① 此处“大学堂”(Universität,通译为“大学”)在日常德语中经常被简为Uni.,我们姑且把两者分别译为“大学堂”和“学堂”。当然这是勉强的处理办法。——译注

“电影院”[1]。诚然，电影院还是不同于高等学府。但“学堂”(Uni.)这个名称既不是偶然的，也不是完全无害的。甚至当你们说，你们在“学堂”里进进出出，在“大学图书馆”[2]里借书，这种说法也许也是对头的。但问题依然是，在这种语言的传播中显示出**何种**秩序[3]。也许那就是这样一种秩序，那个对我们隐匿起来的东西把我们拉扯入这种秩序中了，把我们托付给这种秩序了。

我们把这个东西[4]命名为最可思虑者。根据我们的断言，它应当在我们尚未思想这样一回事上显示自己。

这个断言似乎具有一种消极的和悲观的腔调。但在这里，“可思虑的”指的是：给予思想的东西。最可思虑者是这样一个东西，它不仅在最多地要求和折腾我们的思想这样一个意义上最多地给 38
予思想；而毋宁说，最可思虑者乃是这样一个东西，它自发地于自身中把值得思想者的最大丰富性保存下来。我们的断言说，我们尚未思想。在这个“尚未”中包含着一种对于即将到来之物的独特指示，对于这个即将到来之物，我们全无所知，不知道它是否来到我们身边。这个“尚未”具有独一无二的性质，不可与其他说法相提并论。举例说来，在午夜时分我们可以说，太阳尚未升起。在拂晓之时我们也可以这么说。在两种情形下，这个“尚未”是不同的。

---

① 日常德语中的“电影院”(Kino)是“活动图像摄制和放映术”(Kinematographie)的缩写/简写。——译注

② 此处“大学图书馆”被简写为“UB”。——译注

③ 上句中“对头的”原文为：in der Ordnung，按字面直译为“在秩序中”，故有此句中的“何种秩序”之说。——译注

④ 应指上句中讲的“那个对我们隐匿起来的东西”。——译注

不过，有人会反驳说，在此类情形中不同之处仅仅在于时段，即从午夜到黎明之间的几个小时；但太阳天天到来则是肯定的。在何种意义上讲是肯定的呢？兴许是在科学意义上么？自哥白尼之后，对科学来说就不再有日出和日落了。在科学上，诸如此类的东西已经被毫不含糊地确定为感官上的错觉。按照通常意见的习惯猜想，关于即将升起的太阳（无论在午夜时分还是在黎明之际）的“尚未”都是有其真理性的，但这种真理性是永远不可能在科学上得到证明的，而且这乃是因为，每天早晨对太阳的期待具有这样一个特征，它没有为科学的证明留下任何余地。我们绝不是根据科学的洞见来期待太阳升起的。有人会反驳说，人类已经习惯于此类现象的规律性了。就仿佛习惯是不言自明的。就仿佛一个习惯可以与栖居（Wohnen）无关。就仿佛我们向来已经思考了栖居。现在，如果连太阳的来来去去对我们来说都是如此稀奇古怪的情况，那么，唯在有待思想的东西对人隐匿自己并且同时在隐匿中到来之际，这事情才可能是多么神秘莫测。

因此，而且唯因此，我们也说：最多地给予思想的乃是我们尚
39 未思想。这就意味着：我们已经存在于——而且是就我们终究存在而言——与给予思想的东西的关联之中。但即便如此，我们尚未作为思想者寓于那最可思虑者。我们从自身出发不知道我们是否将达到那里。因此之故，我们的断言也不是乐观主义的；它同样也并不是在悲观主义与乐观主义之间悬而未决；因为，要是这样，它就不得不考虑到两者，因而从根本上不得不采取两者的估价方式。

所以，我们不能毫无顾忌地按照通常的陈述方式，来规定我们

的断言所具有的音调。因此可取的做法是，对我们的断言的思考不仅要看它的音调，而且要看它的陈述特征。

第四讲

首先一点，我们的断言的音调没有任何消极的东西，尽管匆匆听起来容易产生这样的看法。根本上，这个命题并非起于某种蔑视态度——不论是何种样子的蔑视态度。第二点涉及这个断言的陈述特征问题。只有当我们能够思考这个断言真正说出了什么的时候，我们这个断言的言说方式才能得到充分的说明。在最佳情形下，这样一种可能性要在我们的讲座课结束时或者在很久以后才会出现。甚至很有可能，这种最佳情形依然付诸阙如。因此之故，我们现在就必须注意当我们在思索我们这个断言的道说方式时这一断言交给我们的问题。不过，我们理解的方式不同于样式即 modus[①]。在我们这儿，方式(Weise)指的是旋律、声音和音调，它不仅关乎道说之传布(Verlautbarung)。道说方式乃是一种音调，道说之所说是从这种音调而来并且根据这种音调来定音的。借此我们指明，关于我们的断言之“音调”的问题与关于它的陈述 40
特征的问题是共属一体的。

看起来，我们几乎难以否认，关于我们这个可思虑的时代及其最可思虑者的断言乃是一个关于当代的判断。这样一些关于当代

① 此句中的“方式”(Weise)与“样式”(Art und Weise)在日常德语中无区别，但 die Weise 确有“方式”与“旋律、曲子”两义。——译注

的判断情形如何呢？例如，此类判断把这个时代描绘为一个没落的时代，一个病态的时代，一个堕落的时代，一个患上了“中心丧失”毛病的时代。然而，在此类判断中，决定性的东西并不在于它们消极地评估一切，而在于它们一般地进行评价。它们规定价值，可以说规定了这个时代所属的价值范围。人们把这种估价视为必不可少的，但也是不可避免的。首要地，它们径直唤起一种正义在握的假象。因此之故，它们也马上就赢得了大众的赞同，至少对于被指定了此类判断的时期来说，情形就是这样。现在，这个时期变得越来越短暂。如果如今人们又越来越赞同斯宾格勒关于“西方的没落”的命题，那么，除了各种表面的原因，还有一个根本原因在于，斯宾格勒的命题只不过是尼采的话“荒漠在生长”的消极而正确的推论。我们曾强调指出，尼采此话乃深思之言。它是一句真话。

不过，在其他情况下冒出来的关于时代的判断，似乎也同样地是正义在握的。就它们是正确的而言，它们确实也是正义在握的，因为它们是以事实为定向的，这种事实可以大量地作为证据被端上来，可以通过对作家作品的熟练的分类引用而得到证明。我们把以其对象为定向、与其对象相符的表象命名为正确的。长期以来，人们把这种表象的正确性与真理相提并论，也就是说，人们根据表象的正确性来规定真理的本质。如果我说“今天是星期五”，那么这个陈述是正确的；因为它使表象对准和符合于工作日的序列，并且切中了今天这个日子。判断乃是：正确的表象。当我们对某物做出判断时，譬如当我们说“这棵树在那里开花”时，我们的表
41 象必须保持指向对象即开花的树的方向。不过，这种方向之保持

却为这样一种持续的可能性所环绕，即：我们或者没有获得这个方向，或者失去了这个方向。由此，表象就变成无方向的，而涉及对象就是不正确的。更准确地讲，判断乃是正确的表象，因此可能也是不正确的表象。现在，为了能看到我们关于当代的断言具有何种陈述特征，我们必须更清晰地显明，判断的情形如何，亦即正确和不正确的表象情形如何。一旦我们对此做了实事求是的思索，我们就置身于这样一个问题中了：究竟这是什么——表象？

表象么？我们当中有谁不知道什么叫表象呢？当我们表象某物时，例如在语言学上表象一个文本，在艺术史上表象一件雕塑，在化学中表象一个燃烧过程，我们就总是有了关于这里指出的对象的一种表象。我们在哪里拥有此类表象呢？我们在头脑中拥有此类表象[①]。我们在意识中拥有此类表象。我们在心灵中拥有此类表象。我们在我们内部拥有表象，这些关于对象的表象。诚然，若干个世纪以来，哲学[②]就开始插手其中，并且开始追问，我们内部的表象究竟是否与我们外部的现实相符合。有人说：是；有人说：否；还有人说，这终究是不可决定的。我们只能说，世界——在此也即现实整体——就[③]其为我们所表象而言才存在。“世界是

① 莱布尼茨

corpus[身体、躯体]

animus/anima[灵魂/心灵]

mens[精神、理智]。——作者边注

② 笛卡尔

③ 就——？

通过？

在何种程度上。——作者边注

42 我的表象”。叔本华用这句话概括了近代哲学思想。我们在此必须提及叔本华，因为他的主要著作《作为意志和表象的世界》[1]自1818 年出版以后，就最持久地规定了(整个)19 世纪和 20 世纪的整个思想——甚至在这种情况没有直接清晰地显露出来的地方，甚至在叔本华的命题遭到反对的地方，情形亦然。

我们太容易忘记，一位思想家在他遭到反对的地方，比起在他得到赞同的地方，能发挥出更本质性的效果。甚至尼采也不得不经历一种与叔本华的争辩；尽管尼采关于意志的理解是与叔本华相反的，但尼采还是牢牢遵循着叔本华的原理：“世界是我的表象”。对于这一定律，叔本华本人在其主要著作的第二卷(第一章)开头说了下面这番话：

> “‘世界是我的表象’——此乃一个定律，就像欧几里得公理一样，任何人一旦理解了这个定律，都必须把它认识为真实的；虽然它并不是一个人人一听到就都能理解的定律。——使我们意识[2]到这个定律，把它和理想与实在[3]之关系联系起来，也即把它和我们头脑里的世界与我们头脑外的世界的关系联系起来，这些与道德自由问题一道，构成现代哲学的标志

---

① 参看叔本华：《作为意志和表象的世界》，中译本，石冲白译，北京：商务印书馆，1986 年。——译注

② 我思(cogito)。——作者边注

③ 柏拉图的ἰδέα[相、理念]

realitas[实在性]。——作者边注

性特征。因为只有经过千百年在纯粹客观的[①]哲思方面的尝
试，我们才发现，在使世界变得如此神秘和可思虑的[②]繁多事
物中，最切近的和第一位的东西乃是：无论世界是多么的巨大
无垠，它的此在（Daseyn）[③]都维系于一个独一无二的线索：这 43
就是世界由以构成的每一个意识。[④]”

既然哲学上关于表象的本质是什么意见不一，那么显然就只有一条出路了。我们离开哲学思辨的领域，首先仔细而科学地来探究[⑤]一下，在生物（尤其是人类和动物）身上出现的表象究竟是何种情形。从事此类探究主要是心理学的事。今天，心理学已成为一门建制完备和领域广泛的科学，其重要性与日俱增。但在这里，我们且撇开心理学关于它所谓的“表象”的研究结论；这并不是因为心理学的这些结论是不正确的，甚或是无关紧要的，而是因为它们是科学的结论。因为作为科学的陈述，它们已经活动于一个领域里，这个领域即便对心理学来说也必须保持在我们前面指出的另一面上。因此就用不着奇怪，在心理学范围内绝不能弄清楚

---

① “主观的哲思”！
主客（S. - O.）关联
主谓（S. - P.）关联。——作者边注

② 在其什么（Was）中。——作者边注

③ existentia[实存]。——作者边注

④ 对这种事态的表象！——作者边注

⑤ 什么叫有待探究者！
re-presentare。——作者边注

表象被归列[①]入何方：也即生命有机体、意识、心灵、无意识以及把心理学领域区分开来的所有深度和层次。在这里一切都大可置疑；但科学结论是正确的。

如果说我们现在在处理什么是表象这个问题时仍不以科学为依据，那么，促使我们这样做的，并不是一种自以为是的骄傲自大，而是一种自知无知的谨慎。

我们站在科学之外。相反，举例说来，我们站在一棵鲜花盛开
44 的树面前——而树也站在我们面前。树把自己置于我们面前。[②]树站在那儿，我们面对着树，由此，树和我们相互置于对方面前。进入这种相互关系之中——被置于对方面前，树和我们才**存在**（*sind*）[③]。

可见，这种表象并不关系到在我们头脑中窜来窜去的种种“观念”[④]。让我们在这儿稍息片刻，正如在做一次跳跃之前和之后我们都得歇口气。因为我们现在**已经**跳跃了，已经跳出了熟悉的科学领域，甚至——正如马上要表明的——已经跳出了哲学[⑤]领域。那么我们跃向何方了？也许跃入一个深渊了么？不是！不如说是跃入了一块牢固的土地。是某一块土地么？不是！而是**这块**土

---

① 类似于归属于何方。——作者边注

② 此为字面直译，原文为：Er stellt sich uns vor（或译为：树把自己介绍给我们）。其中动词 vorstellen 就是我们通常译为“表象”者。——译注

③ 但如何？——作者边注

④ 此句中的动名词“表象”（das Vorstellen）即上面讲的“置于……面前”；而名词“观念”（Vorstellungen）也可译为“表象”。——译注

⑤ 例如康德

笛卡尔的 perceptio[知觉]。——作者边注

地,我们生于斯又死于斯的这块土地——假如我们不想骗自己的话。我们必须首先跳上我们真正的立身之地,这是一件奇怪的事情,或者甚至是一件阴森可怕的事情。当某种像这种跳跃这样奇怪的东西变成必需的,那就必定已经出现了某种给予思想的东西。科学地评判,我们当中的每个人一度站在一棵鲜花盛开的树面前,这当然还是世界上最无关紧要的事情。但这又有什么关系呢?我们把自己置于一棵树对面,置于它面前,而树置自身于我们面前。在这里到底谁把自己置放出来了?[1] 是树抑或我们?或者是两者?或者两者都不是?正如我们存在着,我们不只是带着我们的头脑或者带着我们的意识,把自己置于这棵鲜花盛开的树对面,而树也作为它所是(*ist*)的东西把自己置于我们面前。抑或竟是这棵树比我们抢先一步?是树预先把自己置于我们面前,使得我们可以把自己带到它的对面?

树把自己置于我们面前,我们把自己置于树的对面,这里发生了什么呢?当我们站在一棵鲜花盛开的树对面,站在它面前时,这种表象[2]发生在何处呢?兴许在我们头脑中么?当然是的;我们站在一片草地上,矗立在我们面前的是一棵鲜花盛开的树,它光芒四射,香气袭人,当我们感知这棵树时,我们的脑子里自会发生许 45
多事。在今天,我们甚至可以通过合适的转变和增强仪器,使头脑里的过程(作为脑电波)变成可听闻的,并且用曲线把个中过程描

① 此处“把自己置放出来”是我们对动词 vorstellen(即表象)的翻译。——译注

② 此处译文未传达出“表象”(Vorstellen)与前句中的“把自己置于……面前”(vorstellen)之间的意义联系。——译注

摹下来。人们能——当然能啰!① 还有什么是今天的人类不能的！凭着这种能力，今天的人类甚至能够逐步互助。他出于最佳的意图处处援手。人们能——也许我们当中还没有人猜度到，人类下一步在科学上能够做的一切是什么②。但是——让我们限于我们的情形——有了科学上可记录下来的脑电波，这棵鲜花盛开的树又在哪里呢？草地又在哪里呢？人又在哪里呢？——不是脑，而是人，是从前向我们走来、也许明天就将死去的人？那种表象又在哪里——在其中这棵树把自己置放出来，人把自己置入树的对面③？

在现在提及的表象中，也许也在被人们描写为意识领域和视为心灵之物的东西中发生了许多事情。但是，树④是站立“在意识中”还是站立在草地上呢？草地作为体验处于我们的心灵中抑或延展于大地上？大地在我们的头脑中？抑或我们站在大地上？

有人可能会反驳：提这些问题到底有什么用呢？——这些问题关乎某个事态，后者是每个人都马上能公正地承认的，因为实际上所有人都一清二楚，我们在大地上，按我们选择的例子来说，我们站在一棵树对面。然而，我们别太匆忙地对待这种承认，别太轻

① 谁。——作者边注

② 在七教授之前。——作者边注

③ “对”-着(Ent-“gegen”)→
“越过我们头上”←
——作者边注

④ 这棵树——这个|作为存在着的来经验。——作者边注

松地接受这种“一清二楚”[①]。因为一旦物理科学、生物学和心理 46
学，连同科学哲学，用它们的种种证据和证明向我们说明，其实真正说来我们并没有感知一棵树，不如说，我们实际上感知到的是一种虚空，其中处处微弱地散布着以巨大的速度来回运动的电荷，这时候，我们就在不知不觉中放弃了一切。假如我们只是在可以说科学上无人看守的时刻才承认，我们自然地站在一棵鲜花盛开的树面前，为的是进而在下一个时刻同样不言自明地保证，那种意见自然地仅仅标志着前科学的因而质朴的对象理解，那将是不够的。但以这种保证，我们就已经承认了某种东西，其影响我们几乎未予以关注，那就是：上述各门科学根本上能决定，就鲜花盛开的树来说什么可以被视为现实，什么不能被视为现实。各门科学从哪里取得这种权能来做这样的判断呢？它们必定对自己的本质之渊源浑然无知。科学从哪里取得权利来规定人的位置，并且把自己设为这种规定的标尺？但是，一旦我们勉强接受(哪怕只是悄悄地)，我们站在树的对面，只是一种前－科学地被意指的与那个依然被我们称为“树”的东西的关系，那就会出现上面讲的情况。实际上，我们今天更倾向于赞同一种被假定为更高级的物理的和生理的认识，而放弃那鲜花盛开的树。

如果我们来思索一下，一棵鲜花盛开的树把自己置于我们面前，使得我们能把自己置于它的对面，如果我们思索这意味着什么，那么，先于一切地而且最后要紧的是，不要放弃鲜花盛开的树，

---

① 在世界之中存在(In-der-Welt-sein)
此－在(Da－sein)。——作者边注

而是让它有一次机会站立在它站立之处。我们为什么说“最后”呢？因为迄今为止思想都从来不能让树站立在它站立之处。[①]

47 然而，对西方思想史的学术研究却告诉我们，从其认识学说来判断，亚里士多德乃是一位实在论者。实在论者就是肯定外部世界的实存(Existenz)和可认识性的人。实际上，亚里士多德从来没有想到过要去否定外部世界的实存。柏拉图也决不会想到，赫拉克利特和巴门尼德亦然。诚然，这些思想家也从来没有特别地肯定甚至证明“外部世界”的在场。

①　认识论
实在论！——作者边注

第五讲

49

从第四讲到第五讲的过渡

我们进入了这样一个问题之中：究竟什么是表象（Vorstellen）？把我们带向此问题的步骤，眼下无需重述。相反，我们总是要牢牢记住我们试图走上的道路。我们用一个问题来标识这条道路——这个问题就是：什么叫思想？通过对“什么叫思想？”的追问，我们进入这样一个问题之中：什么是表象？

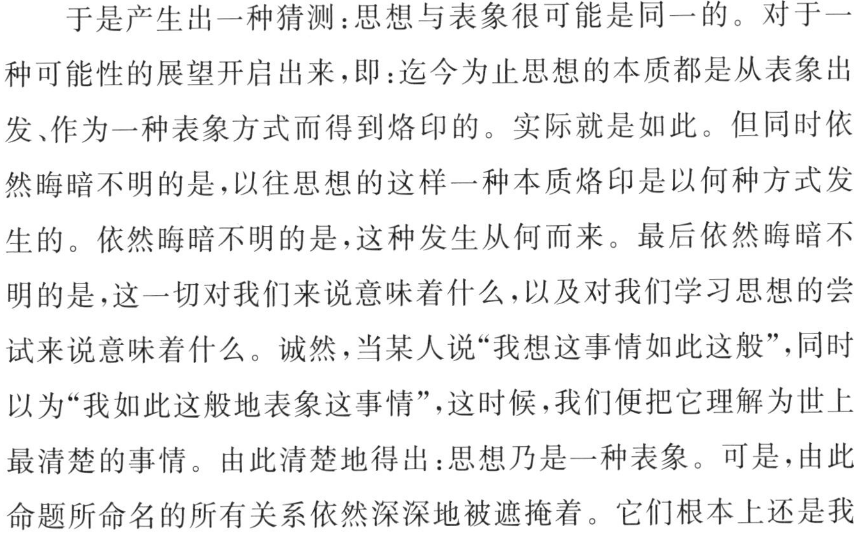

于是产生出一种猜测：思想与表象很可能是同一的。对于一种可能性的展望开启出来，即：迄今为止思想的本质都是从表象出发、作为一种表象方式而得到烙印的。实际就是如此。但同时依然晦暗不明的是，以往思想的这样一种本质烙印是以何种方式发生的。依然晦暗不明的是，这种发生从何而来。最后依然晦暗不明的是，这一切对我们来说意味着什么，以及对我们学习思想的尝试来说意味着什么。诚然，当某人说“我想这事情如此这般”，同时以为“我如此这般地表象这事情”，这时候，我们便把它理解为世上最清楚的事情。由此清楚地得出：思想乃是一种表象。可是，由此命题所命名的所有关系依然深深地被遮掩着。它们根本上还是我们理解不了的。毋庸讳言，思想的本质，思想的本质渊源，包含在这个渊源中的思想之本质可能性——所有这一切都是对我们来说陌异的，与之一体地，都是那个首先并且始终给予我们思想的东西。如果“在我们这个可思虑的时代里最可思虑的是我们尚未思想”这个断言依然是真的，那么上面讲的这一点也不会令人奇怪。
50 但这个断言同时也说：**我们正在通向思想之本质的思想之路上**。[①] 我们正在途中，并且在这样的道路上从一种思想出发——这种思想的本质看起来就在表象中，并且在其中穷尽自己。我们自己的思想方式依然乞灵于传统的思想之本质，即乞灵于表象。但只要我们尚未进入思想所固有的、仍然为我们保留着的本质之中，那么我们就尚未思想。我们尚未在思想之本真要素中。然而，思想的真正本质或许恰恰就在它一度隐匿自己的地方显示自身——如果只有我们关注这种隐匿，如果只有我们没有被**逻辑学**所愚弄，坚持认为我们早就知道什么是思想了。思想的真正本质可能会在我们正在途中的时候向我们显示自身。我们在途中。这是什么意思呢？我们还在途中，inter vias，处于不同的道路间。[②] 关于一条不可避免的因而也许唯一的道路，尚未做出决定。所以在途中——我们必须特别谨慎地去注意我们脚下的路程和位置。从第一讲开始，我们就试图关注这一点了。但看起来，似乎这一意图及其全部的影响尚未得到严肃的对待。为了标识我们的思想道路的位置，

① 现在可参看 1961 年的《在通向语言的途中》——？
同一者。|λόγος[逻各斯]|早于本讲座十年
1934 年：《逻辑学作为对语言之本质的沉思》|——作者边注

② 而且在一条道路上。——作者边注

我们曾引用过西方最后一位思想家尼采的一句话。尼采说："荒漠在生长……"我们还把这句话与其他关于当今时代的陈述做了详细对照，不光是由于它的特殊内涵，而首要地是着眼于它的言说方式。因为它根据尼采思想所走的道路的方式来说话。但这条道路来自远方，并且在每个位置上都见证着这一来源。尼采与其他思想家向来所做的一样，既没有自己创造道路，也没有自己选择自己的道路。他是**被派遣**上路的。因此，"荒漠在生长……"这句话就 51
成了一句道路之言（Weg-Wort）。这就意味着：这句话的道说不只照亮了一个路段及其周边。这种道说本身追踪并且开辟道路。这句话决不是一个关于当代的单纯陈述，可以任意地从尼采的阐述中选取出来。但这句话更不是尼采的内心体验的表达。说得更周全一些：如果我们像通常所做的那样，根据其最表层的本质来表象语言，以为语言就是把内在的东西外化，所以就是表达，那么，尼采这句话当然也是这样一种表达。但是，即使我们并没有如此直接地来看待尼采这句话"荒漠在生长……"，光是提到"尼采"这个名字，就已经会有种种观念[①]潮水般涌来，而在今天，这些观念越来越不能确保它们指明了这位思想家的真正所思。

可是，因为在我们后面的进程中，尼采这句"荒漠在生长……"将被置于一道特殊的光亮之中，而"尼采"这个名字将变成一个无知和误解的标签，因为我们这个讲座对尼采这句话所做的提示已经引发了许多轻率而错误的先入之见，所以，我们现在就先来说说后面的讨论的若干内容。但为了不至于搞乱本讲座的进程，我们

① 此处"观念"（Vorstellungen）也可译为"表象、想法"。——译注

只能满足于做一个提示。

第五讲

什么叫思想？我们得小心提防那种盲目的贪欲，即要求为我们的问题攫取一个公式化的答案。让我们守住这个问题。让我们来关注这个问题的追问方式：“什么叫思想？”

“等一等，我来教你什么叫听话！”——母亲在后面叫他不想回
52 家的小孩。是她答应自己的儿子，要给他一个关于听话的定义吗？不是的。但也许她要给儿子上一堂课吧？如果她是一位好母亲，她也不会这样做的。而毋宁说，她要让儿子明白什么是听话。或者更好地要反过来说：她要使儿子听话。她责骂得越少，就越是可望成功。母亲越是直接地使儿子倾听，就能越简单地如愿以偿。并非只是他一味地迁就，而是他再也不能放弃倾听的意愿。为什么呢？因为他已经能听到自己的本质所属的东西了。因此，学习是不能通过责骂来促成的。不过，人们在教的时候偶尔也不得不大声点。他甚至不得不不断叫喊，哪怕事关让学生学习像思想这样一种安静的东西。尼采这个极安静和极羞怯之人，他是知道这样一种必要性的。他忍受过不得不叫喊的痛苦。在全世界对于世界大战还一无所知的年代，在那种对“进步”的信仰几乎成为文明民族和文明国家的**唯一**信仰的年代，尼采却叫喊出一声：“荒漠在生长……”他于是就问同类，首先是问自己：“难道我们首先不得不打破他们的耳朵，使他们学会用眼睛听话吗？难道我们必须像铙钹与劝人忏悔的牧师一样喧哗吗？”(《查拉图斯特拉如是说》序言，

第5节)[1]然而谜团重重！昔日“荒漠在生长……”的叫喊如今有变成饶舌的危险。这样一种颠倒的危险也属于给予我们思想的东西。这种危险就在于，也许这种最深的思想在今天——尤其在明天——就忽然仅仅成了一种陈词滥调，并且以陈词滥调的方式到处传播。这种陈词滥调的谈论方式在关于今日世界状况的巨量描述中得到了实现。它们描述了按其本质来看不可描述的东西。因为它只有在思想中才能得到思量，而这种思想乃是一种呼唤，因而有时候不得不成为一种叫喊。在写下来的东西中，叫喊容易被扼杀，尤其是当写作只是描述个没完，并且力图忙碌于表象，为表象 53
提供常新的充分材料时，情形就如此。如果写作不能在写下来的东西本身中还保持着一种思想之行进，保持着一条道路，那么，思想就会消失于其中。大约在尼采写下“荒漠在生长……”这句话的时期，他在自己的笔记本中写道(《全集》，第十四卷，第229页，1885年格言第464条)：“一个人，对他来说几乎所有书都变得浅薄不堪，他只还相信以往时代的少数几个人，因为他们有足够的深度——不愿把他们所知道的写下来。”[2]然而尼采不得不叫喊。对他来说，除了写作，别无他法。尼采思想的这样一种写下来的叫喊，就是他取名为《查拉图斯特拉如是说》的著作。该书前三部分是在1883年至1884年间完成并出版的。第四部分写成于1884年至1885年间，但只为他最亲密的朋友圈子印发。尼采这本著作

① 参看尼采：《查拉图斯特拉如是说》，中译本，孙周兴译，上海：上海人民出版社，2009年，第12页。——译注

② 参看尼采：《尼采著作全集》第11卷，34[147]，科利和蒙提那里编，柏林/纽约，1988年，第469页。——译注

思考的是这位思想家的独一无二的思想：关于相同者之永恒轮回的思想。每个思想家都只思考一个唯一的思想。这一点也从本质上把思想与科学区别开来了。研究者需要常新的发现和灵感，要不然科学就会陷入困境和谬误。思想家只需要一种唯一的思想。而且对思想家来说，艰难之处在于紧紧抓住这个唯一的思想，把它当作他唯一有待思的东西，进而把这个“一”思为同一者，并且以适当的方式从这个同一者而来进行道说。但是，唯当我们总是从同一者而来道说同一者，而且同时我们本身被同一者所要求，这时候，我们才能以适当的方式言说同一者。所以，对思想来说，同一者之无界限性就是最鲜明的界限。思想家尼采为自己的著作《查拉图斯特拉如是说》加了一个副标题“一本为所有人而又不为任何人的书”，由此来暗示这样一种隐蔽的思想之适当性。所谓“为所
54 有人”意思并不是：为任意的每个人；“为所有人”是指为每个作为人的人，总是为每个人——就他在其本质中对自己变得大可一思的而言。“而又不为任何人”——这意思是说：不为这样一些人，他们遍地都是，只是陶醉于这本书的章节和句子，盲目地在这本书的语言中四处乱窜，而不是走上此书的思想道路，并因此首先使自身变成值得追问的。《查拉图斯特拉如是说：一本为所有人而又不为任何人的书》。这本著作问世七十年来，这个副标题多么可怕地得到了证实——但却是在截然相反的意义上。它成了一本人人都读的书，而没有一个思想家显示出他能应对这本书的基本思想及其晦涩。在该书第四部分也即最后一部分中，尼采写下了这个句子：“荒漠在生长……”在这句话中，尼采写下了他所知道的一切。因为这句话是尼采创作的一首诗歌的标题，当时他“远离浑浊、潮湿、

阴郁的古老欧洲”。这句话的全文如下:“荒漠在生长:苦啊,怀藏荒漠者!”谁在受苦呀?尼采在此想到他自己了吗?倘若他知道,恰恰他自己的思想必定首先带来一种荒芜化,在其中,有朝一日从别的地方,绿洲有时会生长,泉水有时会涌流,那又如何呢?倘若他知道,他不得不成为一个暂时的过渡,起着承前启后的作用,因而处处是模棱两可的,甚至还是以过渡的方式并且在过渡意义上,那又如何呢?一切深思熟虑都表明,情形就是这样,尼采本人知道这一点,因而经常用谜一般的话语把它表达出来。因此之故,一种与尼采的思想对话也不断地被带入其他维度之中。因此之故,对于尼采思想,所有公式和标签都会在一种特殊意义上失灵。这样说根本不是认为,尼采思想只不过是一种随时可以取消的形象和符号游戏。尼采思想之所思明确如一;不过,这种明确性却是多领域的,是在相互嵌合和相互支配的多个领域中。原因之一在于,西方思想的所有主题——但全都有所变换——都天命般地在尼采思 55
想中聚集起来。因此,它们也不能用历史学方式来推算和清算。所以,与作为一种过渡的尼采思想相吻合的,只可能是一种对话,这种对话的本己道路要为一种过渡做准备。在这样一种过渡中,尼采思想整体当然必定会站到一边去,而这种过渡会离开这一边而向另一边运动。这种按其范围和种类来看不一样的过渡,我们在此不能加以探讨。我们的评论只是要表明,这种范围广大而又另类的过渡虽然必须离开这一边,但恰恰因此不能在一种疏忽意义上加以忽视。在这种过渡中,尼采思想、整个西方思想,在其本真的真理性方面得到了居有。然而,这种真理性绝不是昭然若揭的。关于尼采,我们限于把唯一本质性的东西揭示出来,这种东西

先行照亮了尼采思想行进的道路。由此我们可以得知，尼采在其思想的何种进程中说出了这句话："荒漠在生长：苦啊，怀藏荒漠者！"

但是，为了能够从根本上遭遇尼采思想，我们必须首先找到这种思想。只有当我们碰巧找到了它时，我们才可能尝试再次失去这种思想之所思。这种失去比寻找更艰难。因为在这样一种情形中，"失去"并不意味着：简单地丢掉某物，把它抛在后面，放弃它。在这里，所谓"失去"说的是：真正摆脱尼采思想所思的东西。但为了做到这一点，我们只能从自身出发并且在我们的追忆中，把尼采之所思开放到它本己的本质内容的自由之境中，并且由此让它留在它自发地归属的那个位置。尼采意识到了发现、寻找与失去的这样一种关系。在他的道路的整个进程中，他必定越来越清晰地意识到了这一点。因为只有这样我们才能理解，在其道路的终点，
56 尼采能够以一种可怕的清晰性道出这一点。尼采在此角度还必须道说的东西，写在一张纸条上，那是他寄给他的友人的纸条中的一张；其时，尼采于 1889 年 1 月 4 日在街上崩溃并发疯了。人们把这些纸条称为"发疯纸条"。从医学和科学的角度来设想，这个称法是正确的。而对思想来说，它依然是不充分的。

这些纸条中的一张，是寄给丹麦人乔治·勃兰兑斯[①]的，此公于 1888 年在哥本哈根做了第一个关于尼采的公开讲座。

① 乔治·勃兰兑斯（Georg Brandes，1842 - 1927 年）：丹麦犹太人，是第一个向欧洲推荐尼采和讲授尼采哲学的人。著有《十九世纪文学主流》等。——译注

邮戳都灵，1889 年 1 月 4 日

我的朋友乔治。

在你发现了我以后，要找到我就不是什么窍门了：现在难的是失去我……

被钉十字架者。

莫非尼采知道，他已经把某种不可失去的东西化成话语了么？某种对思想来说不可失去的东西，也即思想越是具有思想性，就越是不得不一再重新向之回归的东西？尼采知道这一点。因为这个通过冒号来过渡的关键句子不再只是针对这张纸条的接受人的。这个句子表达了一种普遍的命运性的关系：“现在难的是失去我……”现在，对所有人而言，以及将来。因此，我们读这个句子，甚至这张纸条的整个内容，就仿佛它是写给我们的。如今我们至少可以大致综观此间已经流逝的六十三年，我们无疑必须承认，对我们来说，首先找到尼采也还是难的，尽管他已经被发现，也即说，尽管这位思想家之思想的发生已经为人所知。通过这种为人所知，我们甚至处于一种更大危险中，即找不到尼采的危险，因为我们以为这种寻求已经被解除了。我们可不能因为有了一种半个世 57
纪以来不断增多的尼采文献，就受骗上当，以为我们已经找到了尼采思想。尼采仿佛也预见到了这一点；因为不无道理地，尼采借查拉图斯特拉之口说：“人人都在谈论我……但没有人思念我。”[①]唯

① 参看尼采：《查拉图斯特拉如是说》第三部，“萎缩的德性”第 2 节，中译本，孙周兴译，上海：上海人民出版社，2009 年，第 213 页。——译注

有思想处，才有思-念[①]。如果我们尚未思想，我们又如何可能思念尼采思想呢？然则尼采思想不只包含着一个特立独行的人的夸张观点。在这种思想中表达了存在之物，更准确地讲，是表达了还将存在的东西。因为“现代”还绝没有终结。而毋宁说，“现代”才刚刚进入它也许持久漫长的完成过程的开端。那么尼采思想呢？尼采尚未被找到，此乃可思虑者之一。最可思虑者乃是，我们压根儿就没有准备好真正地失去所找到的东西，而只是忽视之、回避之。这种忽视经常以一种和善的方式进行，也就是通过端出对尼采哲学的总体描绘来进行的。仿佛存在着一种描绘，它未必——直至最隐蔽的角落——就成为一种解释。仿佛可能有一种解释，它可以避免成为一种表态，甚或通过开端的选择已然成为一种未经明言的拒绝和驳斥。然而，我们驳斥一位思想家，在他身边摞起一堆反驳文献，我们这样做是决不能战胜一位思想家的。唯当我们把一位思想家的思想中未被思及的东西重又置回到它原初的真理中时，我们才能掌握他之所思。而无疑地，与思想家的思想对话并不因此变得更轻松适意些，相反，它首先会进入一种日趋激烈的论争之中。而尼采总还是狠狠地被驳斥的。正如我们将看到的，这事儿早就到了这样一个地步，即：人们恰恰把这位思想家真正所思的东西以及他为之殚思竭虑的东西的反面，强加在他头上了。

① 此处“思-念”(An-denken)有“追忆”之义，前句中的“思念我”为动词denken an mich(实即“想到我”)。——译注

第 六 讲 59

从第五讲到第六讲的过渡

在我们追问“什么叫思想?”这个问题的道路上,我们已经达乎如下问题:究竟这是什么——表-象[①]? 到现在为止,我们只有一个初显轮廓的答案:表象甚至可能是传统思想的处处起支配作用的基本特征。我们自己的道路就来自这种思想。因此,它也必然被扣留在与传统思想的对话之中。但既然我们的道路为了学习思想而特别地关注思想,那么,这种对话就必然探讨传统思想的本质。不过,传统思想本身已经被认作一种表象,这还绝不能保证,在传统思想中表象之**本质**也已经得到了充分的思考,或者竟能够得到思考。因此,在一种与传统思想的本质的对话中,表-象之**本质**很可能必须首先被带向思想的语言。而且,如果我们响应这种语言,那么,我们不仅结识了思想及其本质命运,我们因此也学习思想本身。

传统思想中在时间上与我们最切近因此对于我们的争辩来

① 此处“表-象”(Vor-stellen)是“表象”(Vorstellen)一词的分写。——译注

说最具激发作用的人物，乃是尼采。因为尼采的思想用传统语言道说**存在**(*ist*)之物。但这个时代的众说纷纭的事实、状况和潮流始终只不过是存在之物的表层前景。然而，只要我们唯一地根据传统思想的语言来理解尼采的语言，而没有去倾听这种语言中未被言说的东西，那么，甚至尼采的语言也只是着眼于表层来说话的。因此，我们从一开始就侧耳倾听了尼采的一句话，这句话使我
60 们听到一种未被言说的东西："荒漠在生长；苦啊，怀藏荒漠者！"

但是，促进我们的倾听能力，这已成为必需之事。这事要通过一种提示来完成，它为我们更清晰地指明了尼采思想所朝向的路向。尼采清楚地看到，在西方人的历史中，某种东西正在走向终结，那就是迄今为止以及远远而来未完成的东西。尼采看到了把这个未完成的东西带向一种完成的必要性。但是，这种完成并不是要搞来一个迄今为止缺失的部件，它不是通过修补来补充，它首先在整体中达到**整全**，因而根据整全来转换迄今为止的东西，由此来实现补全。

可是，为了捕捉到这种命运般关系的哪怕一丁点儿情况，我们必须从那种谬误中解脱出来。这种谬误就在于，人们以为可以通过历史学上的处理方法来思考尼采思想。这种错误之举乞灵于那种意见，即主张我们可以把尼采思想当作某种过去了的和被驳斥了的东西而弃之一旁。人们丝毫不知道那种困难，即难于真正地再次失去这一思想——假如它已经被找到了。

但是，一切都表明这种思想甚至还没有被找到呢。因此，我们首先就必须去寻求这种思想。因此，我们关于尼采的路－向的提示本身还是一种有所寻求的提示。

第六讲

在本质性的思想领域里，比他之前的任何思想家都更清楚地，尼采看到了一种过渡的必然性，以及与之相随的危险，即以往的人越来越顽固地把自己建立在他以往的本质的浅薄表层上面，并且承认这些浅薄的平面是他在大地上的逗留的唯一空间。这种危险 61
越来越大，因为它是在一个历史性的瞬间出现的；尼采最早清楚地认识到了这个历史性瞬间，而且迄今为止唯一地在形而上学上深思了这个瞬间的影响。正是在这个瞬间，人类准备担当起对整个地球的统治。

尼采头一个提出如下问题：作为在其以往本质中的人，人是不是为他接管这种统治地位做好了准备呢？如果没有的话，那么，对以往的人必须怎么办，方能使得地球“听命”于他，从而实现《旧约》里的一个诺言呢？尼采在自己的思想视野里把这个以往的人命名为“末人”[①]。“末人”这个名称并不是指，人类的本质随着如此被命名的人而终止了。而毋宁说，末人乃是这样一种人，他不再能够超越自身而观看，不再能够有朝一日超出自身之外提升到自己的使命的区域里，并且以本质上合适的方式担当这种使命。以往的人做不到这一点，因为他自己尚未进入他本己的完全本质之中。尼采声称：这种人的本质还根本没有得到确定，也就是说，这种本质既没有被寻找到，也没有被固定起来。因此，尼采有言：“人是尚

① 尼采的“末人”原文为 der letzte Mensch，也可译为“最后之人”。——译注

未被确定的动物。”[①]这个句子听起来不免怪异。然而它只不过是道出了西方思想历来对人所作的思考。人是 animal rationale，即理性的动物。人借助于理性超越了动物，但由此，人却必须不断地蔑视动物，统治之，对付之。如果我们把动物性称为感性，并且把理性把握为非感性或超感性，那么，人这种理性动物就表现为感性－超感性的生物。如果我们根据传统的做法把感性称为肉身和形体[②]，那么，理性、超感性就显示为超出感性、超出肉身的东西；“超……”在希腊语中叫μετὰ[超出、在……之后]；μετὰ τὰ φυσικά[在物理之后][③]的意思是超出肉身和形体，超出感性；超出肉身和
62 感性的超感性的东西就是形而上学的东西。只要人被表象为 animal rationale[理性的动物]，那么，人就是超逾肉身和形体的肉身和形体；简言之，在作为 animal rationale[理性的动物]的人的本质中，聚集着从肉身和形体向非肉身和超肉身的超出/过渡：人因此就是超－肉身和超－形体的东西。[④] 但现在，在尼采看来，无论是人的肉身、感性即人的身体，还是非感性即理性，都没有在其本质方面充分地得到表象，就此而言，在以往的规定中，人就是尚未被表象因而尚未被确定的动物。现代人类学（它与心理分析一样热切地利用尼采的著作）完全误解了尼采这句话，根本没有认识到

① 参看尼采：《善恶的彼岸》第三章，第62节，《尼采著作全集》第5卷，科利和蒙提那里编，柏林/纽约，1999年，第81页。——译注

② 此处“肉身和形体”原文为 das Physische，意为“肉身、有形之物、自然之物”等，源自希腊文的 Physis（自然）。——译注

③ 或译为“超出物理”。μετὰ τὰ φυσικά[在物理之后]是亚里士多德的《形而上学》一书的书名，该书名的原义并非“形而上学”，而是“在物理之后”。——译注

④ 原文为 das Meta-Physische，或译为“形而－上学的东西”。——译注

它的内涵。人是尚未被确定的动物;这个 animal rationale[理性的动物]尚未被带入他完全的本质之中。但为了首先能够确定以往的人的本质,以往的人必须被带到他自身之外。以往的人是末人,因为他不能,也就是说不愿意使自己服从自己,蔑视他以往种类中可鄙的东西。因此,必须为以往的人寻求超出自身之外的过渡,因此,必须寻找通向那种本质的桥梁——作为这种本质,以往的人才可能成为他以往的和最后的本质的克服者。尼采看到了超出自身之外的人的本质特性,并且首先把它铸入查拉图斯特拉这个形象之中。为了表示这个超越自身,从而服从自身,从而首先得以确定自己的人,尼采选择了一个十分容易引起误解的名称。尼采把这个超出以往之人的人命名为“超人”(Übermensch)。以“超人”这个名称,尼采恰恰不是指一种纯然超维度的以往之人。尼采也不是以此来指一种类型的人,后者抛弃“人道”(Humane),把肆意妄为抬举为法律,使一种巨大的暴怒变成规则。超－人(Über-
Mensch)是这样一种人,他首先把以往之人的本质运送入其真理 63
之中,并且接受这种真理。如此这般在其本质方面被确定的以往之人,将由此能够在未来成为地球之主人,也就是能够在一种高端意义上掌管那种权力之可能性,那是未来的人基于对地球和人类行为的技术性改造之本质而分得的权力可能性。这种人的本质形象,即得到正确思考的超人,并不是一种毫无约束的、失去节制的、直奔虚空的想象的产物。然而,这一形象也不是通过对当代的历史学分析找得到的,而毋宁说:超人这个本质形象之被判归尼采的形而上学思想,乃是因为尼采思想能够纯粹地嵌入到西方思想的先行天命之中。在尼采思想中,存在之物已经形诸语言,但对于流

行的表象来说依然被伪装起来了。因此我们也可以猜度，超人已经在有些地方实存，而且对于公众来说还是不可见的。然而，我们决不能在那些人物中——他们作为一种浅薄的和被误解的权力意志的主要官能而被推向其不同组织形式的顶峰——寻求超人这种本质形象。超人也不是一个魔术师，将把人类带向一种人间极乐状态。

“荒漠在生长；苦啊，怀藏荒漠者！”这一声“苦啊”是向谁而发的呢？是对超人。因为穿越者必须是一个没落者[1]；超人的道路发端于他的没落。以此发端，他的道路已然得到了裁定。我们得再次注意到：因为关于我们这个可思虑的时代最可思虑者的命题——即我们尚未思想——是与尼采关于正在生长的荒漠的话是共属一体的，因为在这句话中得到思考的却是超人，所以，我们必须按照我们的道路的要求，努力去弄清楚超人的本质。

64 现在，让我们避开通常的意见关于“超人”一词的错误而混乱的音调。相反，让我们来关注三件简单的事情，那就是似乎由质朴地被思考的“超人”一词自发地引起的三件事情：

一、穿越。二、穿越离开何处。三、穿越向何方。[2]

超人超出以往的因而最后的人之外。如果人并没有停留在以往之人的种类那里，那么，人就是一种穿越或过渡；人乃是一座

---

① 此句中的“穿越者”原文为 der Hinübergehende，“没落者”原文为 ein Untergehender，后者也可译为“下行者”。——译注

② 此处“穿越”（Übergang）也可译为“过渡”。——译注

桥梁；人是“一根系在动物与超人之间的绳索”[1]。严格看来，超人乃是穿越者要达到的人之形象。查拉图斯特拉本身还不是超人，而只是首先向着超人穿越者，是生成中的超人。由于多重原因，我们在此只能把我们的考察限于这种暂时的超人形象。不过，首先，我们必须关注这种穿越/过渡。然后，我们还要更准确地思量的第二点，就是穿越者离开何处；这就是说，以往之人即末人的情形如何。第三，我们必须思量的是，穿越者去往何方，也就是说，穿越之人将立身于何种状态中。

唯当我们思量了第二点和第三点，即穿越着的并且在穿越中转变的人的何来与何往，我们才能弄清楚第一点，即穿越/过渡。

穿越之人要离开的那种人，乃是以往之人。为了让我们记住以往之人的本质规定，尼采把这种人称为尚未被确定的动物。个中意思就是：hemo est animal rationale[人是理性的动物]。Animal[动物]并不简单地意味着生物；植物也是一种生物。但我们不能说，人是一种理性的蔬菜。Animal 指的是动物、牲畜、野兽，animaliter 意指（例如甚至在奥古斯丁那里）“动物性的、兽性的”。人是理性的动物。理性是对存在之物的觉知，而存在之物同时也 65
始终意味着：可能存在之物和应当存在之物。觉知包括（而且逐级地）：接受、领受、先行-取得、讲解，后者也意味着传-达。[2] 传达

① 参看尼采：《查拉图斯特拉如是说》序言，中译本，孙周兴译，上海：上海人民出版社，2009 年，第 9 页。——译注

② 此句中的动词原文依次为：Aufnehmen，Entgegennehmen，Vor-nehmen，Durchnehmen，Durch-sprechen。前四个动词均以“取得”（nehmen）为词根。——译注

(durchsprechen)的拉丁文叫 reor,希腊文叫 ῥεω(如在修辞学中)[①]。先行取得并且讲解某物的能力(reri),就是 ratio[理性];animal rationale[理性的动物]乃是按照上述方式觉知而生活的动物。这种在理性中起支配作用的觉知提出目标、树立规则、提供手段、调节行为方式。理性之觉知作为上述多重的摆置来展开自己,而这种摆置处处而且首先是一种表-象。[②] 所以人们也可说:homo est animal rationale[人是理性的动物]:人是进行表-象的动物。单纯的动物,如一只狗,它从来不表象什么,从来不能把某物置于自身面前;为此动物必须觉知自身。动物不能说"我"(ich),动物压根儿就不能说话。与之相反,根据形而上学的学说,人却是进行表象的动物,这种动物具有说话能力。在这种诚然从来没有更原始地得到深思的关于人之本质的规定基础上,进而构造了关于作为位格的人的学说,这种学说后来就在神学上得到表达。位格(Person)指的是演员的面具,演员的说辞通过这个面具而发出声音。既然人作为觉知者觉知存在之物,人就可能被看作 persona,即存在之面具。

尼采把末人刻画为那样一种以往之人,他可以说在自身中增强了以往的人之本质。因此,恰恰是末人最远离于那种可能性,即

① 根据本书全集版编者的说明,此处参引巴佩(W. Pape):《希腊语-德语简明辞典》第 3 版,布劳恩施韦格,1914 年,第 2 卷,第 839 页;格奥尔格(K. E. Georges):《拉丁语-德语详解辞典》,莱比锡,1880 年,第 2 卷,第 2070 页。——译注

② 我们这里的译文未能传达出"摆置"(Stellen)与"表-象"(Vor-stellen)的字面和意义联系,更未能传达出上句中的动词"提出"(her-zustellen)、"树立"(aufstellen)、"提供"(beistellen)和"调节"(einstellen)等词语的词根"摆置"(stellen)之义。——译注

逾越自身并且因而使自己服从自身的可能性。所以，在末人种类
身上，理性、表象必定会以一种独特的方式毙命，而且可以说于自
身中纠缠不清。表象在此只还遵守着那种当下径直被投送和被提
供的东西，而且乃作为这样一个东西，它的投送（Zustellung）在人
类表象的推动和喜爱中得到调节，并且根据普遍的可理解性和受 66
用性而得到约定。一切存在之物达乎显现，只是因为它通过这种
悄悄约定的表象，作为一个对象或者作为一种状态而被提供出来，
并且因此才被允许。末人，即以往之人的最后种类，通过一种特殊
的表象，把自身带向持立，一般地把一切存在之物带向持立。

但现在且让我们来听听，关于末人，尼采本人让他的查拉图斯特拉说了些什么。我们只能提及其中少数文字。这些文字可见于《查拉图斯特拉如是说》（1883 年）一书之“序言”第 5 节中。查拉图斯特拉从山上下来后，首先到了一个小镇的市场上，在那里讲了这个序言。这个小镇“在森林旁”。市场上聚集了大量民众，因为他们被告知，可以观看一个走绳演员也就是一个穿越者的表演。

一天早晨，查拉图斯特拉结束了长达十年的山中隐居生活，为的是下山回到人们中间。尼采写道：

“——有一天早晨，他随着曙光一道起床，他对太阳说道：

‘你，伟大的星球呵！倘若没有你所照耀的人们，你的幸福又会是什么啊！

‘十年里，你在这里升起，照临我的洞穴：要是没有我，没有我的鹰和我的蛇，你将会厌倦于你的光明，厌倦于这样一条

老路了。’”①

历史地看，这段话触及到了柏拉图形而上学的中心，因此切中了整个西方思想的核心。在这段话中隐藏着理解尼采《查拉图斯特拉如是说》一书的钥匙。查拉图斯特拉独自下山了。但当他走进森林时，他在那儿碰到了一位老隐士，后者“离开了自己神圣的茅舍”。当查拉图斯特拉与这位老者交谈后又独自一人了，他就对自己的心说道：“难道这是可能的吗？这位老圣徒待在森林里，居
67 然还根本不曾听说：**上帝死了**”（第 2 节）。来到小镇市场上以后，查拉图斯特拉试图直接教导民众：“超人”乃是“大地的意义”。可是，民众只是嘲笑查拉图斯特拉，而后者不得不认识到，马上径直说出至高的东西和未来的东西，时机尚未成熟，也还不是正确的办法，可取的做法是，只是间接地说，甚至首先只是反着说。

“于是我就要跟他们说最可轻蔑者；而那就是**末人**。”②从这种关于末人的说法中，从关于查拉图斯特拉在其真正的演讲中所“讲”的话的序言中，我们只来听听几句话，以便让我们明白这种人之种类（过渡就是要离开这种人）到底在哪里。

“查拉图斯特拉对人群如是说：

……

‘呵！人类再也不能射出他那渴望超越自己的飞箭的时

① 参看尼采：《查拉图斯特拉如是说》序言，中译本，孙周兴译，上海：上海人民出版社，2009 年，第 3 页。——译注

② 同上书，第 12 页。——译注

候正在到来，人类的弓弦已经忘掉了嗖嗖之声！

……

呵，人类再也不能孕育任何星球的时候正在到来。呵！那最可轻蔑者的人的时代正在到来，他将再也不能轻蔑自己。

看哪！我要向你们指出那末人。

'什么是爱情？什么是创造？什么是渴望？什么是星球？'——末人如是问，眨巴着眼睛。

于是大地变小了，使一切变小的末人就在上面跳跃。他的种族就如同跳蚤一般不可灭绝；末人活得最长久。

'我们发明了幸福'——末人说，眨巴着眼睛。"①

① 参看尼采：《查拉图斯特拉如是说》序言，中译本，孙周兴译，上海：上海人民出版社，2009年，第13页。——译注

69 # 第七讲

从第六讲到第七讲的过渡

我们试图洞察尼采思想所采取的道路的方向。因为从那条道路中产生出尼采的话:“荒漠在生长:苦啊,怀藏荒漠者!”这个话又要通过下列句子来解释:“在我们这个可思虑的时代里最可思虑的是我们尚未思想。”荒漠、荒漠之生长,这是一种多么奇怪而矛盾的措辞呀!进而,怀藏荒漠与尚未思想紧密联系在一起,也就是与长期居统治地位的思想类型,即表象的统治地位紧密联系在一起。于是,关于我们时代最可思虑者的句子,或许就可以回到尼采的话来讲。这个句子便与尼采的话一道,适应于一种天命的轨道,以此天命,我们的地球整体似乎就要被派送入它最隐蔽的角落。这种天命首先将动摇人类的一切思想,而且是在这样一些维度里,与此类维度相比较,对当今人类来说最后只在一个方面(即文学)活蹦乱跳的东西,只还是一段插曲而已。我们诚然不能把这种动摇等同于颠覆和坍塌。存在之物的动摇可能是一种迄今从未有过的宁静状态的产生方式——而且这种宁静状态的产生,乃是因为安静已经居于这种动摇的核心了。

因此，没有一种思想能为自己创造它活动于其中的要素。但每一种思想都仿佛自发地力求保持在那种被指定给它的要素之中。

尼采思想活动在何种要素中呢？在我们尝试走我们的道路的后续步骤之前，我们有必要在这方面看得更清晰些。我们必须来看看，尼采根本上忽略了他必须驳斥和反对的所有那些表层的东 70
西，而为了能够更好地沉默，他只好说话。尼采头一个提出这个思想问题，在此也即从形而上学出发，又回指形而上学的思想问题，对此问题，我们可作如下表达：具有形而上学本质的当今人类准备好担当起对地球整体的统治地位了吗？当今人类已经思量过，这样一种地球统治究竟服从于哪些本质条件？这种人的本质特性适合于控制那些权力并且应用那些权力手段吗——那些从现代技术的本质的展开中释放出来，并且迫使人类做出迄今为止不习惯的决定的权力和权力手段？尼采对这些问题作了否定回答。当今人类并没有为一种地球统治的塑造和承担做好准备。因为当今人类并不是在这儿那儿跛脚而行，而倒是按其整个种类，以一种怪异的方式跛行于一切早已存在的东西之后。然而，真正存在的东西，即先行规－定着一切存在者的存在，从来都不能通过查明事实、通过诉诸特殊情形而得到确定。在这样一些尝试中经常热心地“被援引”的健康理智，并不像它所自命的那样健康和自然。首要地，它并不像它所表现出来的那样绝对，相反，它是18世纪启蒙时代最后导致的那种表象方式的浅薄产物。健全的理智总是为一种特定的关于什么存在、什么应当存在和可能存在的理解而设置的。这种奇特的理智的权力渗透到我们的时代；但这种权力再也不够了。社会的组织、道德的装备、文化事业的化妆，凡此种种都再也

不能达到存在之物了。尽管有种种美好的主意和不懈的劳累，但这些努力都只不过是权宜之计，只能为一时之用。为什么呢？是因为使所有那些努力得以产生的关于目标、目的和手段的表象，关
71 于结果与原因的表象，是因为这种表象预先不能向存在之物开放自己。

存在着这样一种危险，即：当今人类太过短浅地思考即将到来的种种决定（对于这种种决定的特殊的历史性形态，我们还完全不能有所了解），因此在不可能做出决定的地方寻找这些决定。

第二次世界大战真正决定了什么呢——且不说它对于我们国家的可怕后果，尤其是由它造成的裂痕？如果在这里，我们是在如此高远的意义上来看待决定，即它唯一地关乎这个地球上的人类的本质命运，那么，这次世界大战就没有决定任何事情。唯有依然未被决定的东西显露得更加清晰了一些。不过，即便在这里也重又出现了一种危险，即：那种在这种未决定的东西中酝酿得到决定的东西，以及关涉到整个地球统治的东西，这样一种有待决定的东西将再次被迫进入那些处处都太过短浅和太过狭隘的政治－社会的和道德的范畴之中，并且由此受到排挤，脱离于一种可能的和充分的沉思。

甚至 1920—1930 年期间欧洲的观念世界也不再与已经逼近的事件相称了。一个想用第一次世界大战之后那个年代的道具来装配自己的欧洲，将产生什么，会变成什么样子呢？一种权力玩笑以及东方的巨大民族力量。在尼采撰写于 1888 年夏天的著作《偶像的黄昏，或者怎样用锤子进行哲思》中，题为“现代性批评”一节如下：

“我们的机构不再有任何用处，对此人们业已达成共识。但过错不在它们，而在**我们**。在我们丧失了那些机构由之生长的全部本能之后，我们也就彻底丧失了那些机构，因为我们对它们不再有用。民主主义过去始终是组织性力量的衰退形 72
式：在《人性的，太人性的》第一卷第 318 节，我已经把现代民主制度连同其半成品——比如‘德意志帝国’——刻画为**国家的衰败形式**。为了能够有机构，必须有一种意志、本能和律令，它们的反自由主义到了近乎恶毒的地步：必须有要求传统、权威、长久责任和世代**团结**的意志。如果有了这种意志，那么，某种类似于罗马帝国（imperium Romanum）或俄国的东西便会被建立起来。俄国是当今唯一有生命活力、可以期待、尚可许诺一些东西的势力，——俄国与不幸的欧洲割据和紧张不安状态形成对照，随着德意志帝国的建立，这种割据和紧张不安步入了一个紧要关头……整个西方不再具有机构和**未来**由之生长的那些本能：也许没有什么东西如此不符合其‘现代精神’的了。人们得过且过，急功近利，不负责任：而人们恰恰把这叫作‘自由’。那**使**机构**成为**机构的东西，遭到鄙视、仇恨和拒绝：只要‘权威’一词的声音一大，人们就会觉得陷于一种新的奴役的危险之中。”（《全集》第八卷，第 150—151 页）①

① 参看尼采：《偶像的黄昏》，李超杰译，收入《尼采著作全集》第六卷，中译本，北京：商务印书馆，2015 年，第 177—178 页。——译注

在此为防止由健全理智造成的各种误解，我们得注意，尼采这里用“俄国”一词所指的并不是今天苏维埃共和国的政治经济体系。尼采关心的是，超出当时已经被他认作腐朽的国家主义（Nationalstaaterei）之外进行思考，并且为伟大的决断、为关于伟大决断的反思廓清空间。人为什么落后于存在之物？尼采看到个中原因在于：以往的人之本质尚未得到充分展开和确定。按照古老的形而上学学说，人乃是 animal rationale，即理性的动物。这个已
73 经被罗马化的解说不再吻合于希腊人在ζῷον λόγον ἔχον［具有逻各斯的动物］名下所思的东西的本质。根据上述学说，人是那种“能够让在场者显现出来的涌现着的在场者”。在后来的西方观念方式中，人变成了一种独特地被构造起来的动物性与理性的结合体。不过，对尼采来说，无论动物性的本质，还是理性的本质，或者这两者的相应的本质统一性，都还没有得到固定，也即还没有得到确定和保障。因此，动物性与理性这两个本质领域便相互分裂和相互对立了。由于这种分裂，人就受到阻碍，不能在其本质方面达成统一，因而不能自由地面对人们通常所谓的现实。因此，尼采的思想道路首先包含着这样一点：超越迄今为止尚未被确定的以往之人，也就是进入对其完全的以往本质的彻底确定之中。尼采的思想道路根本上并不想颠覆什么，而只是想弥补什么。对这条超越以往之人的道路，尼采用一个多被误解和滥用的名称“超人”来加以标识。让我再来强调一遍：在尼采的意义上，“超人”并不是一种超维度的、以往的人。“超人”并不简单地把以往之人的种类的传统本能和活动进行夸张，使之进入过度和失度的状态中。也就是说，超人与以往之人的区分并不在量上，而是在质上。对超人而

言，失度的东西、纯粹量上的不断发展，恰恰失去了意义。超人更贫困、更简单、更温柔也更坚强，在决断方面更平静、更有牺牲精神、更从容不迫，在言辞方面更节制。超人也不会大量出现，不会任意地出现，而只是在等级制得到实施时才会出现。所谓本质意义上的等级制（而不只是对已经现存的状态进行某种分层调整意义上的等级制），尼采把它理解为一种决定性的标准，即人是不平等的，并非每个人都拥有获得一切的能力和权利，并非每个人都能 74
建立他个人的法庭来裁决一切。尼采在一则关于《查拉图斯特拉如是说》的笔记中（但他自己没有把这则笔记发表出来）写道："在一个地球统治体系中，等级制得到了实施：终于成了地球的主人，一个新的统治阶层。从中偶尔会产生出完全伊壁鸠鲁式的上帝，即超人，此在（Dasein）的美化者：'**具有基督心灵的恺撒**'。"（《全集》第12卷，第413页；第14卷，第356页）

我们不可过于匆忙地略过这些话。尤其是因为它们令我们想到别的更深邃和更隐秘地讲出的东西，也即在荷尔德林的后期赞美诗中讲出的东西，在其中基督具有"另一种天性"，被称为赫拉克勒斯和狄奥尼索斯的兄弟，以至于在此昭示出西方天命之整体的一种尚未被明言的聚集，唯从这种聚集中，西方才能去迎接即将到来的决断——也许是为了以一种完全不同的方式去成为一个早晨之地或东方[①]。

超人乃是一种转变，因而是一种对以往之人的排斥。因此之

① 此处"早晨之地或东方"德语原文为 das Land eines Morgens，字面上与"西方"（Abendland）即"傍晚之地"相对。——译注

故，在当代历史进程的前台出现的公共形象，是最远离于超人之本质的。

通过本次讲座课，我们只能用少数几笔，对超人之本质内涵做粗略的勾勒，而且这样做，主要也只是为了防止人们对尼采思想的极其粗暴的误解和谬见，是为了表明一些观点，使我们得以准备一种与尼采思想的**争辩**的最初步骤。

就一种关于尼采的查拉图斯特拉形象的解释而言，甚至就一种关于尼采形而上学基本学说的争辩而言(这两项任务根本上是同一的)，今天的思想——如果我们如是命名之——几乎缺失一切
75 条件。因此，恰恰最初的、后来容易保持为决定性的对于尼采著作的掌握，在毫无准备的情况下，也会碰到几乎无法克服的困难。尤其是在阅读《查拉图斯特拉如是说》时，我们太经常地喜欢根据我们自己不加考虑地携带的观念来接受和判断所阅读的内容。这种危险现在依然，对我们来说是特别巨大的，因为尼采的著作及其出版在时间上看离我们很近，尤其是因为尼采著作的语言在此期间十分强烈地规定了今天的语言，远甚于我们所知道的。不过，一位思想家在时间上离我们越近，差不多是我们同时代的，则通向他的思想的道路就越远，我们就越不能回避这条迢遥的道路。我们也必须首先学会这一点，就是对于尼采的《查拉图斯特拉如是说》这样一本书，我们要像阅读亚里士多德的论著一般，以同一种严格方式来阅读；请注意，我们说是要以同一的方式，而不是以相同的方式[①]。因为不存在一种普遍的、可以机械地投放的阐释模式，用于

① 注意此处“同一的”(selb)和“相同的”(gleich)之别。——译注

阐释思想家的著作，甚至用于阐释某一位思想家的同一本著作。所以，举例说来，柏拉图的对话《斐德罗篇》(Phaidros)即关于美的对话，我们可以根据完全不同的领域和角度、内涵和问题来进行解释。这种可能的解释多样性并不是对个中思想的严格性的反对。因为一种本质性的思想的一切真实所思都是多义的——而且是基于其本质根据。这种多义性从来不只是一种尚未达到的形式逻辑的单义性的残余，这种单义性或者是真正要追求的，但未曾达到过。而毋宁说，多义性乃是思想为达到严格性而必须进入其中的要素。用比喻来讲：对一条鱼来说，水的深浅和宽窄、水流的缓急、水的冷热层次，是它的多样活动性的要素。如果鱼被剥夺了它的要素的丰富性，如果鱼被拖到干燥的沙地上，那么，它就只能蹦跳、抽搐、完蛋。因此，我们必须始终在其多义性的要素中来寻找思想 76
及其所思，要不然一切都依然对我们锁闭起来。所以，如果我们开始处理柏拉图的一个对话，并且按照人类健全理智的观念方式来搜索和评判它的“内容”，就像人们太过经常和太过容易地做的那样，那么，我们就会获得最奇特的看法，最后会获得一个判断，说柏拉图是一个大糊涂蛋；因为我们会断定(这种断定甚至是正确的)：柏拉图的任何一个对话都达不到一个明显单义的结果，使人类理智可以由此开-始做点什么的结果。仿佛人类健全理智——那些天生就妒忌思想的人们的庇护之所——仿佛这种健全理智，亦即不容疑问的理智向来已经开始做什么，已经从其开端而来思考了什么似的。

柏拉图的一个对话不光是对后世以及后世发起的变化多端的理解来说是不可穷尽的，而不如说，它从自身而来、按自己的本质

来看就是不可穷尽的。而这始终是创造性的标志——当然，只有那些能够崇敬的人才能获得这种创造性。

如果我们关乎尼采来思量这一点，那么我们就可以猜度，末人的观念方式根本不适合于在任何时候都自由地去沉思尼采在“超人”名下所思考的东西。

超人首先是一个穿越者/过渡者；因此，如果我们稍稍来追踪一下穿越所具有的那两个角度，那么，穿越之本质中的某些东西就最能为我们所明见。

穿越来自何方，去往何方？

超人超越了以往之人，因此离开了以往之人。超越者/过渡者所抛弃的这个人具有何种性质呢？尼采把以往之人刻画为末人。
77 “末人”乃是直接走在超人之显现前面的人之形象。因此，末人作为他所是的东西，只有从超人形象出发才是可见的。但只要我们在被遥控的公共意见的场所和文化企业的交易所里（在那里往往只有末人在操作机械）寻找超人，那么，我们是决不能找到超人的。超人从来不会出现在所谓权贵的吵闹队伍里，绝不会出现在政治家精心布置好的会面中。对于在事件发生之前已经向公众投-送（也即介-绍[①]）事件的记者们的电传打字机和无线电讯来说，超人之显现也是不可及的。这种在其机制方面变得越来越精细的精心打扮和布置起来的表象方式伪装[②]了真正**存在**之物。这种伪装

① 此处“投-送”和“介-绍”德语原文为 zu-stellen 和 vor-stellen，词根均为“置”（stellen），也可译为“投-置”和“置-象/表-象”。——译注

② 此处“伪装”德语原文为 verstellen，也可译为“伪置”，与“表象/置象”（Vor-stellen）有相同的词根即 stellen（置）。——译注

不是附带发生的，而是根据一种普遍地起支配作用的表象方式的原理而发生的。这种具有伪装作用的表象方式总是有人类健全理智的支持。著名的、按需要随时可订购的“普通人”，今天在所有领域里都是在场的，也在文学企业里在场。面对这种具有伪装作用的表象方式，思想处于一种分裂的形势中。尼采清楚地认识到了这一点。一方面，通常的表象和意见，如果它们想要把自己弄成思想的法庭，那么它们就必须受到高声怒骂，方能使人醒悟。另一方面，思想绝不能通过一种叫喊哭闹来道出自己的所思。因此，除了我们前面已经提及的尼采关于叫喊和铙钹所讲的话，[①]我们必须加上另一句话，就是：“最寂静的言语最能激起风暴。以鸽足轻轻到来的思想驾驭着世界”(《查拉图斯特拉如是说》第二部，“最寂静的时刻”)[②]

实际上，尼采也从来没有公布过他在《查拉图斯特拉如是说》之后真正思考的东西——这是我们很容易忽略掉的一点。尼采《查拉图斯特拉如是说》之后的所有著作全都是论战著作；它们就是呼叫。尼采真正思考的东西，是通过他身后远远没有出齐的遗 78
著才为人们所了解的。

根据上面做的全部暗示，我们或许已经清楚了：我们不能以一种随意而不确定的方式来阅读尼采；他的每一本著作都有其特殊的品质和边界；首要地，包含于遗著中的尼采思想的主要作品，向我们提出了我们不能胜任的要求。因此，可取的做法是，暂时不要

① 应指本书第五讲关于尼采所谓“荒漠在生长……”的讨论。——译注

② 参看尼采：《查拉图斯特拉如是说》，中译本，孙周兴译，上海：上海人民出版社，2009年，第189页。——译注

读尼采，先花十年或十五年时间精研亚里士多德。

尼采如何来刻画穿越者所超越的人呢？查拉图斯特拉在他的序言中说："看哪，我要向你们指出那末人。"①

第七讲

让我们仔细听听："末人活得最久长。"②这话在说什么呀？它说的是：随着现在已经开始了的末人的统治地位，我们恰恰没有迎来一个终结，一个最后时代，而毋宁说，末人拥有一种稀罕的持久能力。这种持久能力可能以什么为基础呢？无非是基于末人的本质特性，这种本质特性同时也规定了一切事物，其着眼点乃在于每个事物如何存在以及每个事物如何被视为存在着的。

对于 animal rationale［理性的动物］来说，这种本质特性就在于那种方式，即他如何把一切存在之物当作自己的对象和自己的状态而带向持立，把它置于自身面前，并且使自己适应于这个被摆置者（作为自己的四周环境）。然而，末人在其中活动的表象方式是何种方式呢？虽然尼采把这一点说得清清楚楚，但他并没有在我们现在提出的问题的方向上进一步探讨他所说的东西。末人逗留于其中的表象方式是何种方式呢？末人眨巴着眼睛。什么叫眨巴着眼睛？"眨眼"（blinzeln）与"闪烁"、"发光"、"闪耀"紧密联系

① 参看尼采：《查拉图斯特拉如是说》序言，中译本，孙周兴译，上海：上海人民出版社，2009 年，第 13 页。——译注

② 同上。

在一起。眨眼——这意思是说：传送和投置一种闪耀和一种假 79
象[1]，对于这种假象，人们约定它是某种有效的东西，而且是以一种相互的、根本没有明确商定的赞同，一致同意不再继续探究所有如此这般被摆置的东西。眨眼就是：已约定的、最后根本不再需要约定的自行投置（Sich-zu-stellen），即一切唯一有效的和有价值的东西的对象性的和静态的表层和前景的自行投置，促使人类能推动和估价一切。

① 中译文未能传达出此处“闪耀”（Scheinen）与“假象”（Anschein）之间的字面和意义联系。——译注

81 # 第 八 讲

从第七讲到第八讲的过渡

要发现尼采真正思考了什么，这与要摆脱他真正思考的东西一样困难。这种困难决不是几个小时的讲座就可以解决掉的。不过，对于这种困难的提示却是可能的。这种提示甚至是必需的，原因只在于，我们今人几乎不知道，若要理解一位思想家，我们得满足什么样的要求，尤其是当一位思想家（诸如尼采）在时间上如此接近我们的时候。但我们下面的思索一般地涉及进入思想传统的道路。要发现这条道路，最佳的和根本上唯一的办法就是走上这条道路。然而，这是需要我们投入几乎毕生的时间和心血的。思想家的思想在著作当中。书就是书。我们承认哲学书的唯一差别也许在于：它们难读。但书总归是不一样的，尤其是我们在这里要读的是一本“为每个人而又不为任何人写的书”。这正是我们要关注的。因为，为了能够在先前规定的意义上摆脱尼采而首先发现尼采，这仍然是无可回避的事。为什么呢？因为在尼采思想中得到表达的乃是现在存在之物，但所用的语言却是西方形而上学二千年传统所讲的语言，是我们所有人所讲的语言，是欧洲所讲的语言——只是经过了多次转译，只是被消磨掉了，只是变得浅薄了，只是被用滥了，毫无根基了。柏拉图和亚里士多德还在用我们今天的语言说话。巴门尼德和赫拉克利特也还在用我们的表象和观念思考。只不过，求助于现代历史学意识，是想要迷惑我们，让我们以为这些人物属于思想史的博物馆，偶尔可以借助于博学重新
陈列出来。因为我们几乎不知道语言的本质基于什么，所以我们 82
自然会认为，例如停在大学前面停车场里的我们的摩托车，就比柏拉图关于ἰδέα［相、理念］的思想或者亚里士多德关于ἐνέργεια［实现、现实］的思想更为真实；这些思想始终还在今日科学的每个概念之中——而且不仅在那里——招呼和要求着我们，而我们对这种几乎未经思虑的关系没有给予特别的关注。人们总还以为，传统流传下来的东西已经真正消失了，只不过是历史学意识的对象而已。人们总还以为，传统流传下来的东西乃是我们经历过的东西，已经在我们后面了，而实际上它却迎面向我们走来，因为我们听由它摆布，被遣送给它了。关于传统和历史进程的纯粹历史学的观点，乃是一种影响深远的自欺，而只要我们尚未真正地思想，我们就必定会困囿于其中。这种关于历史的自欺阻碍我们，使我们不能倾听思想家的语言。我们听错了，因为我们只把这种语言当作宣告哲学家观点的表达。然而，思想家的语言道说存在之物。倾听这种语言绝非易事。这样一种倾听的前提是某种十分难得满足的东西，即承认（Anerkennen）。承认的依据在于，我们让每一位思想家的思想作为某种向来独一的、决不会重复的、不可穷尽的东西走向我们，而且我们为他的思想中未被思的东西所震撼。一种思想中未被思的东西并非这种思想所具有的缺陷。未－被思的

东西向来只是未-**被思的东西**。[①] 一种思想愈原始，其未被思的东西就愈丰富。未被思的东西乃是一种思想必须赠予的最高礼物。不过，对于不言而喻的人类健全理智而言，一种思想的未被思的东西只是不可理喻的东西。但这种不可理喻对于通常理智来说决不能成为一种动因，使之对自己的理解可能性产生疑心，甚至关
83 注到它的界限。对于通常理智而言，不可理喻的东西始终只不过是有失体统的东西，而这一点对它来说立即就成了证据，证明原来已经理解了一切的它被要求某种不真实的和佯称的东西。人类健全理智最不能做到的事就是承认。因为承认要求一种期备，即我们乐于让我们自己的思想尝试总是一再地被思想家之思想中未被思的东西所推翻。康德深知此点，把此种情形称为摔跤。但只有站立着、在站立中行走并且在行走中保持在道路上的人才可能摔跤。这条道路自发地通向与思想家的对话。但为此未必要从历史学上对此对话进行表象。举例说来，倘若我们着眼于康德对亚里士多德和柏拉图的历史学表象，想要对他作一种哲学史的审查和评分，那么，他必定只能得一个“完全不及格”的分数。然则康德——而且只有康德——才对柏拉图的理念学说做了创造性的转换。对于一种与思想家的对话来说，有一点无疑是必需的，那就是：我们与思想家遭遇的方式的清晰性。根本上，这里只有两种可能性：一是迎合，二是背逆。如果我们想要迎合一位思想家之所思，那么我们就必须进一步放大其伟大之处。于是我们就能进入

① 此处两个“未-被思的东西”，前者为 das *Un*-Gedachte，后者为 das Un-*gedachte*，只是重点号（原文标为斜体字）的不同。——译注

其思想的未被思的东西之中。如果我们只意愿背逆一位思想家之所思，那么，通过这样一种意愿，我们必定预先已经缩小了其伟大之处。于是我们就只还把他的思想移置入我们的更佳知识的不言自明性之中了。如果我们此外还保证说，康德仍然是一位十分重要的思想家，那也丝毫没有改变什么。这种低级的赞扬始终是侮辱。

倘若在我们努力摈弃作为思想之标准的不言自明性的地方，人类健全理智的顽固也不会一而再再而三地**在我们自身**那里出现，那么，我们或许就可以不过问它的折腾了。倘若人类健全理智不至于在“尼采”这个个案上特别扩散开来，那么，我们或许就可以 84
不考虑它的倔强违逆了。因为在这里，看起来在很大程度上，仿佛尼采给予我们思想的东西——尽管有许多夸张和模糊影射——是显而易见的，甚至在《查拉图斯特拉如是说》这本书中，甚至关于他的超人学说，都是如此。然则这是完全的假象。因为关于超人的学说按其本质来看不可能是人类学，它就像任何一种关于人的形而上学学说一样，属于任何一种形而上学的基本学说，属于关于存在者之存在的学说。因此，人们或许会问，为什么我们没有立即着眼于尼采关于存在的形而上学基本学说来描绘他的超人学说。我们之所以没有这样做，乃基于两个原因：一方面是因为，尼采本人是通过超人学说来描述他的形而上学基本学说、他关于存在者之存在的学说的，而这一点是合乎整个现代形而上学的清晰路向的；另一方面是因为，我们今人尽管对于形而上学和存在学[①]还有着

① 此处“存在学”(Ontologie)通译为“本体论”。——译注

种种兴趣，但几乎不能哪怕只是正确地提出关于存在者之存在的**问题**了，亦即：这种追问置疑我们的本质，由此使我们的本质在其与存在的关联方面成为可疑问的，并且因此向存在敞开。

由此出发，我们就可以来解答一个反复地对本讲座提出来的问题了。在此冒险一试的对尼采思想道路的提示选择了尼采的超人学说，我们这种做法并不是要努力把尼采的形而上学重新解说为一种关于人之存在的学说，一种“实存人类学”(existenzielle Anthropologie)，并且使之消解于后者之中，仿佛尼采仅仅追问了人，然后有时也偶然地参与到关于存在者之存在的问题之中。相反地，要描述尼采关于存在者之存在的学说，就绝不能把他关于超人的学说处理为某种附带的东西，更不能把它当作一种也许已经被放弃了的立场而弃之一旁。概略说来：

85 每一种关于人之本质的哲学学说(也即思想学说)，**本身已经**是关于存在者之存在的学说。每一种关于存在的学说，**本身已经**是一种关于人之本质的学说。可是，通过对一种学说的单纯颠倒，是决不能得到另一种学说的。为什么是这样的情况，人之本质与存在者之存在的这样一种关系究竟基于何处，这个问题其实是以往的思想首先必须面对的唯一问题，是连尼采也不知如何回答的问题。然而，这个问题之所以如此深渊般艰深莫测，只是因为我们通过一种表面上正确的问题提法，恰恰从根本上混淆了这个问题。我们追问的是人之本质与存在者之存在之间的关系。但是——一旦我在思考时说出“人之本质”，我在这里就已经道出了与存在的关联。同样地，一旦我在思考时说存在者之存在，我在其中就已经指出了与人之本质的关联。在人之本质与存在的关系的两个环节的每一方当中，都已经蕴含了这种关系本身。实事求是地讲：在这里既没有这种关系的环节，也没有这种关系本身。因此之故。我们在此指出的人之本质与存在者之存在的关系，绝不允许由一个关系环节针对另一个环节施展出来的辩证花招。在这里，不仅一切辩证法都失败了，而且根本就不再为这样一种失败留下地盘——这样一个实情，很可能是今天的表象习惯及其空洞而冷静的敏锐感的伎俩所带来的最令人讨厌的东西。

没有一条思想道路（也不是形而上学思想的道路）是从人之本质出发，并且从那里过渡到存在的，或者反过来，是从存在出发，然后回到人的。而毋宁说，任何一条思想道路都总是已经**行进**于存在与人之本质的整个关系**范围之内**，不然它就不是思想。我们还将听到的西方思想最古老的句子已经道出了这一点。因此，尼采 86
的道路也自始得到了这样的标识。为了免去冗长的阐释，简单明了地表明这一点，我下面将朗读一下尼采十九岁作为普福尔塔中学[①]高年级学生写下的“简历”的第一个句子和最后一个句子。萨勒河畔瑙姆堡的普福尔塔中学乃是19世纪德国最著名和最具影响的中学之一。1935年，人们在魏玛尼采档案馆地上的一个箱子里发现了这份简历的笔记。1936年，它以手稿形式刊于一本被用作青年读物的小册子里。这本小册子此间早已绝版，也不为人所知了。尼采这份对自己以往生活经历的描述的第一个句子是：

“我生为墓地旁边的植物，一个牧师家的人。”

① 普福尔塔中学（Schulpforta）：德国萨克森地区著名的人文中学。——译注

最后一句话是：

> "而这个人就这样长大了，不再需要曾经缠绕着他的一切了。他无需冲破这些桎梏，而是突然地，好比有一个神下了命令，这些桎梏都脱落了。那么，那个最终依然环绕着他的圆环在哪里呢？它是世界吗？是神吗？"[1]

甚至这个晚期的尼采，这个经历了多次颠三倒四，在其创作生涯的最后一年里写下一本惊世骇俗的书即《敌基督者》的尼采，在有心的读者看来，他始终还在追问同一个东西。可是——为了倾听这种追问，为了接近尼采的思想道路，承认（Anerkennen）是必需的。承认并不就是赞同，很可能相反地，承认乃是所有争辩的前提。尼采的道路通过"超人"之名而得到刻画。

87 # 第八讲

超人乃是穿越者，他离开了以往之人，但去往何方呢？以往之人乃是末人。但如果"人"这种生物区别于地球上的其他生物（诸如植物和动物），是以"理性"（Rationale）为标志的，而 ratio[理性]、觉知和清算的能力根本上是一种表象，那么，末人这个特殊种

---

① 参看《我的生活——青年尼采的自传草稿》，美茵法兰克福，1936 年，转引自海德格尔：《尼采》上卷，中译本，孙周兴译，北京：商务印书馆，2010 年，第 269 页；参看尼采：《著作集》，三卷本，K. 施莱希塔编，慕尼黑，1956 年，第 3 卷，第 107—110 页。——译注

类就必定是以其表象的某种特殊方式为基础的。尼采把这种特殊的表象方式称为“眨眼”(Blinzeln),而没有把“眨眼”带入一种与表象之本质的明确关联中,没有追问表象的本质领域,尤其是表象的本质渊源。但对于尼采所使用的这个表示表象的名称即“眨眼”,我们还必须根据它所处的联系,给予充分的估量。我们不能把“眨眼”等同于完全表面的和随便的眨眨眼[1],我们在特殊场合眨眨眼,让人明白我们压根儿不再对所说的话和所计划的事当真了,一般地就是不再对将发生的事当真了。这种眨眨眼之所以能传播开来,只是因为一切表象于自身中已然具有眨眼之特征。表象只向着一切投置和呈现那显突和表面的假象(Anschein)之闪烁和闪耀的东西。唯有如此这般被表-象并且向来如此这般被订-置的东西才能发挥作用。这种表象并不只是通过眨眼才产生的,而倒是相反地:眨眼已经是此前已经占据统治地位的表象的一个结果。何种表象呢?就是那种表-象(Vor-Stellen),它构成被人们称为“现代”[2]的时代的形而上学基础,这个时代现在还没有走向终结,而是才刚刚开始,因为在其中起支配作用的存在现在才展开于预定的存在者整体之中。现代的这个形而上学基础不是用一两句话就可以阐释清楚的。这方面各位可参看我1938年在这里做的一个演讲,题为《世界图像的时代》,收在《林中路》第69— 88

① 此处“眨眼”德语原文为Blinzeln,“眨眨眼”德语原文为Augenzwinkern,在日常德语中并无大区别。——译注

② 现代(Neuzeit):或按字面译为“新时代”。——译注

104 页[编者注:《全集》第 5 卷,第 75—113 页]。[①]

"'我们发明了幸福'——末人说,眨巴着眼睛。"

我们将从各个角度,借助于我们的社会学、心理学、精神分析以及其他一些手段,来关心下面这样一种情况,即:所有人马上会以同样的方式被置于同样的幸福的相同状态之中,所有人的平等福利得到了保障。然而,尽管发明了幸福,但人类仍然被逐入一次又一次世界大战之中。人们眨眨眼,暗示民众和平就是消灭战争。而同时,要消灭战争的和平或许只有通过战争才能得到保证。但针对这种战争之和平(Kriegsfrieden),又要开启一种和平进攻,后者的攻击是很难被称为和平的。战争:和平的保证;而和平:战争的消灭。和平如何可能通过它要消灭的东西而得到保证呢?这里有某个东西在最深的根基处乱了套,抑或,其中还从来就没有什么道道呢。但同时,"战争"与"和平"仍旧像野人们为了取火不断地摩擦的两块木头。同时末人必定在某种表象中活动,这种表象由于一种阴森可怕的命运(它阻碍现代人超出自身和自己的表象方式去观看)而对一切都眨眼,也只能对一切眨眼。因此,末人不得不在自己的表象种类即眨眼中,寻求能创造一种世界秩序的尺度形式。诸如国会和议会,委员会和小组委员会,难道不就是一些个眨眼组织,是眨着眼对怀疑和圈套进行商定的组织么?这种表象

① 参看海德格尔:《林中路》,中译本,孙周兴译,北京:商务印书馆,2015 年,第 83 页以下。——译注

范围内的任何一个决断，按其本质来看都没有太多的效果。而同
时，人却不能在无决断状态中安于一种虚假安宁和安全。人的这
种分裂状态的根据依然隐蔽于一种阴森可怕的世界命运的阴影 89
中。这种隐蔽本身还通过公共霸权而被掩盖起来，以至于尽管有
不可言说的苦难，尽管有太多人承受的困厄，但这种分裂状态的裂
隙（Riß）仍然没有触及人的本质。从存在之物的裂隙中升起的痛
苦尚未从本质深处触及人。在本讲座的第一讲中我们是怎么说的
呀？我们说“我们毫不痛苦……”

根据上面讲的一切，这种眨眼的表象本身就可能处于人类的单纯任性甚或漫不经心状态之外啰？在这种表象中居统治地位的，该是一种特有的超越人类的与存在者的关系吧？这种关系或会具有这样的特性，即它不允许人类让存在在其本质中存在？

或许这种表象虽然总是把存在之物即存在者摆到自身面前，但根本上却是抗拒一切存在之物及其存在方式的？或许这种表象根本上是要追逐它投置给自己的东西，[①]从而贬降和瓦解之？把一切如此这般表－象出来，根本上是要追逐一切，这是何种思想方式呢？这种表象的精神实质是什么呢？以这样一种方式思索一切的思想是何种思想呢？以往人类的沉思是何种沉思呢？

对于我们关于那种自始就贯通和支配着末人的所有眨眼的表象的问题，尼采为我们提供了一个答案。这一答案位于《查拉图斯特拉如是说》（1883 年）第二部倒数第三节。这一节的标题叫“救

① 此处“投置”德语原文为 zustellen，“追逐”德语原文为 nachstellen，两者的词根均为 stellen（置）。——译注

赎”。尼采写道：

> “**复仇精神**：我的朋友们呵，这是迄今为止人类的最佳沉思；而且，哪里有痛苦，哪里就总该有惩罚。”①

德语名词“复仇”(Rache)、德语动词“报仇”(rächen)、中古英
90 语的 wreken、拉丁语的 urgere，都意味着：碰撞、驱赶、追踪、追逐②。以往人类的沉思、表-象乃由复仇、追逐而得规定。然而，如果尼采想要逃离和超越以往人类及其表象，走向另一种更高的人类，那么，通向一种穿越之路的桥梁是什么呢？当尼采为了逃离末人、过渡到超人而去寻求这座桥梁时，尼采的思考指向何方？这位思想家真正和唯一地思考的是什么——即便他没有在每个场合，也不是每一次都以同样的方式表达出自己的思考？对于我们的问题，尼采同样在《查拉图斯特拉如是说》第二部《毒蛛》一节中做了回答：

> “因为人类是要解脱复仇的：在我看来，这就是通向最高希望的桥梁，漫长暴风雨之后的一道彩虹。”③

---

① 参看尼采：《查拉图斯特拉如是说》，中译本，孙周兴译，上海：上海人民出版社，2009 年，第 180 页。——译注

② 此处四个动词的德语原文依次为：stoßen，treiben，verfolgen，nachstellen。海德格尔认为它们是“复仇”(Rache)的意思。——译注

③ 参看尼采：《查拉图斯特拉如是说》，中译本，孙周兴译，上海：上海人民出版社，2009 年，第 125—126 页。——译注

第 九 讲 91

从第八讲到第九讲的过渡

我们问：什么叫思想？——我们却在谈论尼采。这个论断是正确的又是错误的。因为这样说，我们就错失了所道说的东西。因此，被谈论者与被道说者不是同一回事。关于被谈论者的正确表象还不能保证我们已经参与到被道说者之中了。被道说者乃是尼采思考的东西。作为思想家，尼采思考存在之物，思考它何以存在以及如何存在。尼采思考存在之物，思考在其存在中的存在者。思想家之思想因而就是与存在者之存在的关联。可见，如果我们要探究思想家尼采所思考的东西，那么我们就活动在这种与存在的关联中。我们思考。说得更小心些：我们尝试参与到这种与存在的关联中。我们尝试学习思想。

我们谈论尼采，但我们问：什么叫思想？不过，我们其实只是在追踪尼采关于超人言说了什么。即使在这里，我们也只是就超人是过渡者而言来追问超人之本质。我们关注过渡。我们从这个角度来追问过渡者逃离什么，追问过渡者去往哪里。由此我们来追问过渡的桥梁。但我们根本没有追问存在者之存在。此外，在关于过渡之桥梁的问题上，我们碰到了一件特殊的和个别的事体。因为，对尼采来说，什么是通往最高希望的桥梁，也即通往那个超越以往人类的人的本质形态的桥梁呢？在尼采看来，这座桥梁乃是：“从复仇中解脱出来”。因为按尼采的看法，复仇精神标志着以
92 往的人的特征，尤其是末人的特征。但显然，对复仇欲的克服乃是一个特殊问题，它涉及人类的道德行为，人类行为和观念的道德性。关于复仇及其克服的问题的探讨属于伦理学和道德范畴。当我们探究这个关于复仇及其克服的特殊问题时，我们该如何活动于尼采的真正思想中，也即在与存在之物的关联中？关于复仇及其克服的问题固然可能是极为重要的，但它依然远离于关于存在之物的问题。复仇问题毕竟不是存在问题。让我们好好想想。让我们学会思想。

第九讲

尼采的思想针对的是复仇精神之解脱。它关乎一种精神，这种摆脱了复仇的精神先于一切单纯的莫逆之交，但也先于一切一味想要惩罚的意愿，先于一切和平努力，先于一切战争发动，先于那种想要通过协议建立和保障和平（Pax）的精神。这种摆脱了复仇的自由之领域同样先于一切和平主义，也先于一切暴力政治。它同样先于一切懦弱的听任事物滑脱的无为行径和对于牺牲的逃避，也先于不惜任何代价的盲目行为。尼采在这种摆脱了复仇的自由之领域中看到了超人的本质。这个领域是穿越者要走近的——即超人——就是“具有基督之**灵魂**的恺撒”。

尼采所谓的自由思想(Freigeisterei)指的是摆脱了复仇的自由精神。如果我们哪怕只是稍稍关注一下尼采思想的这种基本特征,那么,已经在流行意见中根深蒂固的尼采传统形象就会分崩离析了。

我们试图把穿越者的道路刻画出来,从而把从末人向超人的 93
过渡刻画出来。我们追问从末人到超人的桥梁。用尼采自己的话来说,这座桥梁就是从复仇中解脱出来。

正如我们已经提示过的那样,人们现在或许会认为,复仇问题和关于解脱复仇的问题乃是一个关于道德和道德教育的特殊问题;但对复仇欲(作为以往人类的基本特征)的分析,对以往思想的分析,乃是“心理学”的一项任务。按其言辞来看,甚至按其名头来看,尼采的探讨确实活动于传统道德和心理学的表象区域里。不过,按实事来看,尼采却往往是从形而上学出发,亦即着眼于存在者整体之存在如何得到规定、如何与人相关涉的问题,来思考那些顶着“道德”和“心理学”之名的东西。“道德”和“心理学”乃植根于形而上学。就其自身来说,即便是作为心理疗法,心理学都丝毫不能拯救人之本质;作为一种单纯的学说和要求,道德也做不了什么——除非人预先进入另一种与存在的基本关系之中,除非人自发地(只要这事系于人)开始终究使自己的本质一度向与存在的本质性关联开放,不论存在是否特别地向人说话,抑或让人因为毫不痛苦而无言。但是,即便当我们哪怕只是承受和忍受这样一种“失去语言和毫不痛苦”,我们在本质上也已经向存在之要求敞开了。可是,甚至思想能够期备的这种向存在的敞开,就其自身来说也丝毫不能拯救人类。对于人类之拯救而言,与存在之关联的真正敞

开诚然是必要条件，但并非充分条件。然则恰恰当思想守住自己的业绩，也即撕开掩蔽着存在者之为存在者的迷雾，这时候，我们
94 必须想到别掩盖了这个裂隙[①]。黑格尔曾这样来表达这一点（尽管采取了纯粹形而上学的角度和维度）："补好的袜子胜过破袜子，但自我意识却并非如此"。[②] 以效用为定向的人类健康理智位于"补好的"袜子一方。相反，对存在者得以在其中显示自己的那个领域的沉思——这个领域对现代哲学来说就是主体性——则位于破袜子一方，即意识一方。这个破损之物通过其裂隙而为绝对者之进入敞开着。对思想来说就是：……破损状态使通往形而上学的道路敞开。

我们必须自始把尼采关于复仇以及复仇之解脱的思想移置入形而上学的最广大领域里，甚至就把它移置入这个领域的核心区域里。在此我们不得不只作一种粗略的提示，而且总是关联于"生长的荒漠"一说。

可是，以这样一种提示，我们将处处（也即在每个句子上）都进入一个艰难的地带，而这个地带并不隔离于充满僵死的概念和放纵的抽象的几乎真空的领域。这个地带处于这样一个地方，我们现时代的全部运动都是在这个地方的地基上发生的。我们没有看到这个地基，更遑论这个地方，或者更好地说，我们不愿看到这个

---

① 此处中译文未能充分传达"撕开"（aufreißen）与"裂隙"（Riß）之间的字面和意义联系。——译注

② 根据本书全集版编者的说明，此处引文出自罗森克兰茨（K. Rosenkranz）：《格奥尔格·威廉姆·弗里德里希·黑格尔的生平》（1844 年），重版本，达姆斯达特，1977 年（学术书社），第 552 页。——译注

地基和这个地方，这一点还不能证明它们不存在。

为了认识尼采是怎样从一开始就在形而上学上（也即根据规定一切存在者的存在）思考复仇和对复仇的解脱的，我们必须注意到，存在者之存在在现代是以何种本质特性显现出来的。此所谓存在的本质特性，谢林用寥寥几句话给出了一个经典的描述。在1809年《关于人类自由之本质以及相关对象的哲学研究》一书中，谢林做了这个描述。谢林在文中明确地用三个破折号把下面三句 95
话与前文区分开来，专门强调了它们的根本性和重要性。这三句话如下：

> “在最终的和最高的意义上，除意愿之外根本没有别的存在(Seyn)。意愿乃是原存在[1]，后者［即原存在］的一切谓词全都只适合于前者［即意愿］：无根基性、永恒性、不依赖于时间、自身肯定。全部哲学都只是力求找到这种最高表达”(《全集》，第一部分，第 7 卷，第 350 页结尾)。[2]

对于形而上学思想自古以来就归于存在的这些谓词，谢林在意愿中寻找它们最终的和最高的，因而完美的形态。但在这里，这种意愿的意志并不是指人类心灵的能力，而不如说，“意愿”[3]一词

---

① 此处“原存在”原文为 Urseyn，或可译为“原始存在”。——译注

② 中译文可参看海德格尔：《谢林：论人类自由的本质》（附谢林：《对人类自由的本质及与之相关联的对象的哲学探讨》），薛华译，沈阳：辽宁教育出版社，1999 年，第 271 页。——译注

③ 此处“意愿”(das Wollen)也可径直译为“意志”。但在此上下文中同时出现了 das Wollen 与 Der Wille（意志），我们只好作区分性翻译。——译注

在此命名的乃是存在者整体的存在。每个存在者与存在者整体都在意志中，并且通过意志而有其本质的能力。这在我们听来不免奇怪；而只要我们依然对西方形而上学的本质性的和简单的思想感到陌生，也就是说，只要我们并不思考这些思想而始终只是报道这些思想，那么，上面的说法就总是令人奇怪的。举例说来，人们能够以历史学方式最准确地查明莱布尼茨关于存在者之存在的陈述，但丝毫没有认识到当他从单子出发规定存在者之存在，并且把单子规定为 perceptio［感知］和 appetitus［欲望］之统一体，即表象与欲求的统一体时他思考的是什么。莱布尼茨在此所思考的东西，在康德和费希特那里被表达为理性意志（Vernunftwille），黑格尔和谢林也分别以自己的方式思索过这种理性意志。当叔本华把世界思考为意志与表象时，他命名和意指的也是同一个东西；当尼采把存在者之原存在规定为权力意志时，他也在思考同一个东西。在这里，存在者之存在往往普遍地显现为意志，这并不是因为一些哲学家关于存在形成的一些观点。这样一种作为意志的存在
96 的显现，其意义是不能通过任何学究的博学来发现的。它只能通过一种思想才能得到追问，只有在思想之际才能在其可疑性方面得到估价，也就是作为所思的东西保存于记忆中。

对于现代形而上学来说，存在者之存在显现为意志。但只要人本质上作为思想动物以表象方式关联于存在者之存在，因而关联于存在，由此是从存在角度而得到规定的，那么，依照存在（现在也即意志）与人之本质的这样一种关联，人之存在也必定以强调的方式显现为一种意愿（Wollen）。

现在，如果说尼采形而上学地思考了复仇，那么，他是怎样来

思考复仇之本质的？对此问题的阐明，我们将借助于下面这个问题：假如作为追逐（Nachstellen）的复仇规定了一切表象，那么，这种复仇具有何种本质呢？表－象投置存在之物。它摆置和固定可能被视为存在着的东西。因此，对存在之物的规定就在一定程度上受制于一种表象，这种表象追逐一切，为的是按自己的方式建立一切并且使之保持。

自古以来，在场者被视为存在之物。但关于在某种程度上不再存在、其实依然存在的东西的表象是何种情况呢？关于曾在之物的表象是何种情况呢？在这个“曾在/曾是”（es war）中，表象与它的意愿相互冲突。面对“曾在”（war）的东西，意愿不再办得成什么。面对一切“曾在/曾是”之物，意愿不再能订置什么。这个“曾在/曾是”抵抗所谓意志的愿意。“曾在/曾是”成了一切意愿的绊脚石。它是意志不再能推动的石头。于是，“曾在/曾是”变成了每一种意愿的悲伤和绝望，此所谓意愿作为这样一种意愿，总是意愿前进，而面对确定为过去和在过去发生的东西，它恰恰不能前进。“曾在/曾是”因而是一切意愿的逆反者（das Widige）。因此之故，有鉴于这种逆反者，在意志本身中油然产生出一种对“曾在/曾是”的憎恶[①]。而通过这种憎恶，逆反者就在意愿本身中筑巢了。意愿艰难地承受着它自身中的这样一个逆反者；意愿受苦于 97
这个逆反者，亦即说，意志因自身而受苦。意愿向自身显现为这种因“曾在/曾是”而受苦，即因过去而受苦。然则过去之物来源于消

① 此处“憎恶”原文为 der Widerwille（厌恶、反感），字面意义则为“反意志”。——译注

逝。只要意志因消逝而受苦，而作为这种受苦，意志恰恰就是它自身即意志，则意志在其意愿中就总是被托付给消逝了。意志因而意愿消逝本身。它由此意愿自己的苦难的消逝，因而意愿它本身的消逝。对一切"曾在/曾是"的憎恶显现为求消逝的意愿，它意愿一切都值得消逝。于是，在意志中产生的憎恶就是反对一切消逝之物、也即产生之物[1]、从产生到站立从而持存的东西的意志。意志因而就是一种表象，它从根本上追逐一切运行、站立和到来之物，为的是把它们贬降于自己的状态中，最后瓦解之。在尼采看来，意志本身中的这种憎恶乃是复仇的本质。

> "这个，的确，只有这个，才是复仇本身：意志对时间及其'曾在/曾是'的憎恶。"(《查拉图斯特如是说》，第二部，"救赎")[2]

然而，至少在复仇刚好实施之际，它绝不会以自己的专名来命名自己。复仇把自己命名为"惩罚"。它由此把自己敌意的本质置于正义的假象之中。它用这种应得之功的分配的假象掩盖了自己的憎恶本质。

> "'惩罚'，复仇这样称呼自己，它用一句谎言佯装自己有

① 此处作者似乎把"消逝"(vergehen)与"产生"(entstehen)等同起来，听起来奇怪，其实意指一种生灭转化。——译注

② 参看尼采：《查拉图斯特拉如是说》，中译本，孙周兴译，上海：上海人民出版社，2009 年，第 180 页。——译注

一个好良心”(同上)。[①]

尼采关于复仇与惩罚、复仇与苦难、复仇与复仇之解脱所讲的上面这些话，在何种程度上隐含着他与叔本华的直接争辩，以及与所有否定世界的态度的直接争辩，这是我们这里不拟探讨的。我们必须把注意力转移到别的地方，以便我们综观他关于复仇的思想的影响范围，由此出发去认识，尼采究竟是在哪儿寻求复仇之解脱的。若此，我们方能明见尼采的复仇之思的界限。只有这样，我们才能说清楚尼采思想的整个领域。进而必定能显明，当尼采谈 98 
论复仇时，他何以实际上是在思考存在者整体之存在。当尼采思考复仇精神和复仇之解脱时，他说到底无非是在思考存在者之存在，这一点必定是显而易见的。如果这一切都是如此显然，那么，尼采关于复仇的问题(只要它得到了正确思考)就能把我们引向尼采思想的基本立场，也即尼采形而上学的核心区域。一旦我们达到这个区域，我们就在尼采讲出“荒漠在生长……”这句话的那个领域里了。但如果复仇精神规定着迄今为止的全部思想，而这种思想本质上就是表-象，那么，由此出发就必定能开启出一道朝向表象之本质的宽广视野。我们于是得以开放地展望迄今为止的思想(甚至包括尼采思想)的活动领域。

为了了解尼采关于复仇的思想在形而上学上能达到多远的地方(或者更好的说法是，能被带向多远的地方)我们必须关注他是如何认识和规定复仇之本质的。尼采说：

① 参看尼采：《查拉图斯特拉如是说》，中译本，孙周兴译，上海：上海人民出版社，2009年，第180页。——译注

> “这个，的确，只有这个，才是**复仇**本身：意志对时间及其‘曾在/曾是’的憎恶。”

一种关于复仇的描绘要提升到复仇中令人反感和反抗性的东西上面，因而要提升到令人憎恶的东西上面，这一点似乎是事情本身所要求的。然而尼采所思更为广大。他并没有干脆说：复仇就是憎恶，就好像我们把仇恨描绘为某种反抗性的和具有贬降作用的东西一样。尼采说：复仇是意志之憎恶。前面我们已经指出，在现代形而上学语言中，“意志”不光指人的意愿，而不如说，“意志”和“意愿”乃是表示存在者整体之存在的名称。尼采把复仇描绘为“意志之憎恶”，就把复仇与存在者之存在关联起来了。如果我们注意到意志之憎恶要反对什么，我们就尤为清楚地了解到这种情
99 况了：复仇乃是意志对时间及其“曾在/曾是”的憎恶。

第一次、第二次甚至第三次读到尼采这个关于复仇之本质的规定，我们都会认为，把复仇与“时间”联系起来的做法是令人惊异的、不可理解的，说到底是任意的。甚至我们必定会有此感觉。只要我们忽略“意志”一词在此所指的方向，进而忽略“时间”这个名称在此所指的东西，那么，我们就必定会生出这种感觉。然则尼采本人已经解答了他如何思考时间的本质这样一个问题。尼采说：复仇是“意志对时间及其‘曾在/曾是’的憎恶”。我们必须十分谨慎地深思尼采的这个句子，就好像我们面前放着亚里士多德的一个句子似的。而且，就时间之本质规定而言，我们面前确实有亚里士多德的一个句子。诚然，当尼采写下他这个句子时，他并没有想到亚里士多德。我们这个评论也不是想说，尼采是依赖于亚里士

多德的。一位思想家并不依赖于另一位思想家，而不如说，当他思想时，他追随有待思想的东西即存在。而且，唯就他追随存在而言，他才可能对思想家已经思考过的东西的涌入保持开放。因此之故，大思想家的唯一特权始终是，让自己受影响。与之相反，小思想家则只是苦于他们的原创性局限，因而把自己锁闭起来，拒不接受远道而来的思想的流入[①]。尼采说：复仇乃是“意志对时间……的憎恶”。他没有说：对某种时间性的东西；也没有说：对某个特殊的时间特征；而是干脆说：对时间的憎恶。当然，后面立即跟着几个词语：“对时间及其‘曾在/曾是’”。而这其实就意味着：也对时间中的“曾在/曾是”。人们会指出，时间不仅包括“曾在/曾是”，也包括“将来是”和“现在是”。当然啰。时间不仅包括过去，也包括将来和当前。可见，当尼采强调“曾在/曾是”时，他其实意指的是时间的某个特殊方面，而绝不是“这种”绝对的时间本身。
但“这种时间”的情形如何呢？时间终归不是一个把过去、将来与 100
当前一股脑儿装在一起的包裹。时间也不是一个把“不再现在”、“尚未现在”与“现在”统统关在一起的笼子。“这种”时间的情形如何呢？时间的情形是：它运行。时间通过消逝而运行。[②] 时间的运行当然是一种到来，但这种到来是通过消逝而运行的。时间之到来从来不是为停留而到来，而是为运行而到来。时间的到来总是已经被标记为消失和消逝了。因此，时间性的东西完全被视为

① 此处“流入”原文为 Ein-Fluß，是作者对日常德语中的 Einfluss 一词的改写，后者有“流入”与“影响”双重意义。——译注

② 此处“运行”德语原文为 gehen（也可译为“行走”），“消逝”德语原文为 vergehen。——译注

倏忽短暂的东西。因此，“曾在/曾是”不光是指时间的一段，与其他两段并列，而不如说，时间所给予和留下的真正嫁妆乃是过去、“曾在/曾是”。时间只给予它所拥有的东西。而且，时间只拥有它本身所是的东西。

所以，当尼采说“复仇是意志对时间及其‘曾在/曾是’的憎恶”时，他用这个“曾在/曾是”并不是要把某个个别的时间规定提升起来，而是着眼于标志着时间的整个本质的东西刻画了时间。那就是消逝。尼采的说法是“时间及其‘曾在/曾是’”，以这个“及”字，尼采这个句子并没有过渡到对某个特殊东西的单纯附加，而不如说，这个“及”字在这里的意思就如同“也即就是”[①]。复仇是意志对时间的憎恶，也即就是：对消逝及其消逝者的憎恶。

把时间刻画成消逝、先后相继之流逝、每个“现在”走出“尚未‘现在’”而进入“不再‘现在’”之中的滚过来和滚过去，从而把时间性的东西刻画为倏忽短暂的东西——所有这一切描绘都是一体的，烙印了在整个西方形而上学中流行的关于“这种”时间的观念。

① 作者在此把尼采所谓“时间及其‘曾在/曾是’”(die Zeit und ihr ‘Es war’)中的“及(与)”(und)理解为“也即‘曾在/曾是’”(und das heißt)。——译注

第 十 讲 101

从第九讲到第十讲的过渡

“因为**人类是要解脱复仇的**：在我看来，这就是通向最高希望的桥梁……”①

尼采思及的这个最高希望是否依然让人有所希望，抑或这个最高希望是否正好怀藏真正的荒漠化，对于这个问题，只要我们还不能大胆一试，冒险与尼采一道来穿越这座桥梁，我们就不能解答之。但这种对桥梁的穿越并不是尼采思想的诸多步骤之一。对桥梁的穿越乃是真正的步骤，在此也即始终是使尼采形而上学得以展开出来的全部思想的唯一步骤。本讲是一次讲座的最后一讲，将有助于我们共同实施尼采的这一思想步骤。这座桥梁是对复仇的解脱。这座桥梁是要离开复仇。我们要问：离开后去往哪里？去往再也没有为复仇留下空间的地方。这不可能是一个任意的地

① 参看尼采：《查拉图斯特拉如是说》，中译本，孙周兴译，上海：上海人民出版社，2009 年，第 125 页。——译注

方，事实上也确实不是。因为对桥梁的穿越把我们带向尼采形而上学的顶峰。

复仇之解脱自始就是由复仇本身所是的东西一道来决定的。对尼采来说，复仇一直是以往全部思索的基本特征。这就是说：复仇烙印了以往人类一般地对待存在者、与存在者发生关系的方式方法。尼采从这一关系出发来思考复仇的本质。只要人与存在者相对待而与之发生关系，则人就向来已经把存在者置于其存在中而表象出来。从存在者出发来看，对存在者的表象总是已经超出了存在物。举例说来，如果我们来表象一座大教堂，那么，为我们所表象、被置于我们面前的不光是教堂、建筑，而是在场者，即在其
102 在场中的在场者。可是，在场者之在场并不是最后和**同样**还要得到表象的东西，而是要**先行**得到表象的。它先于其他一切站在我们面前，我们没有看到它，只是因为我们身在其中。它是真正抢先于我们的东西。根据存在者来评估，对存在者的表象总是已经超出了存在者——即希腊文的μετά[超出、在……之后]。看到了这个μετά[超出、在……之后]，也即对之做了思考，这乃是全部希腊思想的质朴的因而取之不尽的意义。对存在者的表象本身是形而上学的。当尼采把复仇当作迄今为止的表象的基本特征来思考时，他是在形而上学上来思考复仇的，也就是说，他不只是在心理学上、在道德学上来思考复仇的。

在现代形而上学中，存在者之存在显现为意志。谢林说："意愿乃是原存在"①。自古以来固定不变的表示原存在的谓词乃是

① 德语原文为：Wollen ist Ursein，其中"意愿"（Wollen）也可译为"意志"。——译注

"永恒与不依赖于时间"。相应地,只有那种不依赖于时间和永恒的意志才是原存在。但这不只是指一种表面的描绘,即意志不依赖于时间而持续地出现。永恒的意志不只意味着一种永远延续的意志,而是表示:唯当意志作为**意志**是永恒的,它才是原存在。当意志作为意志永远地要求意愿(Wollen)之永恒性时,意志才是原存在。这个意义上的永恒意志在其意愿和被意愿之物中不再沉湎于时间性的东西。它不依赖于时间。它因此也不再碰触时间。

尼采说,复仇是意志之憎恶。但复仇中反抗性的东西,复仇中令人憎恶的东西,不只是通过一种意愿来完成的,而不如说,它首先始终与意志相关联,在形而上学上也就是说,始终与在其存在中的存在者相关联。如果我们来思量一下,作为憎恶的复仇**反对什么**,我们就能清楚地看到这样一种关系。尼采说:复仇是意志对时间及其"曾在/曾是"的憎恶。在这里什么叫"时间"呢?我们在前一讲中所做的较为仔细的沉思已经表明:当尼采在他关于复仇的本质界定中指出时间时,他在"时间"名下设想的是这样一个东西, 103
它使时间性的东西成其为时间性的东西。什么是时间性的东西呢?我们全都知道,无需多少思索。当我们听说一个人"为时间性的东西祝福"[①]时,我们便会清楚地想到时间性的东西。时间性的东西乃是倏忽短暂的东西。而时间就是倏忽短暂者的消逝。这种消逝被更准确地表象为"现在"之先后相继的流逝,即"现在"走出"尚未现在"而进入"不再现在"之中的流逝。时间让倏忽短暂者消

① 德语原文为:er hat das Zeitliche gesegnet,意为"他与世长辞了"。这里取字面义。——译注

逝，而且是这样，即：时间本身消逝，而时间又只能通过经受整个消逝才能够做到这一点。时间通过消逝而经受和持存（bestehen）。时间由于不断地不存在而存在。这种时间观标识着在整个西方形而上学中起决定作用的关于“这种”时间的概念。

第十讲

然而，这种长期流行的时间观念，即关于作为消逝的时间、关于作为倏忽短暂者的时间性的东西的观念，来自哪里呢？难道这种关于时间的描绘就像某个绝对之物一般从天而降的？只是因为它是长久流行的，它就是不言自明的了？究竟这种关于时间的观念是如何流传开来的？它是如何进入西方思想的运转之中的？

是时候了，到时候了，我们终于可以来思索一下这样一种时间之本质及其起源，以便我们能够达到某个地方，得以显明：在一切形而上学中，某种本质性的东西也即形而上学的本己基础，依然是未经思考的。正是基于这个原因，我们才不得不说：只要我们只能形而上学地思想，我们就尚未真正地思想。当形而上学追问时间之本质时，它也许会、其实很可能必定会以一种与它的一般追问方式相一致的方式进行追问。形而上学问：τί τὸ ὄν;（亚里士多德）：
104 存在者是什么？从存在者出发，形而上学追问存在者之存在。什么是存在者中存在着的（seiend）？在存在者身上，存在者之存在在哪里？与时间相关，这就是说：什么是时间中真正存在着的？与这种提问方式相应，时间被表象为以某种方式存在的东西，被表象为某种存在者，因而是着眼于时间之存在而被追问的。亚里士多

德在其《物理学》第四章第10—14行中以一种经典的方式阐发了这种提问方式。亚里士多德对他自己提出来的时间之本质问题的回答，也还规定着尼采的时间观。后世所有的时间理解都植根于这种在希腊思想中得到预先勾勒的亚里士多德关于时间的基本观念。我们这样说并不排斥而倒是包含着以下事实，即：个别思想家，诸如柏罗丁、奥古斯丁、莱布尼茨、康德、黑格尔和谢林，都有效地实现了对同一个事态的不同方向的解释。时间之实事的情况如何呢？什么是在时间中存在着的？一旦形而上学的思想提出这个问题，则对这种思想来说已经做了决定，知道所谓“存在着”意味着什么，它在何种意义思考“存在”(sein)一词。“存在着”(seiend)意即：在场着(anwesend)。存在者越是在场着，就越是存在着。存在者越是持久地持留，这种持留越是持续，则存在者就越是在场。什么在时间中在场，并且因此是当前的呢？在时间中向来只有“现在”(νῦν，nunc)[①]才是当前的。将来是“尚未现在”；过去是“不再现在”。将来是尚不在场者，过去则是已经不在场者。在时间中存在着即在场着的，向来只是各个稍纵即逝的“现在”的狭长山脊，这个“现在”从“尚未现在”走来，进入“不再现在”之中而离开。举例说，人们如今在体育运动中用十分之一秒来计算，而在现代物理学中则用百万分之一秒来计算，这并不意味着，我们由此更敏锐地把握了时间，因而赢得了时间，相反，这种计时法乃是人类丧失本质性的时间的最稳当的途径，也就是人类越来越少地“拥有”时间的最稳当的途径。更准确地讲：不断增长的时间之丧失并不是由这

① 希腊文和拉丁文的“现在”。——译注

105 种计时法引起的，而不如说，这种计时法始于这样一个时刻，即人类突然进入骚动不安中了，再也没有时间了。这个时刻就是现代的开始。

什么是在时间中存在着、在场着的呢？是各个“现在”。但向来现时的“现在”通过消逝而在场。将来与过去乃是**不**-在场者，我们永远不能简单地说它们在场。因此，按照亚里士多德的说法，将来和过去是一种μὴ ὄν τι[非存在者]，而并不是一种οὐκ ὄν[不存在者]，亦即绝不是一种完全不存在者，但很可能是缺失在场的东西。例如，奥古斯丁在他关于《圣经·诗篇》第 38 首的一个说明中就讲了同一个意思，他写道：Nihil de praeterito revocatur：quod futurum est，transiturum expectatur（过去永远不能召回，而将来则被当作消失者来期待）。而且此后，在同一段文字中，奥古斯丁几乎完全用亚里士多德的方式来讲时间：et est et non est[既存在又不存在]（《奥古斯丁全集》，米涅篇，第四卷，第 419 页）。在这里，时间之本质是从存在角度被表象的，而且，依然十分值得注意的是，是根据一种完全特殊的“存在”解释（也即把存在解释为在场状态）来表象的。这种存在解释流行已久，对我们而言已经变成不言自明的了。

因为对从西方思想开端以来的所有形而上学来说存在意味着在场状态，所以，若要在最高意义上来思考，存在就必定被思为纯粹的在场，也即在场着的在场状态、持留的当前、不断持立的“现在”。中世纪思想说的是：nunc stans。但这是对永恒之本质的阐释。

现在让我们来回想一下谢林对“意志乃是原存在”这个命题所

做的解说。谢林的说法是,“永恒、不依赖于时间”属于表示原存在的谓词。

如果在一切形而上学中,存在都被思考为永恒的和不依赖于时间的,那么,这意思无非是说:存在者在其存在中是不依赖于时间的,而时间是在消逝意义上被表象的。倏忽短暂者不可能成为 106
永恒者的基础。真正在其存在中的存在者包含着对于消逝意义上的时间的独立性。但我们在此未能进一步深思的关于作为在场状态,甚至作为在场的存在的规定,又是何种情形呢?从作为在场状态的存在出发,时间其实就被表象为消逝,而永恒甚至就被表象为当前的“现在”——这种作为在场状态的存在的情形又如何呢?难道在这种存在规定中起支配作用的不是对在场状态、当前的观看,也就是对时间以及时间的一个本质的观看么?——而对于这种时间的本质,借助于传统的时间概念,我们是从来都不能了解的,哪怕只是猜度一下,更遑论对之做出思考了。那么,存在与时间的情形又如何呢?难道一方与另一方,无论存在还是时间,两者不是必定会在其关联中变成成问题的,首先是成问题的,最终变成值得追问的吗?但这样一来不是已经显而易见,在一切西方形而上学的主导性规定的最内在核心中,关于存在之本质依然有某种本质性的东西依然是未被思考的?“存在与时间”的问题指向一切形而上学中未被思考的东西。形而上学基于这一未被思考的东西;因此,在形而上学中未被思考的东西并不是形而上学的缺陷。我们更不能因为形而上学基于这一未被思考的东西就断言它是错误的,甚或把它当作一条迷宫、一种迷途来加以摈弃。

对尼采来说,复仇是意志对时间的憎恶。现在这就是说:复仇

是意志对消逝及其过去之物的憎恶，对时间及其“曾在/曾是”的憎恶。这种憎恶并不针对单纯的消逝，而是针对那种消逝，那种只还让过去之物消逝掉、让它冻结于这个最终之物的僵化状态中的消逝。复仇之憎恶针对的是时间，因为时间让一切都在“曾在/曾是”中消融，从而让运行（Gehen）消逝。复仇之憎恶并不针对时间的单纯运行，而是反对时间让运行在过去之物中消逝，反对“曾在/曾
107 是”。复仇之憎恶为这个“曾在/曾是”所束缚；正如在一切仇恨中，暗藏着对仇恨根本上总是想要摆脱的东西的彻底依赖——但仇恨永远做不到这一点，而且它恨之越深，就越是做不到这一点。

但如果复仇把人束缚在被凝固的过去中，那么，复仇之解脱是什么呢？这种解脱乃是解除与复仇之憎恶相背的东西。复仇之解脱并不是从一般意志中解放出来。在此情形下，解脱作为意愿之扬弃（因为意志乃是存在）就会导致空无的虚无（das nichtige Nichts）。复仇之解脱乃是从意志之逆反者（das Widrige）中解放出来，方使得意志终能成其为意志。

这个对意志来说总是逆反的东西，这个“曾在/曾是”，何时被清除掉了？并不是在根本不再有任何消逝的时候。时间对人来说是不可清除的。但当过去之物没有在单纯的“曾在/曾是”中凝固，而且作为这种凝固之物僵硬地与意愿面面相觑，这时候，对意志来说逆反的东西就很可能会消失。如果消逝并不是一种单纯的使过去之物沉入单纯的“曾在/曾是”之中的让消逝①，那么，逆反的东

① 此处“消逝”（Vergehen）和“让消逝”（Vergehenlassen）被作者等同起来了。——译注

西就会消失不见。如果意志作为意志变成自由的，也即说，对于消逝中的离去是自由的，但却是对于这样一种离去，它没有逃避意志，而倒是通过把离去之物带回来而返回，那么，意志就将摆脱逆反的东西。如果意志不断地意愿和要求一切离去与到来，如果意志不断地对一切事物要求这种离去与到来，那么，它就将摆脱对时间的憎恶，对时间之单纯过去之物的憎恶。如果意志意愿和要求每一个“曾在/曾是”不断地重返，那么，它就将摆脱“曾在/曾是”中逆反的东西。如果意志意愿和要求相同者的不断轮回，那么它就解脱了憎恶。所以，意志意愿被意愿者的永恒性。意志意愿它自身的永恒性。意志乃是原存在(Ursein)。原存在的至高产物是永恒性。存在者之原存在乃是作为相同者之永恒轮回的永远轮回着的意愿(Wollen)的意志。相同者的永恒轮回是关于永远意愿 108
(will)其意愿本身的意志的形而上学的最高胜利。复仇之解脱是一种过渡，即从意志对时间及其“曾在/曾是”的憎恶，过渡到永远意愿相同者的轮回，并且在这种意愿中意愿自身成为它自身的基础的意志。复仇之解脱乃是向一切存在者之原存在的过渡。

这里我们必须插一段话，当然还只能是一种简单的评论。作为相同者之永恒轮回的意志能够意愿返回。因为在这里，意志从没有碰到一个固定不变的、它不再能意愿的过去之物。相同者之永恒轮回的意志使意愿免于与逆反者遭遇的可能性。因为相同者之永恒轮回的意志自始并且整体上都意愿返回，也即返回和轮回[①]。

① 此处“返回和轮回”原文为：Rück- und Wiederkehr，其中“轮回”也可译为“复返、重现”。——译注

基督教教义知道“曾在/曾是”可能被意愿返回的另一种方式，那就是悔过(Reue)。但是，唯当悔过之为悔过处于与罪之宽恕的本质联系之中，因而根本上并且自始就与罪相联系时，这种悔过才能——如其应当做的那样——获得解脱，即从“曾在/曾是”中解脱出来。然而，罪在本质上不同于一种道德过错。罪只存在于信仰领域。罪乃是无信仰，是对作为救世主的上帝的反抗。如果悔过与罪之宽恕联合，而且只有这样，过去之物才能意愿返回，那么，从思想角度来看，甚至连这种悔过的意愿返回，也是在形而上学上被规定的，而且只有这样才是可能的，也即只有通过与救世上帝的永恒意志的关联才是可能的。可是，尼采并没有走上基督教的悔过之路，这是与他对基督性和基督教的解释相联系的。而尼采这种解释却植根于他对复仇以及复仇对于一切表象的影响的理解。另一方面，尼采对复仇的阐释又基于以下事实，即：在他那里，一切都是根据与作为意志的存在的关联而得到思考的。

109 复仇之解脱乃是穿越者要穿越的桥梁。穿越者去往何方？他要走向再也没有为复仇(作为对一味消逝者的憎恶)留下地盘的地方。穿越者走向那种意志，那种意愿相同者之永恒轮回的意志，那种本身构成一切存在者之原存在的意志。

超人通过进入与存在的关联(作为相同者之永恒轮回的意志，存在永远意愿自身，此外无他)而超越以往之人。超人走向相同者之永恒轮回，而且这是因为，超人之本质就来自那里。尼采把超人之本质烙印于查拉图斯特拉形象之中。谁是查拉图斯特拉？他是相同者之永恒轮回的教师。关于相同者之永恒轮回意义上的存在者之存在的形而上学，乃是《查拉图斯特拉如是说》一书的支撑和基础。早在该书第四部以及结尾的一个早期草稿(作于 1883 年)中,尼采就清楚地道出这一点(《全集》,第 12 卷,第 397 页、第 399—401 页):“查拉图斯特拉宣告了轮回学说”。查拉图斯特拉“**从超人的幸福出发**”,说出了“一切皆轮回的**奥秘**。”

查拉图斯特拉传授超人学说,因为他是相同者之永恒轮回的教师。查拉图斯特拉“同时”传授这两种学说(第 12 卷,第 401 页),因为它们本质上是共属一体的。为何它们是共属一体的呢?并不是因为它们是这种特殊的学说,而是因为在这两种学说中,原初地共属一体的因而无可避免地要共同被思考的东西,即存在者之存在及其与人之本质的关联,同时得到了思考。

然而,这个东西,即存在与人之本质的关联,作为人之本质与存在的关系,就其本质和本质来源来看都是尚未得到思考的。因此,对于这一切,我们也还不能充分地和适恰地加以命名。但因为存在与人之本质的关系,就其既使存在之显现得以实现又使人之本质得到实现而言,是具有支撑一切的作用的,所以,这一关系必 110
定已经在西方形而上学的开端处得到了表达。[①] 巴门尼德和赫拉克利特所道出的基本命题已经提出了这种关系。他们所道出的东西不仅处于开端处,而且本身就是西方思想的开端,而对于这个开端,我们始终还以一种太过粗陋、太过陈旧、完全历史学的方式来加以表象。

对于尼采关于相同者之永恒轮回的学说和超人学说,我们必

① 但这种关系没有**作为这样一种关系**特别地得到思考——也即究问。——作者边注

须把它们置回到存在与人之本质的关联之中来给予思考，方能根据这两种学说统一的值得追问的基础来思考它们。唯由此出发，我们才能充分地衡量，何谓尼采关于复仇之本质的解释是形而上学的。作为意志和对消逝的憎恶，复仇之本质是从作为原存在的意志角度得到思考的，而这种意志作为相同者之永恒轮回永远地意愿自身。这个思想承荷和规定着《查拉图斯特拉如是说》这部著作的内在运动。它以不断变大的迟疑和犹豫的风格展开。这种风格并不是一种文学工具；它无非是那种必须得到表达的思想家与存在者之存在的关联。甚至在写作《快乐的科学》（出版于 1882 年）一书时，尼采就已经思考了相同者之永恒轮回这个思想。在该书倒数第二节（第 341 节）“最大的重负”中，这个思想首次得到了表达；最后一节“Incipit tragoedia”[悲剧的诞生]已经包含了次年出版的《查拉图斯特拉如是说》第一部的开头。但在《查拉图斯特拉如是说》一书中，这个基本思想只是到第三部才被道出，不过，这并非意味着尼采在写第一部和第二部时尚未思考这个思想。第三部开头的第二节就提到了相同者之永恒轮回的思想，尼采完全有
111 理由把这一节命名为《幻觉与谜团》。而前面的第二部是以“最寂静的时刻”一节结束的，在那里，尼采写道：“于是那声音又无声地对我说：‘你有什么要紧，查拉图斯特拉！说出你的话，粉身碎骨算了！’”[①]在双重意义上，关于相同者之永恒轮回的思想乃是最沉重的思想；它是最难于思考的，它有最大的分量。它是最难于承受的

① 参看尼采：《查拉图斯特拉如是说》，孙周兴译，上海：上海人民出版社，2009 年，第 188 页。——译注

思想。如果说我们因此在任何角度都得提防，免得过于轻率地对待尼采这个最沉重的思想，那么其实我们就要追问：关于相同者之永恒轮回的思想带来了复仇之解脱吗？这种轮回本身带来了复仇之解脱吗？

有一则笔记题为“**要点重述**”（标题加了着重号），根据手稿来判断，大概作于1885年，最迟作于1886年年初。它是对尼采形而上学的重述和概括，见于《权力意志》一书（第617条）。尼采在此写道：“**一切皆轮回**，这是**一个生成世界**向**存在世界**的极度接近——此乃**观察的顶峰**。”[①]

然而，这个顶峰并没有以清晰而稳固的轮廓耸立入明朗而透彻的天穹之中。这个顶峰一直掩蔽于重重的乌云之中——不仅对我们来说如此，对尼采本人的思想来说也是如此。个中原因并不在于尼采思想的无能，尽管他做了种种不同的尝试，企图证明相同者之永恒轮回乃是一切生成之存在，却总是被驱使到奇怪的歧途上了。这个被冠以“相同者之永恒轮回”之名的实事本身，被掩蔽入一种幽暗之中了，甚至令尼采也不得不望而却步。在《查拉图斯特拉如是说》第四部的最早草稿中有一则笔记，实际上包含着尼采本人在《查拉图斯特拉如是说》之后出版的著作的一个引导词。

尼采在此写道：“我们创造了这个最沉重的思想，——**现在让我们来创造生物吧**——他能轻松而快乐地接受这个思想！（……
庆祝将来，而非过去。去创作将来之神话！满怀希望地生活！）极 112

① 参看尼采：《权力意志》上卷，7[54]，中译本，孙周兴译，北京：商务印书馆，2007年，第360页。——译注

乐的瞬间呵！然后重新拉下帷幕，把思想转向稳固的、最切近的目标吧！”（第12卷，第400页）。

关于相同者之永恒轮回的思想总是被掩蔽着——不光是通过一块帷幕。但是，西方形而上学的这一最终思想的幽暗性不可误导和诱使我们，让我们通过种种借口来回避它。此类借口根本上只有两种：要么说，尼采这个关于相同者之永恒轮回的思想是一种神秘主义，不归于思想领域；要么说，尼采这个思想早已经老掉牙了，结果无非是一种循环的世界观念，它在赫拉克利特的残篇以及别处都可以找到。第二种说法就像所有此类说法一样，根本就没有说出什么来。因为，如果我们能确认，某个思想“已经”可见于莱布尼茨哲学，甚至“已经”可见于柏拉图哲学了，如果我们可以听任莱布尼茨和柏拉图的思想处于同一种幽暗之中，就如同我们认为通过此类引述来加以澄清的那个思想一样，那么，这又有何助益呢？

不过，就第一种借口而言（即认为尼采关于相同者之永恒轮回的思想乃是一种幻想的神秘主义），很可能在即将到来的时代里，现代技术的本质将大白于天下，也就是说，不断转动的相同者之轮回将显露出来，这个时代或许会教会我们，思想家本质性的思想丝毫不会因为我们放弃思考它们而失去它们的真理性。

在关于相同者之永恒轮回的思想中，尼采思考了谢林之言的意思，谢林说：全部哲学都致力于为作为意志的原存在寻找最高的表达。可是，有一点依然是每一位思想家必须思考的。尼采思考存在者之存在的尝试，以一种几乎纠缠不休的方式使今天的我们清楚地看到，一切思想（也即与存在的关联）依然困难重重。对于

这种艰难困苦，亚里士多德做了如下描绘（《形而上学》卷二[①]，第 1 113
章）：ὥσπερ γὰρ τὰ τῶν νυκτερίδων ὄμματα πρὸς τὸ φέγγος ἔχει τὸ μεθ' ἡμέραν，οὕτω καὶ τῆς ἡμετέρας ψυχῆς ὁ νοῦς πρὸς τὰ τῇ φύσει φανερώτατα πάντων（997b，9－11）。“因为好像蝙蝠的眼睛为日光所闪耀，我们的本性所具有的理智对于万物中自发地（即按其在场）最闪耀明亮的东西亦然”[②]（即一切在场者之在场本身）。存在者之存在乃是最闪耀明亮者；然则我们通常竟看不到它——若能看到，也只是艰难之举。[③]

① 《形而上学》α。——作者边注

② 现有中译本译为：“因为我们灵魂的理性对于一切本性上最明白的事物，正如蝙蝠的眼睛对于白昼的光亮一样”。参看亚里士多德：《形而上学》，载《亚里士多德全集》第 7 卷，中译本，苗力田主编，北京：中国人民大学出版社，1993 年，第 59 页。——译注

③ 而且根本上：存在之为存在。——作者边注

第二部分

1952 年夏季学期讲座及过渡

第 一 讲 117

什么叫思想？这个问题听起来很明确。它表现出清楚明白的样子。但稍作思索就会发现：这个问题是多义的。因此，当我们追问这个问题时，我们也就立即犹豫不定了。尤其是，问题的多义性挫败了任何一种想要毫无准备地径直走向答案的努力。

因此之故，我们必须来把问题的多义性解说清楚。在“什么叫思想？”这个问题的多义性背后，隐藏着探讨这个问题的多条道路。在对本次讲座的进程的前瞻中，我们可以强调一下追问这一问题的**四种**方式。

首先，“什么叫思想？”一方面说的是：“思想”一词意味着什么？我们以“思想”这个名称命名的是什么？

其次，“什么叫思想？”另一方面说的是：在关于思想的传统学说中，我们所谓的思想是如何被把握和界定的？两千五百年以来，人们在何处看到了思想之基本特征？为什么关于思想的传统学说会被冠以逻辑学这个怪兮兮的头衔？

第三，“什么叫思想？”进一步说的是：为了让我们能合乎本质地思想，都需要哪些前提条件？为了让我们每一次都很好地进行思想，对我们有什么要求？

第四，“什么叫思想？”最后说的是：是什么叫我们去思想？或者可以说,是什么命令我们去思想?是什么召唤我们进入思想?

我们可以根据上述四种方式追问这一问题,并且通过相应的探讨使这一问题接近于某个答案。上面列述的追问这一问题的四
118 种方式,并不是从外部被排列在一起的。它们本身是共属一体的。因此,“什么叫思想?”这一问题令人不安的地方,并不在于它的多义性,而更在于所有这四种方式都指向的单义性。我们要来思量一下,是否在四种方式中只有一种是正确的,而其他几种都表明自己是追加的和失效的,抑或,是否所有这四种方式是同样必需的,因为它们本身就是统一的。但它们是如何统一的,是基于何种统一体而统一起来的?是不是这种统一性作为某个第五方,加到四种方式的多样性上面,就如同在上面加了一个屋顶?抑或在这四种追问方式中,有一种是具有优先地位的?这种优先地位为这些追问方式的共属一体性带来了一种等级秩序?是否在这种等级秩序中显示出一个结构,依此结构,四种追问方式得以相互接合在一起,但又服从于其中的一种决定性的方式?

我们列述的追问“什么叫思想?”这一问题的四种方式,它们并非各自独立的,相互疏异的。它们出于某个统一体而共属一体,这个统一体是从四种追问方式中的一种方式出发结构起来的。但我们只能以缓慢的步伐,慢慢地去觉察情形何以如此。因此,我们必须以一个命题开始我们的相关尝试,这个命题首先还只能是一个断言,说的是:

在上面第四点指出的“什么叫思想?”这一问题的意义告诉我们,这一问题首先会如何以决定性的方式得到追问。“什么叫思想?”——真正说来,这一问题是要追问什么命令我们进入思想,什

么叫我们思想。诚然,“什么叫思想?”这个说法或许也只是想表示:对我们来说,思想这个名称意味着什么?但真正被追问的问题“什么叫我们思想?”却并不只是这个意思。其中的“我们”不能作第三格解,而要理解为第四格。① 那个把我们引入思想之中并且指示我们去思想的东西是什么?

因此,这个问题显然是要寻求那个东西,它总是给予动力,使我们在适当的时机着眼于某个特殊的事情进行思想。不。来自把我们引入思想之中的那个东西的指引,在这里决不仅仅意指推动 119
一种思想之实行的特定动力。

把我们引入思想之中的东西指示我们,使得我们从这样一种指示而来才能够思想,并且因此作为思想者而存在。在“什么叫我们思想?”意义上的“什么叫思想?”这个问题固然远离于通常的意见,但我们更不可立即忽略下面这一点,即:“什么叫思想?”这个问题首先是以一种无关紧要的方式呈现出来的。这个问题听起来(而且我们不知不觉中也是这样看待它的),仿佛它只是要求更准确地了解,当我们谈论诸如思想这样的东西时我们到底意指什么。在这里,思想显现为一个课题,人们可以像处理其他许多课题那样处理之。思想因此成了一种探究的对象。这种探究考察的是在人身上发生的一个过程。人特别地参与这种思想过程,乃是因为人实行思想。不过,人自然是思想的实行者,这一点是对思想本身的探究无需深入关心的。这个事实不言自明。它作为某种无关紧要

① 此处“我们”(uns)在语法上可以是第三格,也可以是第四格。但作者强调它是第四格。若为第三格,则此句的意思是:对我们来说思想意味着什么?若为第四格,则此句的意思是:什么叫(命令)我们去思想?——译注

的东西，可能处于关于思想的考察范围之外。甚至它必定如此。因为思想的规则其实无赖于总是实行思想行为的人类而起作用。

与之相反，倘若“什么叫思想？”这个问题追问的是那个首先把我们引入思想之中的东西，那么，我们就要追问这样一个东西，它把我们召唤到我们的本质那里，从而与我们本身相关涉。在“什么叫思想？”这个问题中，我们本身就是直接被招呼者。我们自己就出现在这个问题的文本中，也即在这个问题的脉络中。“什么叫我们思想？”这个问题已经把我们纳入问之所问中了。通过这个问题（就严格的词语意义来讲），我们本身被置于问题之中了。“什么叫我们思想？”这个问题犹如闪电直接穿透了我们。如此这般追问的问题：“什么叫思想？”并不只是像一个科学难题一样，纠缠于某个对象。

120 但现在，面对“什么叫思想？”这个问题的另一种令我们感到陌生的表述，人们可能立即会提出如下反对意见。“什么叫思想？”这个问题的新意义是通过下述方式获得的，即我们现在任意而强暴地把一种完全不同的含义，强加给每个人在听到或者读到这个问题时立即就会获得的那种含义。这里所使用的诡计是很容易被揭穿的。它显然依赖于一种单纯的文字游戏。游戏的牺牲品乃是支撑“什么叫思想？”这个问句的动词。我们在拿“叫”（heißen）这个动词做游戏。

例如，人们会问：山丘上那个村庄叫什么？我们想知道这个村庄是怎么被命名的。我们也这样问：这个小孩叫什么呀？这意思是说：这小孩有什么名字呀？因此，“叫”意味着：被命名和命名。“什么叫思想？”意思就是：对于被冠以“思想”之名的过程，我们应如何来设想？如果我们不费周折地、朴实地接受这个问题，那么我们就会这样来理解它。

相反，如果说我们应当在某种意义上倾听这个问题，即它追问的是把我们指引入思想之中的那个东西，那么，我们就会发现，自己突然被挤压入动词“叫”(heißen)的一种我们所陌生的或者至少是我们不再熟悉的含义中了。

现在，我们苛求自己，要在我们约莫可以用“请求、要求、指示、指引”这些动词来描写的含义中来使用“叫”一词。某人挡了我们的路，我们叫他让路，腾出地方。但在这种“叫”(Heißen)中未必含着要求的意思，甚或命令的意思，它毋宁意味着：对某个东西的渴望和伸展——我们通过我们的叫让被叫者达到的某个东西。

在宽泛意义上，“叫”说的是：使某物运行、上路，而这可能是以一种温和的因而毫不起眼的方式进行的，而且事实上也最可能以此方式进行。《新约·马太福音》第八章第18行有言：Videns autem Jesus turbas multas circum se，iussit ire trans fretum。路德的德语译文如下：“耶稣看见许多人围着他，就叫人渡到海那边 121
去。”[①]在这里，“叫”(hieß)对应于圣经文本里的拉丁语 iubere；真正说来，iubere 表示：希望某事能发生。耶稣“叫”人渡过去；他没有给出一个命令；他没有宣布任何规定。如果我们依据福音书的更古老的希腊语文本，那么在这个地方“叫”的意思就更清晰地显露出来了。相应的希腊语文本如下：'Ιδὼν δὲ ὁ 'Ιησοῦς ὄχλον

① 中文通译为：“耶稣见许多人围着他，就吩咐渡到那边去”。参看《圣经·新约全书》(新标点和合本)，香港圣经公会，2005年，第15页。——译注

περὶ αὐτὸν ἐκέλευσεν ἀπελθεῖν εἰς τὸ πέραν。希腊语动词κελεύειν[命令、恳求]的真正意思是:使某物运行、使某物上路。希腊语名词κέλευθος意味着:道路。梵文中的同一个词语还有“邀请”这样的意思,这就表明,在“叫”(heißen)这个古老词语中起支配作用的不是要求,而是让到达(Gelangenlassen),所以,我们在“叫”(Heißen)中可以听出帮助和迎合的意思。

因此,即便对我们来说,我们现在所描述的“叫”一词的含义也不是异常的。但当我们碰到“什么叫思想?”这个问题时,它仍然让我们感到不寻常。乍一听到这个问题,我们不会立即想到“叫”一词的这样一种含义,即所谓:指示、要求、让到达、使……上路、活-动(be-wegen)、备好道路。我们对这些词义并不多么熟悉,以至于我们首先而且主要是听听而已。我们不能或者说几乎不能居住在“叫”一词的这种说法之中。因此它对我们来说依然是不寻常的。我们要追踪的并不是“叫”这个动词的这种不寻常的含义,而是它的通常含义。我们多半在其中跑来跑去,而对之没有想得很多。“叫”——一方面意味着:这样那样得到命名。在此意义上,这个词是我们所常用的和熟悉的。为什么我们偏爱——甚至无意识地——它的通常含义呢?也许是因为“叫”一词的不寻常的、表面看来异常的含义就是它的真正含义:这种含义是这个词祖传的含义,而且由于所有其他含义都寓于其本根领域,故这种含义还是唯一的。

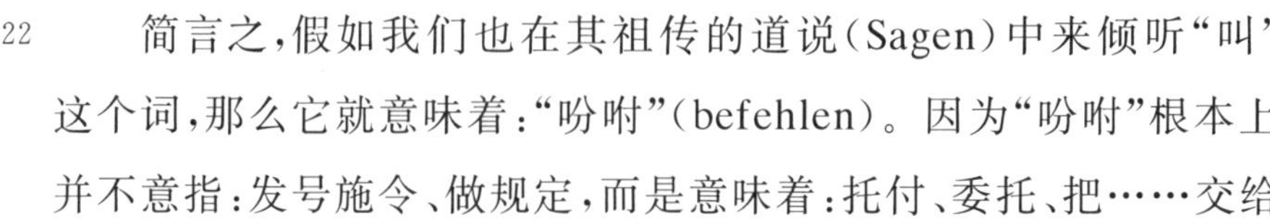

122 简言之,假如我们也在其祖传的道说(Sagen)中来倾听“叫”这个词,那么它就意味着:“吩咐”(befehlen)。因为“吩咐”根本上并不意指:发号施令、做规定,而是意味着:托付、委托、把……交给

一种庇护状态、庇护。“叫”(Heißen)乃是托付性的召唤，指引性的让到达。预兆(Verheißung)意味着：说出一种呼声，而且这里所说出的东西乃是一种被答应、被允诺的东西。“叫”指的是：召唤某物让它进入到达和在场之中；在劝说之际向之招呼。

因此，如果我们来追问：把我们招呼到思想那里去的东西是什么？由此来倾听“什么叫思想？”这个问题，那么，我们追问的就是这样一个东西，它把思想交托给我们的本质，因而让我们的本质本身进入思想之中，使之庇藏于其中。

诚然，如此追问时，我们是在一种对我们来说更异常的含义中来使用“叫”这个词的。但这种含义之所以是异常的，并不是因为我们的语言之言说从来都未曾熟悉之，而是因为我们不再熟悉这个词语的这种道说(Sagen)了，因为我们不再真正地居于其中了。

当我们追问“什么叫我们思想？”之时，我们便返回到“叫”这个词的原初居住的含义之中。

这种返回是任意之举或者玩游戏吗？都不是。即便这里可以说在玩一种游戏，那也不是我们在游戏词语，而倒是语言的本质在游戏我们，不只是在眼下这个情形中，不只是在今天，而是久已如此，始终如此。因为语言如此这般地游戏我们的言说，即它喜欢让我们的言说离失于更多表层的词语含义中。就仿佛人得费尽心计才能真正地居住于语言中。就仿佛恰恰这种居住最容易遭受通常性之危险。[①]

① 此处中译文未能显明“居住”(das Wohnen)与“通常性”(das Gewöhnliche)之间的字面和意义联系。——译注

取代真正居住的语言及其惯常话语的，是通常的词语。这种
123 通常言说成了流俗的言说。我们到处都能见到它，并且认为它作为人人共同的东西也就是唯一的标准。这样一来，凡脱离这种通常性而得以居住于语言的从前居住的真正言说之中的东西，会立即被视为对标准的违背。它被指为任意和玩笑之举。实际上，一旦我们认为通常之物是唯一合法的标准，并且竟不能估量这种通常之物的通常性了，那么，这一切也都是正常的。这种对通常之物的沉迷（我们把它置于所谓自然的人类理智的保护之下）既不是偶然的，我们也不能对之作轻蔑的评价。这种对通常之物的沉迷，乃属于语言之本质已经把我们置于其中的高级的危险游戏。

当我们尝试关注这种语言游戏，并且在此去倾听语言言说之际真正所说的东西时，我们这是在玩词语游戏吗？如果这种倾听成功了，那么，只要我们保持小心谨慎，我们就可能更本真地达到总是在一种道说和追问中诉诸语言的实事。

我们关注“叫”（heißen）一词的真正含义，因此这样来追问“什么叫思想”这个问题，即：把我们引入思想之中的东西是什么？叫我们思想的东西是什么？不过，“叫”一词其实也意味着——而且通常无非就意味着——命名、得到命名。“叫”一词的流俗含义不能简单地为了其稀罕的含义而被推至一边，哪怕其稀罕的含义还是本真的含义。倘若我们想这样做，或许就是一种对语言的公然强暴了。此外，“叫”一词眼下流行的含义并不是与本真的含义毫无联系和格格不入的。相反，前者（今天通常的含义）植根和依据于后者（原初的和决定性的含义）之中。而“命名”（nennen）一词到底表示什么呢？

当我们命名一个事物时，我们赋予它一个名字。但这种赋予是什么情况呢？其实，这个事物并不是被挂上了自己的名字。而 124
另一方面，没有人能否认，这个名称被分派给作为一个对象的事物了。如果我们这样来设想事态，我们就同样把这个名称搞成一个对象了。我们把名字与事物之间的关系设想为两个对象的分派(Zuodnung)了。这种分派本身也是某种对象性的东西，我们可以表象之，可以根据其不同的可能性来处理它和描述它。被命名之物和它的名字之间的关系，在任何时候都可以被表象为一种分派。问题只在于，借助于这种正确地被表象的事物与名字的分派，我们是否总是关注到——竟能关注到——构成名称之独特性的东西。

命名某物——这就是：叫某物名字。更原始地，命名就是：用某个词语叫某物。[①] 如此这般被叫唤者于是就处于词语之叫唤中。被叫唤者显现为在场者，它作为在场者被庇护、被命令和被叫入叫唤词语中。如此这般被叫、被叫唤入一种在场之中的东西进而自己也叫。它得到了命名，有了名字。在命名中我们叫在场者到达。到哪里？这还有待思量。在任何情形下，一切命名和被命名之所以都是我们所熟悉的“叫”，只是因为命名本身本质上都基于真正的叫，基于“叫到来”，基于叫唤，基于一种嘱咐和托付[②]。

什么叫思想？我们在开始时提及追问这个问题的四种方式。我们说过，排列在第四位的方式是首要的，而且按等级来看是最高的方式，因为它是决定性的。如果我们把“什么叫思想？”这个问题

① 德语原文为 ins Wort rufen，按字面直译为：把……唤入词语中。——译注

② 此处“嘱咐和托付”德语原文为 Anbefehlen，也有“命令”之义。——译注

理解为追问什么召唤我们因而叫我们去思想，那么，我们就觉知到了“叫”一词的真正含义。但这同时也就是说：我们现在对此问题的追问，因此就如同它真正要被追问的那样。也许由此出发，几乎自发地，我们便达到了其他三种提问方式。因此之故，可取的做法
125 是，马上把真正的问题阐明得更清楚一些。这个问题就是：“什么叫我们思想?”什么召唤我们去思想，因而作为思想者成就我们所是。

以此方式把我们叫唤入思想中的东西能够做到这一点，很可能只是因为叫唤者本身从自身而来需要思想。把我们叫唤入思想之中，因而把我们的本质吩咐①（也即庇护）入思想之中的东西，是需要思想的，因为这个叫唤我们的东西本质上是想要自己得到思虑的。叫我们思想的东西，从自身而来要求自己通过思想而在其本己的本质方面受到服务、养护和照看。叫我们思想的东西给予我们思想。

我们把这种给予我们思想的东西称为可思虑者。而那个不光偶尔在某个总是受限制的方面可思虑的，而毋宁说本来——因此向来而且不断地——要给予思想的东西，乃是地地道道的可思虑者。我们命之为最可思虑者。把这个最可思虑者给予我们，让我们去思想的东西，即它赠给我们的礼物，无非是它本身，是把我们叫唤入思想中的东西。

“什么叫思想”这个问题追问什么要在别具一格的意义上得到思虑，即它不只是给予我们某个东西让我们去思虑，也不只是给予

① 德语原文为 befehlen，或译为“命令”。——译注

我们它自身让我们思虑，而不如说，它首先赠予我们思想，它把思想作为我们的本质规定性托付给我们，并且因此首先把我们转让给思想，让我们归本于思想。[①]

① 此句中的“转让”和“归本”为同一个动词 vereignen，为后期海德格尔自创的与 Ereignis（本有）相联系的词语。——译注

127

第 二 讲

从第一讲到第二讲的过渡

“什么叫思想?”这个问题可以以四重方式来追问。它问:

一、用“思想”一词命名的是什么?

二、人们把思想理解为什么?亦即关于思想的传统学说即逻辑学把思想理解为什么?

三、我们要正确地实行思想,需要哪些条件?

四、什么命令①我们去思想?

我们曾断言:首先必须追问的是排在第四位的问题。如果思想之本质变成值得追问的,那么,这第四个问题就是决定性的。但这并不是说,前面列出的三个问题与第四个问题是毫不搭界的。而毋宁说,前三个问题都指向第四个问题。前面指出的三个问题服从于第四个问题,第四个问题本身规定着四种提问方式在其中得以共属一体的结构。

我们可能也会说:排在第四位的问题“什么叫我们思想?”引发

---

① 德语原文为 befehlen,或译为“吩咐”。——译注

了其他三个问题，由此得以展开自己。但这四个问题是如何在决定性的第四个问题中共属一体的，这一点不是我们能挖空心思地想出来的。它必定自行向我们显示出来。唯当我们投身于这个问题的追问之中，它才会向我们显示自己。为此我们必须踏上一条道路。这条道路似乎已经得到了勾勒，因为我们说，第四个问题是决定性的问题。要踏上这条道路，必须以第四个问题为起点，因为其他三个问题也是随之到来的。不过，如果立即以第四个问题开始追问，我们是否以正确的方式首先追问了这个问题，这一点还是完全未确定的。

按实事来看以及在本质上开端性的东西，无需处于开始位置 128
上，也许根本就不能处于开始位置上。开端与开始并不相同。[1]因此之故，我们必须首先探寻追问该问题的四种方式。在此，第四种方式可能就表明自己为决定性的方式；但与之不同的另一种方式始终是必要的，我们必须先行找到并且走上它的道路，方能通达第四种方式，即那种决定性的方式。在此情形下已经预示着，对“什么叫思想？”这个问题的追问的决定性方式依然远离于我们，几乎还疏离于我们。因此就有必要明确地了解一下这个问题的多义性，不只是为了学会关注这种多义性本身，而是为了让我们不至于太过轻佻地对待这种多义性，也即只把它看作语言表达方面的单纯事情。

“什么叫思想？”这个问题的多义性系于疑问动词“叫”的多义

① 此处“开端”（Anfang）与“开始”（Beginn）在日常德语中没有太大的区别。但显然，海德格尔的“开端”（Anfang）是在希腊的 Arche 意义上使用的。——译注

性。这个城市叫布莱斯高的弗莱堡。它拥有这个名字。

我们说话时常用的说法“这意味着……”[1]意思是：刚刚说的话实际上有这样那样的意思，可以用这样那样的方式来理解。代替“这意味着……”，我们也用“这就是说”的说法。

在一个天气无常的日子里，某人独自离开了一个山间木屋，去攀登一座高峰。他很快在突然降临的大雾中迷路了。这个人对在高山上运动意味着什么一无所知。他不知道登山运动所要求的一切，登山时必须筹措和掌握的一切。

一种声音叫我们要满怀希望。它示意我们去期望，邀请我们去期待，吩咐我们要满怀希望，把我们引向希望。

这座城市叫弗莱堡。它之所以这样被命名，因为它曾经是这样被叫的。这就是说：它是以这个名字被叫唤的。从此以后，它便处于这个名字的呼声中，它已经被托付给这个名字了。“叫”原本不是命名，而倒是相反：命名乃是一种原始意义上的“叫”，意即要
129 求和托付意义上的“叫”。我们也用“指令”(Geheiß)一词来表示呼唤性的召唤。指令的本质不在名字中，而不如说，每一个名字都是一种指令。每一种指令中起支配作用的都是一种呼求，因而诚然也是一种命名的可能性。我们招呼一个客人，向他表示欢迎。[2]这并不是说：我们用“欢迎”来命名他，而是说，我们特地叫他来，让他作为亲熟的新来者完成自己的到来。因此，在作为邀请到达的

① 此处“这意味着……”德语原文为 das heißt，其中的动词 heißen 未被译为“叫”。其实我们平常也会说：“这就叫……”。——译注

② 此句德语原文为：Wir heißen einen Gast willkommen，字面直译为“我们叫一位客人：欢迎啊”，或者“我们以欢迎叫一位客人”。——译注

欢迎中，其实同时也包含着一种命名、一种呼唤，它把到来者置于对我们乐于见到的客人的召唤之中。

“叫”（哥特语的 haitan）乃是召唤（Rufen）。但召唤不同于单纯地发出一种声响。另一种东西，本质上又不同于单纯的声音和声响之出现的东西，是叫喊。叫喊还无需成为一种呼声，但它可以是呼声，即：呼救。召唤实际上就是从呼声所往的地方而来的。在召唤中起支配作用的是一种原始的向……伸展。唯因此，呼声才能有所要求。单纯的叫喊渐渐消失，湮没于自身中。它既不能为痛苦也不能为快乐提供一种逗留之所。与之相反，呼声则是一种到达（Hingelangen），即便它没有被倾听和听到。在召唤中，一种逗留之所才是可能的。我们必须把声音、叫喊和呼声完全区分开来。

“叫”是一种指示，它传召着和叫唤着，要求……过来，因而是指引性的，它指引着一种有为或者无为，甚或一种更本质性的东西。在指令中已经并且总是聚焦着一种“叫”。指令不是一种消逝了的叫唤，但也不是一种已经发出的、本身还在邀请的叫唤，它在叫唤，即便它并没有传露出来。

一旦我们理解了“叫”一词的原始祖传的意义，我们就能一下子以不同方式来倾听“什么叫思想”这个问题。于是我们听到的问题是：那个叫我们思想的东西是什么？——而且是在这样一种意义上，即它首先把我们指引入思想之中，并且因此使我们信任我们本己的本质；这种本质乃是就其思想而言才成其本质的。

什么叫我们思想？如果我们把这个问题展开出来，则这个问 130
题问的是：召唤我们去思想的指令来自何方？这种指令依据于何

处？它如何能够要求我们？这种指令何以达到我们？它如何触及我们的本质，得以要求我们，使我们的本质成为一种思想的本质？我们的本质是何种本质？我们竟能知道这种本质吗？如果我们对此一无所知，那么，它是以何种方式向我们开启出来的呢？也许恰恰是这样，而且只是这样，即：我们已经被叫去思想了？

"什么叫我们思想？"一旦我们追问这个问题，而不只是随便说出这个问题，我们就会看到自己已经被置入这个问题中了。

然而，叫唤者本身不只是有时候要得到一点思虑，而是本来就要得到深思的，就此而言，把我们叫入思想之中的指令，除了源自思想从自身而来所需要的东西之外，还可能来自何处呢？叫我们思想的东西，要求我们去思想的东西，自为地需要思想，因为它于自身中、从自身而来给予思想——但并非偶尔地，而是向来如此，永远如此。

我们把如此这般给予思想的东西命名为最可思虑者。但它不只是给予向来有待思虑的东西，而不如说，它在一种范围更广、更具决定性的意义上给予思想，即：它一般地把作为我们的本质规定性的思想托付给我们。[①]

第二讲

最可思虑者在原始意义上给予思想，即它把我们交给思想。最可思虑者赠予我们的这个礼物，乃是隐藏在我们的本质之中的

① 它保持能力并且交托这种能力的实行｜"用"(Brauch)。——作者边注

真正馈赠(Mitgift)。

如果我们追问“什么叫我们思想?”,那么,我们既是在期待把 131
这种馈赠之礼物赠予我们的东西,同时又是在寻求我们自身——我们的本质就在于具有了这种馈赠。唯就我们**已经**具有了最可思虑者、获赠了向来和永远要得到思虑的东西而言,我们才**能够**思想。

我们是否总是能够以相称的方式思想,也即完成思想,这一点取决于我们是否喜欢思想,而后者始终意味着,我们是否能投向于思想之本质之中。情形或许是,我们对这种投身的喜欢太稀少了。这绝不是因为,我们全都太过惬意,或者心有旁骛而不好思想,而是因为投身于思想之中,这本身就是稀罕之事,只有少数人才能担当此任。

上面所述想必暂时已经足以用来解说第四种提法,即我们以决定性的方式追问“什么叫思想?”的提法。但在这种解说中,我们已经不断地谈论了思想。在此我们大约已经理解了“思想”一词,即便只是在一种不确定的含义中,即:我们把思想理解为通过某种人类精神行为而发生出来的事体。我们谈论意志行为,但也谈论思想行为。

恰恰当我们追问“什么叫我们思想?”之时,我们不仅是要沉思指令由以向我们发出的那个东西,同样也是要坚决地沉思指令叫我们去做**什么**,也即思想。因此,随着这个被叫者,我们不仅被命令和被叫唤去做某事,而且这事已经在召唤中得到了命名。在我们所讨论的这个问题的字句中,“思想”一词并不是一种单纯的声音。一听到“思想”这个词,我们全都对之有了某种设想——尽管还是那么粗略的设想。诚然，倘若我们必须直接而明确地说出“思想”(denken)这个动词指的是什么，我们全都会陷入一大窘境中。但所幸我们不必说出这一点，相反，我们只应当投身于这个问题之
132 中。如果我们这样做了，那我们也就已经在追问：用“思想”一词命名的是什么？从第四个决定性的问题出发，我们已然也活动于第一个问题中了。

我们用“思想”一词命名的是什么呢？我们听到的是“思想”“所思”“想法”等词语[①]。正如人们所说的，我们把一种意义与之联系起来。在此为我们所意识的东西，首先是某种稍纵即逝的和模模糊糊的东西。我们多半可以保留这种状态。这符合通常理解范围内的习惯话语的要求。通常理解不愿因为纠缠于单个词语的意义而浪费了时间。相反，词语持续地被挥霍，并且在此挥霍中被磨损和消耗。这其中也有一种奇怪的好处。借助于被耗损的语言，所有人都能谈论一切。

然而，如果我们特地来追问，在词语中(在此即在“思想”一词中)究竟什么得到了命名，那又会如何？那么，我们就在关注词语之为词语。前面我们已经关注过“叫”一词。在此我们胆敢冒险进入语言游戏之中，那是我们的本质冒险玩的游戏。一旦我们意识到，各自具有不可混淆的方式的思与诗[②]乃是本质性的道说，以及何以它们是本质性的道说，则我们就不能避免这种冒险了。

按惯常的想法，思与诗只需把语言当作自己的媒介和表达手

① 此处“思想”“所思”“想法”三词的德语原文依次为：Denken、Gedachte、Gedanke，也可依次译为“思维”“被思考者”“思想”。——译注

② 德语原文为das Denken und das Dichten，也可译为“思想与作诗”。——译注

段，就像雕塑、绘画和音乐以石头、木头、色彩和声响为媒介来表达自己。但也许，一旦我们避免在美学上也即从表达和印象的角度来看艺术，不再把作品看作表现，把印象看作体验，那么，石头、木头、色彩和声响也就能在艺术中显示出另一种本质。

语言既不只是表达领域，也不只是表达手段，也不只是两者的结合。诗与思决不只是利用语言，借助于语言来表达自己，而不如
说，思与诗本身就是原初的、本质性的，因而同时是最终的言说 133
(Sprechen)，是语言通过人说出来的最终的言说。

言说语言与利用语言是迥然不同的。惯常的言说只是利用语言。其惯常性恰恰在于这种与语言的关系。但因为思以及方式不同的诗并不是利用词语，而是道说话语，[①]所以，一旦我们走上一条思之道路，我们也就已经要赶紧去关注话语之道说了。

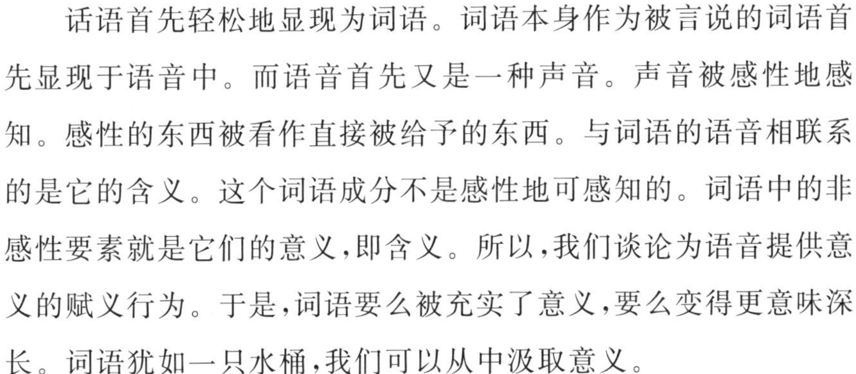

话语首先轻松地显现为词语。词语本身作为被言说的词语首先显现于语音中。而语音首先又是一种声音。声音被感性地感知。感性的东西被看作直接被给予的东西。与词语的语音相联系的是它的含义。这个词语成分不是感性地可感知的。词语中的非感性要素就是它们的意义，即含义。所以，我们谈论为语音提供意义的赋义行为。于是，词语要么被充实了意义，要么变得更意味深长。词语犹如一只水桶，我们可以从中汲取意义。

在以学术方式编纂而成的词典里面，这些意义容器是按字母顺序来记录的，并且总是根据它们的两个成分，即语音内容与意义

① 此句中的“词语”(die Wörter)与“话语”(die Worte)均为复数，两者对应的单数名词都是 das Wort。——译注

内容，来录入和描述的。当我们特地关注话语之道说时，我们便求助于词典。首先看起来就是这样。这个“首先”甚至预先并且整体地决定了我们通常怎样去设想对话语的关注。于是，我们同样也依靠这种想法来判断一种关注话语的思想的程式。对于这种程式，我们时而做赞成的判断，时而做排斥的判断，但总是有所保留。不论我们如何做出何种判断，只要我们还没有弄清楚它们的依据何在，则它们就全都是悬空的。因为它们依据于那个“首先”，对于后者而言，词语不只是暂时地而是一般地显现为词语，也即实际上
134 就像水桶一般显现出来。这个多被引用的“首先”是何情况呀？

首先与我们照面的东西，从来都不是切近的东西(das Nahe)，而始终只不过是惯常的东西而已。它具有某种阴森可怕的力量，使我们戒除了在本质之物中的居留，而且经常是如此确定，以至于它决不让我们进入这种居留之中。

当我们径直听到直接被言说的东西时，我们既没有首先把话语当作词语来倾听，根本也没有把词语当作单纯的声音来倾听。为了听到一种单纯声响的纯粹声音，我们必须首先使自己离开关于被言说者的一切理解和不理解。为了仅仅从被言说者中抽取出单纯的声音，以便我们的听觉能独自捕捉到这种被抽取出来的东西，我们必须撇开这一切，抽掉这一切。在那个所谓“首先”的理解领域里被视为直接被给予者的声音，乃是一种被抽取的构成物，后者在我们倾听被言说者时，向来既不会孤立地被听见，也不会首先被听见。

语音的所谓纯粹感性因素，一旦被表象为单纯的声音，就是某种抽象的东西。单纯的声音从来不是直接在语音中被给予的东

西。声音总是首先通过一个中介过程、通过那种几乎不自然的忽视，才能被选取出来。即便当我们听到一种我们完全陌生的语言的言语时，我们也决不是听到作为仅只感性地被给予的声音的单纯声响，相反，我们听到的是难于理解的话语。而在难于理解的话语与听觉上抽象地被把捉的单纯声音之间，存在着一个本质差异性的深渊。

但当我们听到言语时，首先被给予我们的也从来不是单纯的词语。我们在倾听之际逗留于被说出的言语的领域中，在其中，被道说者的声音悄然响起。[①] 从这个领域中（我们几乎看不到它的本质，更遑论对它有思考了），在言语中说话，甚至没有特地显露出来的话语得以开启自身。

话语并不是词语，从而不是诸如水桶之类的东西，我们可以从中汲取某种现成的意义。话语乃是道说所发掘的井泉，乃是向来需要重新发现和重新发掘的井泉，容易被掩埋起来，但偶尔也会在不知不觉中喷涌而出。要不是我们不断地重新走向井泉，则水桶就会一直空着，或者桶中内容会成一汪死水。 135

去留意话语之道说，这事本质上有别于它首先看起来的样子，亦即一种单纯忙碌于词语的假象。对我们今人来说，留意话语之道说还是特别困难的，因为我们只是难以摆脱惯常之物的那个“首先”，即便一度成功了，也太过容易重蹈覆辙。

所以说到底，即便是上面这一番关于话语和词语的插话，也无

① 此句原可译为“被道说者的声音无声地响起”，但听来不免有点别扭。——译注

法阻止我们，我们最初依然会肤浅地在“用‘思想’一词命名的是什么?”这个意义上，来理解“什么叫思想?”这个问题。努力去留意“思想”(denken)这个动词之道说，这样一个尝试在我们看来，就仿佛是一种对于随意拾取的词语所做的空洞分析，因为这些词语的含义是并不与任何一个明显的实事领域相联结的。这个顽固的假象何以不会消失，可谓原因多多；我们必须关注这些原因，因为它们关涉到每一种关于语言的解说和探讨，从而具有合乎本质的特性。

如果我们来追问“思想”一词命名的是什么，那么，我们显然必须回到“思想”一词的历史中去。为了进入“思想”、“所思”和“想法”等词语据以说话的言语领域之中，我们必须投身于语言史。历史学的语言研究使得这种语言史变得可通达了。

然而，对话语之道说的关注，当是在哲学名下为人所知的思想道路上决定性的和给出方向的一个步骤。但哲学能够以对词语的
136 说明亦即以历史学的知识为基础吗？看起来，这一点是不太可能的，比那种想要通过民意调查来证明“2×2＝4”这个命题的尝试更加不可能——这种民意调查是要确定，只要经过观察，人类事实上总是会说“2×2＝4”。

哲学既不能以历史学为基础，也即不能以历史科学为基础，一般地也不能以一门科学为基础。因为每一门科学都依据于这样一些前提，它们决不能以科学方式得到论证，相反很可能是在哲学上可证明的。一切科学皆奠基于哲学，而不是相反。

依照这样一种思索，哲学便受到禁阻，不可能借助于对词语含义的解说来为自己提供一个所谓的基础。这种解说依赖于语言史。它以历史学的方式运作。像任何一种关于事实的知识一样，历史学的知识也只是有条件的，而不是绝对确定的。此类知识全都有其局限性，即：只有在没有发现那种要求撤消以前的陈述的新事实的情况下，它们的陈述才是有效的。然而哲学乃是超历史学的知识，自笛卡尔以降，这种知识就对自己的命题要求一种无条件的确定性。

有了这样一种经常被端出来的、貌似有理的思索，各种不同的思路及其层次就相互重叠，混为一谈了。本讲座可以撇开对这种混乱的清理，因为通过本讲座，虽然只是间接地，我们会搞清楚哲学与科学之间的关系。

137

第 三 讲

从第二讲到第三讲的过渡

152

我们慢慢地适应了“什么叫思想?”这个问题的多义性。这个问题具有四重性。但它起于某种单一性。因此,它决不会蜕变为一种偶然的杂多。这种单一性把尺度和结构、但同时也把起－因(An-laß)和持久性,带入这个问题的四种追问方式之中。其中决定性的方式是第四种,即:什么叫我们思想? 叫唤者给予我们思想,让我们去思最可思虑者。这种指令把思想当作我们本质的赠礼赋予我们。所以,通过这种指令,人在某种程度上也已经懂得,“思想”一词意指什么。如果我们来追问“叫我们思想的这个指令的情形如何?”这个问题,那么,我们就会发现,自己已经被引入动词“思想”说的是什么这样一个问题中了。现在,我们不再能在一种我们轻易得来的含义中任意地抓住这个词语,从而把这种含义阐发为一个概念,在此基础上我们得以构造一种关于思想的学说。若然,则一切都将归于恣意妄为。“思想”一词意味着什么,这是由要求思想的指令来规定的。然而,把我们的本质托付给思想的指令也不是一种强制。这个指令把我们的本质带入自由之境,而且这是如此确定，以至于那个把我们召唤入思想之中的东西首先给予自由之境的自由，使得人的自由能够居留于其中。自由的原初本质隐藏于指令中，后者给予终有一死者，使之去思最可思虑的东西。因此之故，自由决不是某种单纯人性的东西，同样也不是某种单纯神性的东西；自由更不是两者之近邻关系的一种单纯反映。

一旦指令叫我们思想，它也就已经把被叫者，也即思想，带入
一种召唤之中了。被叫者得到了命名，这样那样地被叫。被叫者 138
是以何种名称被命名的呢？无疑就是“思想”一词。

不过，按其语言表达来看，“思想”这个词显然属于某种个别的语言。但思想又是一件普通的人类事务。人们终究不可能从某种特殊语言的个别词语的单纯含义中搞出思想的本质，并且把如此这般赢获的东西说成是约束性的。当然不能。由此得出来的只能是：在这里还留下某种可疑的东西。然而，假如我们严肃对待，不再继续忽视以下事实，即逻辑的东西，属于λόγος[逻各斯]的东西，也只不过是希腊人的个别的和特殊的语言的一个词语，而且这不只是就其语音形态来说的，那么，普通的人类逻辑思维就不会更少遭受上面讲的这种可疑性。

“思想”这个词语说的是什么？让我们留意一下“思想”“所思”“想法”等话语的道说。在这些话语中，某个东西诉诸语言了，不只是新近，而是由来已久了。但这个诉诸语言的东西并没有成功。它回到未被言说者之中了，以至于我们不能立即达到它了。无论如何，为了恰当地关注在“思想”、“想法”等话语中诉诸语言的东西，我们都必须回到语言历史之中。历史学开辟出一条通往那儿的道路。在今天，它是一门科学，在眼下的情形中，就是一门语

言科学。

而现在，对话语之道说的关注当成为进入思想的道路。在本讲座的前面一次课中，我们曾提出：科学并不思。科学并不在思想家的思想意义上思。但决不能由此推出：思想无需把科学放在心上。“科学并不思”这个命题绝不是一张特许状，特许思想臆想出某个东西，由此仿佛徒手把自己做起来了。

139 但思想其实已经被带入诗之切近处了，并且与科学相对照了。不过，这种切近本质上不同于各种区分的单调平衡。诗与思的本质切近完全没有排斥区分，反倒是让这种区分以一种深不可测的方式出现。我们今人只能费劲去认识这一点了。

对我们来说，诗歌早就已经归属于文学了，思想亦然。诗歌及其历史在文学史上得到论述，我们觉得这是正常的。这种状态背后有种种深远的原因，想挑剔这种状态，甚或想要一夜之间改变这种状态，或许是愚蠢的。然则荷马是文学吗？萨福是文学吗？品达是文学吗？索福克勒斯是文学吗？不是！但他们在我们看来就是文学，而且只是文学，即便当我们着手在文学史上证明这些诗歌真正说来不是文学时，情形亦然。

文学乃是记录和誊抄下来的旨在让公众阅读的文字。以此途径，文学变成了深度散乱和相互背道的各种兴趣的对象，而这些兴趣又受到了刺激，而且再一次在文学上，通过文学批评和宣传。个人设法脱离文学产业，却发现自己沉湎于甚或虔信于某种诗歌；但这一点从来就不足以为诗歌开启本质之处所。此外，诗歌必须自己来规定这个本质之处所，并且通达这个本质之处所。

西方诗歌和欧洲文学乃是我们历史中两种截然不同的本质力

量。也许，关于文学的本质和效应，我们依然只有十分不充分的观念。

但现在，通过文学，而且在作为它们的媒介的文学中，诗歌、思想和科学却得到了相互补偿和适应。如果思想脱离于科学，那么，从科学出发来评判，思想就显得像一种失败的诗歌。另一方面，如果思想有意避免切近于诗歌，那么，思想就会倾向于显得像一种超科学，要在科学性方面超越一切科学的超科学。 140

然则恰恰因为思想并非作诗，而是语言的一种原始的道说和言说，所以它必定接近于诗歌[①]。但因为科学并不思，所以，思想在现在的情形下必定十分迫切地关注科学，而那是科学不能给予自己的关注。

在此我们只是提到思想与科学的无关紧要的关联。本质性的关联毋宁说是由现代的一个基本特征来规定的，其中也包括我们前面指出的文学。我们差不多可以对之做如下描绘：存在的东西在今天主要显现于那种对象性之中，后者是通过所有区域和领域的科学对象化而建立起来并且维持其统治地位的。这种统治地位并非源自科学的一种特殊的和特有的权力要求，而是源自一个人们今天尚不愿意看到的本质事实。这个本质事实可以用三个命题来描写：

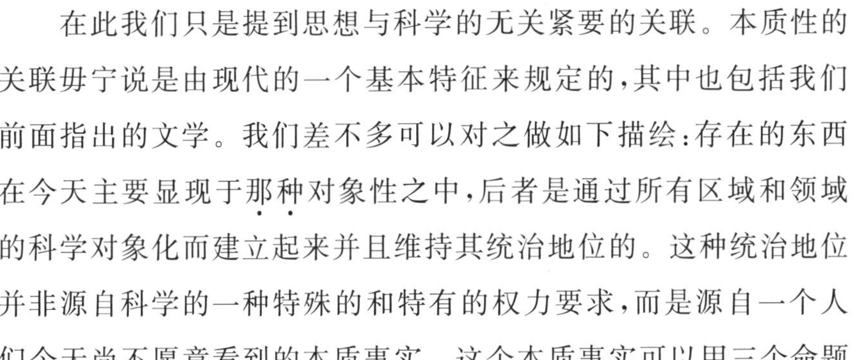

1. 现代科学植根于技术之本质。

2. 技术之本质本身不是技术性的东西。

① 此处“诗歌”（Dichten）也可译“作诗”。——译注

3. 技术之本质不是单纯人类的谋制，即一种人类在适当的道德机制方面的优越性和自主性能够驯服的谋制[①]。

我们没有注意到对于存在之物的学术文学上的对象化，因为我们就在其中活动。因此之故，思想与诗歌、科学的关系，在今天也还是完全模糊的，本质上是被掩蔽的，尤其是因为思想本身根本就不熟悉它自己的本质渊源。所以，人们或许可以把"什么叫思想？"这个问题仅仅看作为一个讲座课选择的适当题目。然而——假如我们竟然可以这样来表达——"什么叫思想？"这个问题乃是
141 一个世界－历史性的问题。"世界历史"这个名称通常就意同"普遍历史"。[②] 但我们的"世界－历史"一词的用法却是指命运（Geschick），意指世界**存在**（*ist*）和人作为世界居住者而存在的命运。"什么叫我们思想？"这个世界－历史性的问题追问的是：真正存在之物如何与这个时代的人类相关涉？

现在，对此问题的阐发已经不知不觉地驱使我们去考察思想与科学的关系。个中起因来自一种显而易见的思虑。我们可以对

① 此处"谋制"是中译者对海德格尔生造的德文词语 Machenschaft 的尝试性翻译。Machenschaft 是日常德语中没有的词，在英语中有 machination 一词，《哲学论稿》英译本也以此对译，其意为"阴谋诡计"。但海德格尔使用的 Machenschaft 显然不取"阴谋诡计"之义，而倒是与希腊的 techne（技艺）和 poiesis（制作）相关，是指人对存在者的制作（制做）——诚然海德格尔强调这种制作是以某种存在者解释为基础的。故我们试译为"谋制"。关于该词的含义，特别可参看海德格尔：《哲学论稿》，第 61 节"谋制"；中译本，孙周兴译，北京：商务印书馆，2012 年，第 133 页以下。——译注

② 此处"世界历史"（Weltgeschichte）与"普遍历史"（Universalhistorie），所用"历史"其实是两个德语词，前者是 Geschichte，为真实发生的历史，后者是 Historie，为"历史学上的历史"。——译注

之略做解释。在我们看来,“什么叫思想?”这个问题不知不觉活动于我们首先举出的追问方式中,即追问:用“思想”一词命名的是什么?如果我们来探究此问题,我们就会关注话语之道说。这就把我们引向词语的含义史之中。但语言史只有通过历史学的研究才是可理解的。根据古老的学说,历史学的认识与哲学的认识是截然不同的。

这当儿,我们对话语之道说的关注为思想之道路提供了根基。但思想,即关于永恒真理的哲学的、超历史学的认识,能够总是建立在历史学的断定基础上吗?我们如何能清除这样一种在最初的步骤中已经威胁着我们的计划的异议呢?我们绝不是想消除这种思虑。此间,我们就让它站在它到达的那条道路上。因为情形或许是,这条道路不再是一条道路。而无论如何,在我们还没有在“什么叫思想?”这个问题的探讨上至少走出几步之前,最好还是不要策动一场关于哲学与科学的关系的旷日持久的讨论。但也许,这个问题甚至具有这样一种特性,即它从来不允许一种穿行,而是要求我们定居于其中。

第三讲 142

在我们关注话语之道说的尝试中,我们一任与语言科学的关系悬而不决。在任何情形下,语言科学的各种结论都可能成为一个时机,让我们获得某种暗示。但这决不意味着,语言科学的结论(本身被看作某门科学的判断)必定会构成支撑我们的道路的基础。语言科学所陈述的东西,必定首先历史性地被给予它的,而且是以一种前科学的通向语言历史的途径。首先而且仅仅在历史已经被给予的地方，其被给予之物才能成为一个历史学的对象，在其中始终还从自身而来保持为它所是的东西。我们从中获得了暗示。

为了获悉一种暗示，我们必须已经先行倾听，进入它所从出的领域之中。要获得一种暗示是困难的和稀罕的；我们所知越多就越稀罕，我们一味想要知道得越多就越困难。但也存在着暗示的先导。我们能更快、更轻松地对它们的指引做出反应，因为我们自己就能够参与其中，为它们做一段路的准备。

用“思想”、“所思”和“想法”这些话语所命名的是什么？它们将把我们引入何种言语领域之中呢？所思——它在哪里呢？它留在何方？所思需要记忆。所思及其想法，即“心思”[①]，包含着谢恩[②]。但也许，“思想”一词与记忆和谢恩的这样一种相似关系，只不过是表面地和人为地被虚构出来的。由此还决没有显露出用“思想”一词所命名的东西。

思想是一种谢恩吗？谢恩在此意指什么呢？抑或谢恩依据于思想？思想在此意指什么？记忆只是一个装载思想之所思的容器吗，抑或思想本身依据于记忆？谢恩与记忆的关系如何？通过我

① 此处“心思”原文为中古高地德语的Gedanc，意为“想法、意图、心灵”（海德格尔在后面也把它译为“心灵之根”“心底”），似也可以译为“念想”；在古高地德语中为githanc，在中古低地德语中为gedanke。它们均为现代德语动词denken的名词形式。海德格尔在此暗示Gedanc中包含的“谢恩、感谢”（Dank）之义。似乎在海德格尔看来，“思想”失去了“谢恩”之义，原初的“心思”（Gedanc）遂变成了“想法”（Gedanke）。——译注

② 注意此处“所思”（Gedachtes）、“想法”（Gedanke）与“谢恩”（Dank）等词语之间的字面和意义联系。——译注

们如此这般的追问，我们活动于以动词“思想”（denken）发出声音的言说的领域之中。但我们暂且搁下所谓“思想”“所思”“谢恩”“记忆”等话词之间的全部关联不谈，现在先来询问一下话语的历史。它给予我们一个指引，尽管对这种历史的历史学描述仍然是不完善的，也许始终是不完善的。 143

我们获悉如下提示：在上列话语的言说中，决定性的和原始的具有道说力量的词语乃是“心思”（Gedanc）。但这个词语并不是指在我们今天的“想法”（Gedanke）一词的用法中最后仍然作为流俗的含义留下来的东西。一个想法通常意指：一个理念、一个观念、一种意见、一个念头。“心思”这个原初词语说的是：聚集的、把一切聚集起来的想法。“心思”（Der Gedanc）说的意思就如同心情（Gemüt）、muot、心灵（Herz）。在“心思”这个原初地道说的词语意义上的思想，几乎比那种心灵之思想还要原始，后者也就是帕斯卡尔在几个世纪以后试图在对抗数学思维过程中重新赢获的心灵之思想。

与原初的心思相比较，在逻辑－理性地被表象的东西意义上所指的想法，表明自己是一种几乎不能设想得更大的对词语的狭隘化和贫乏化。学院哲学为这种词语的萎缩出了一份力，从中可以得知，对词语的概念性界定虽然在技术上－科学上是必要的，但就其自身而言并不适合于——正如人们所认为的那样——保护甚至促进语言的生长。

然而，“心思”一词不光是指我们所谓的心情和心灵，后者之本质几乎不可估判。无论记忆还是谢恩都依据于心思，在其中成其本质。“记忆”的原初意思根本不是回忆的能力。这个词语命名的

是整个心情，在持久地、亲密地聚集于本质上向一切心智诉说的东
144 西这样一种意义上。记忆的原始意思如同凝－思[①]，即：持续不断地、聚集地保持在……那里，而且绝不只是持守于过去之物那儿，而是同样地持守于当前之物和可能到来的东西那儿。过去之物、当前之物和到来之物显现于向来特有的在－场（*An*-wesen）之统一性中。

只要记忆作为心情的聚集、作为凝－思，并不放弃它聚集于其上的东西，那么，在记忆中起支配作用的，就不光是本质性的对某物的思－念（An-denken）的特性，同样一体地，还有一种不弃不离的记住（Behalten）的特性。进而，来自记忆并且在记忆范围之内，心灵倾诉其形象之珍宝，也即使心灵本身得以被看见的那些景象的珍宝。唯由此出发，在广泛而深入地被把握的记忆之本质范围内，才显突出与滑离（Entgleiten）相对的记牢或抓住（Festhalten），在拉丁语中也称之为memoria tenere［记住、牢记］。通过memoria［记忆］而记牢或抓住，这既涉及过去之物，也涉及当前之物和将来之物。给记住或保持添乱的主要是过去之物，因为过去之物已经逃脱了（ent-gangen），而且在某种程度上不再提供出任何持久而牢固的东西。因此，记住的意义后来就局限于总是一再被记忆提取出来的过去之物。可是，只要这种受限制的关联原始地并不构成记忆的唯一本质，那么，为了命名对过去之物的特殊记住和重－演，就得出了一个新创词，即：重新记忆（Wiedergedächtnis）。

---

① 此处“凝－思”德语原文为An-dacht，是海德格尔对Andacht（虔诚）的改写。我们试译为“凝－思”。——译注

在原初的词语“心思”(der Gedanc)中，起支配作用的是记忆的原始本质，即：关于心情让之在场的一切东西的不断意指的聚集。意指(meinen)在此是在 minne[①] 意义上被理解的，意即：使心灵的最内在冥思朝向本质现身者(das Wesende)的倾向，这种倾向不能掌控它自己，因此也未必能首先特别地得以实行。

作为如此这般被理解的记忆，心思(der Gedanc)也已经是“谢恩”(Dank)一词所命名的东西。在谢恩中，心情(Gemüt)想念它所拥有和它所是的东西。如此这般想念之际，因而作为记忆，心情 145
将自己给予它所归属的那个东西。它自认为是依从的(hörig)，并非在单纯屈从意义上，而是出于倾听之凝思的依从。原始的谢恩乃是归因[②]。[③] 唯在这种归因中，而且只是从这种归因而来，才出现那种谢恩，即我们认作在善与恶的意义上的酬劳和报答的谢恩。然则独自实行的谢恩，作为报答和偿还，太容易停留在纯然常轨的回报的区域里，甚至于纯然商业的区域里。

我们尝试表明“思想”、“想法”、“记忆”和“谢恩”等词语的道说，这种努力至少可以约略指明一个言说领域，而上列词语正是从这个领域的未被言说者而来原初地说话的。它们使一些事态显露出来，而这些事态的本质统一性是我们尚未看透的。首先有一点还是晦暗不明的。我们可以把它表达为下面的问题：

---

① 此处“minne”为中古高地德语词语，意为“爱、相思”。中世纪德语爱情诗被称为：Minnesang(恋歌)。——译注

② 始终思量思想之依赖状态

|依赖于指令(*Geheiß*)

|归属于本有(Ereignis)。——作者边注

③ 此处“归因”(Sichverdanken)也可译为“感谢”。——译注

关于心思、记忆和谢恩的特性刻画——而且不只在词语上，而是在实事上——是从思想而来进行的吗？抑或相反，思想是从原初地被命名的作为记忆和谢恩的心思那里获得自己的本质的？

也许这个问题根本上是不充分地被提出来的，以至于我们在此问题的轨道上达不到本质性的东西。清楚的只是：从本质内涵来看，心思、记忆、谢恩等词语所命名的东西，比这些词语在习惯用法中对我们来说仍旧具有的那种暂时的含义要丰富得多。或许我们有此断定就行了。不过，我们现在不光是超越了这个断定，而不如说，我们对这些词语之道说的关注已经使我们先行做好了准备，从它们的言说中获得一种指引，后者使我们更接近于在这些词语中达乎语言的实事。

146 我们从原初地被理解的“思想”、“心思”、“记忆”和“谢恩”这些
162 词语中接受指引，并且尝试一种关于具有更丰富言说力量的“思想”一词所道说的东西的自由探讨。这种探讨是更为自由的，不是因为它变得更无约束了，而是因为我们的目光赢得了一种对于所谓的本质行状（Wesensverhalte）的开放的展望，并且从中赢获了一种合乎实情的联系的可能性。对“思想”一词所命名的东西的更为细心的关注，把我们径直从第一个问题带入决定性的第四个问题之中。

在作为原始记忆的心思中，已然起支配作用的是那种把它之所思赠予（*zu*-denken）有待思想者的想念，即谢恩[①]。当我们谢恩

① 注意此句中的“心思”（Gedanc）、“想念”（Gedenken）与“谢恩”（Dank）等词语之间的意义关联。——译注

时，我们是为某物而谢恩。我们为之谢恩，做法是，我们向我们必须感谢的那个人致谢。我们必须感谢什么，这不是我们自身所具有的。它是被给予我们的。我们接受各种各样的赠礼。但给我们的最高的和真正持久的赠礼依然是我们的本质，我们具有这种本质，以至于我们基于这种赠礼才成为我们所是者。因此之故，我们必须最大可能地和不断地感谢这种馈赠。

可是，在这种馈赠意义上赋予我们的东西，乃是思想。作为思想，它信赖于那个给予思想的东西。从自身而来向来给予思想的东西，乃是最可思虑的东西。我们的本质的真正馈赠（那是我们必须感谢的）就基于这种东西。

但除了我们对最可思虑者的思虑，我们如何可能更适当地感谢这种馈赠，即思最可思虑者呢？[①] 那么，至高的谢恩也许就是思想？而最深的忘恩负义就是漫不经心啰？如此，则真正的谢恩就决不在于：我们自己首先随着一种赠礼而到来，并且只以赠礼回报赠礼。纯粹的谢恩毋宁说是：我们质朴地思想，也就是去思真正地和唯一地给予思想的东西。

一切谢恩最初和最终皆归属于思想的本质领域[②]。但思想把有待思想者赠予那个在自身中、从自身而来要得到思考并且本来 147
就要求思－念（An-denken）的东西，并且思念之。只要我们思最可思虑者，我们便**真正地**谢恩。只要我们在思想之际专注于最可思虑者，我们便栖居于一切思－念所聚集的东西之中。

① 注意区分此句中的两个动词“思”（denken）与“思虑”（bedenken）。——译注

② 而且预先倒过来。——作者边注

对有待思想者之思念的聚集，我们把它命名为记忆。

现在，我们不再在通常意义上来理解“记忆”这个词。我们听从的是古老词语的指引。我们决不只是在历史学上来接受它。我们关注在其中被命名者及其未被言说者，同时着眼于此间关于作为谢恩和思念的思想所道说的一切。

第 四 讲 149

从第三讲到第四讲的过渡

什么叫思想？我们现在是在我们首先举出的意义上来看待这个问题的，并且追问："思想"一词说的是什么？有思想处就有想法。所谓想法，人们把它理解为意见、看法、思索、建议、念头之类。但古高地德语中的 gidanc，即中古高地德语的"心思"（der Gedanc），却有更丰富的意思，不光在现在所指出的通常含义上更为丰富，而是有不同的意味；不只是与先前的含义相比较有所不同，而是本质上不同，乃作为明确地被区分的、同时决定性的东西。心思意味着：心情、心灵、心底[①]，那种人类最内在的东西，后者最远地向外伸展至极致，而且这是如此确定，以至于——恰当地思考——它不让关于一种内在与外在的观念产生出来。

但同时，从本质上已经得到倾听的"心思"（der Gedanc）一词中，说出了那两个词语所命名的东西的本质，它们是在倾听动词"思想"（denken）一词时容易让我们想到的，即：思想与记忆，思想

---

① 这里的"心底"德语原文为 Herzensgrund，也可直译为"心灵基础"。——译注

与谢恩。

心思(Der Gedanc),即心底,乃是就我们作为人而存在来说与我们相关涉、触及我们、为我们所关心的一切东西的聚集。在本质上决定性的意义上关乎我们、为我们所关心的东西,我们可以用一个词语,把它命名为邻近者,或者也可以把它命名为邻近。[1] 邻近者就是那个东西,它的在场位于一条街边或者一条河边。我们在“在-场”(An-wesen)意义上来使用“邻近”一词。“在-场”这个名称现在可能会让我们觉得离奇。但在它所意指的实事上,它是有根据的,而且早就已经被言说了。只不过,我们太容易对所言说者置若罔闻。

150 当我们说主体与客体时,借此已经思及一种呈放和以……为基础,一种对立,总归是最广义的邻近。[2] 只要我们能完成我们的人之存在,那么与我们邻近、为我们所关切的东西,可能就无需我们不断地和特别地加以表象。但它仍然预先已经**向着**我们聚集起来了。在某种程度上,但不是唯一地,我们就是这种聚集本身。

邻近之聚集在此决不是指一种对呈放者的事后收集,而是指超越一切有为和无为的消息,即就我们以人的方式存在而言我们已经为之效力的那个东西的消息。

唯因为我们在本质上已经聚集于邻近之中了,我们才可能专注于同时在当前、过去、将来存在的东西。“记忆”一词原初地意指

---

① 此处“邻近者”(das Anliegende)与“邻近”(Anliegen)未体现原文 anliegen 的“关切、关心”之义。——译注

② 注意此句中的“呈放”(Vor-liegen)、“以……为基础”(Zugrunde-liegen)、“对立”(Gegenüber-liegen)、“临-近”(An-liegen)等词语之间的词根和意义联系。——译注

那种专注的对邻近者的不离不弃(Nicht-Ablassen)。在其原初的道说中,记忆的意思就如同凝－思(An-dacht)。唯因为“凝－思”这个词已然意指那种朝着解救和慈爱之物[1]的聚集的本质上广大的关联,所以,它才可能具有虔敬者和虔信的特殊音调,并且命名着祈祷之虔诚。[2] 心思展开于作为虔诚而持续的记忆中。这种原初地被意指的记忆后来把自己的名称交给了一种受限制的称号,后者与记忆一道,只还意指记住过去之物的能力。

但如果我们根据古老的词语“心思”(der Gedanc)来理解记忆,那么,我们也就立即能领悟到记忆与谢恩之间的联系。因为在谢恩中,心情在想念就它归属于其中而言聚集于其中的那个东西。这种思念性的想念乃是原始的谢恩。

“思想”一词所道说的东西,我们是从原初的词语“心思”(der Gedanc)出发聆听到的。这种倾听方式吻合于“心思”一词所命名的本质事态。这种倾听方式是决定性的。在此我们是根据心思来理解什么叫“思想”。与之相反,根据我们熟悉的语言用法,我们以 151
为,思想并非源自想法,倒是想法首先通过思想才产生。[3]

不过,且让我们更细心地来倾听在“心思”、“记忆”、“谢恩”等原初词语中招呼我们的言说领域。向来给予我们思想的东西,乃

[1] 此处“解救和慈爱之物”德语原文为:das Heile und Hudlvolle。其中“解救”(das Heile)也可译为“拯救、幸福”。——译注

[2] 此句中的“凝－思”(An-dacht)与“虔诚”(Andacht)其实是同一个词,只是前者被加了连字号,被书作 An-dacht。——译注

[3] 此句中的“思想”(Denken)与“想法”(Gedanken)之间有类似于动作与结果的关系,但作者在此更强调“想法”(Gedanken)与前文的中古高地德语词语“心思”(der Gedanc)之间的关联。——译注

是最可思虑者。它给予的东西、它的赠礼,我们是通过思虑最可思虑者来接受的。于此我们在运思之际持守于最可思虑者。我们思念之。于是,我们想念我们的本质(即思想)要归因的东西。就我们思最可思虑者而言,我们谢恩。

我们把有待思想的东西赠予最可思虑者。但这种被赠予者(*Zu*-Gedachtes)并不是我们自己为了完成回敬首先筹措和携带的东西。当我们思最可思虑者时,我们思念最可思虑者自身给予我们思想的那个东西。这种思念作为思想已然是本真的谢恩,它为了谢恩不需要回报和酬劳。这种谢恩并不是一种报答;它其实是一种迎受(Entgegentragen),通过这种迎受,我们才能把真正给予思想的东西保留在其本质中。我们于是为我们的思想而感谢——在这样一种"感谢"(verdanken)意义上,这种意义几乎是我们的语言里不常用的了,据我所知,唯在阿雷曼语[1]中还是常见的。当我们结束、告别对一件事情的处理时,人们便说,它被感谢了。"告别"在此并不是指打发,而是相反:是把事情带向它所属的地方,而且从此让它留在那儿。这种告别被叫作感谢(Verdankung)。

倘若一种思想能够做到这一点,即告别向来给予思想的东西而使之进入其本己的本质之中,那么,这样一种思想或许就是终有一死者的最高谢恩。这种思想或许就是对最可思虑者的感谢——使最可思虑者进入其最本己的孤寂状态之中的感谢;这种孤寂状

① 阿雷曼语(alemannisch):流行于阿尔卑斯、巴登等地的德语方言。阿雷曼人是定居于莱茵河上游和多瑙河上游的日耳曼族的古称。——译注

态把最可思虑者完好无损地保存于其可疑状态之中。我们当中没有人敢声称自己能完成这样一种思想，哪怕只是稍稍触及之—— 152
我们甚至连它的序曲都完成不了。充其量，我们只能为这个序曲做一种准备。

但假如有朝一日人们能够做到这一点，即以这样一种感谢的方式思想，那么，这种思想也就聚集于向来思念着最可思虑者的思念之中。思想于是就寓居于**记忆**中——在此，“记忆”一词是按其原初的道说来理解的。

第四讲

记忆原初地意味着心情和凝-思。但是，这些词语在此是在尽可能宽泛和本质性的意义上来说的。“心情”不光是指——用现代说法——人类意识的情感方面，而不如说是指整个人类本质的本质现身（das Wesende）。在拉丁语中，这是用不同于 anima[灵魂、生命]的 animus[意图、倾向]来命名的。

在此区分范围内，Anima[灵魂、生命]指的是也包括人类在内的任何生物的规定基础。人们可以把人类表象为生物。长期以来，人们都是这样来表象人类的。进而，人们就把如此这般被表象的人类与植物和动物排列在一起，不论人们在这种排列中假定了一种进化，还是以另一种方式把生物种类相互区别开来。即便当人被表彰为理性生物时，人总还是这样显现出来，即人作为生物的特征依然是决定性的，尽管在动物和植物意义上的生物因素始终从属于人的理性特征和人格特征，后者规定了人的精神生活。一切人类学皆由关于作为生物的人类的观念所引导。无论哲学人类学还是科学人类学，在人的规定方面，恰恰都不是从人的本质出发的。

153 为了把人思为人之本质[①]，而不是把他思为生物，我们必须首先关注以下事实，即：人是那样一种本质[②]，他通过指向存在之物而成其本质（wesen），而存在者之为存在者就在这种指示中显现出来。但存在之物并不限于向来径直现实的和实际的东西。存在之物，即从存在而来被规定的东西，同样也——如果不说主要地——包括能够存在的东西、必须存在的东西、曾经存在的东西。人是那样一种本质，他存在，乃是由于他指向“存在”，因而本身只有当他已经处处与存在者相对待时才可能存在。

在某种程度上讲，人们是决无可能完全忽视人身上的这个本质特征的。我们很快就会看到，哲学在何处、如何来安置人之本质中的这一特征。不过，人们是把人这个生物身上的这一特征当作附加给生物的标志一道来加以重视，还是把与存在之物的关联当作人之本质的规定基础带入给予尺度的开端之中，这依然是一个决定性的区分。无论是在人之本质的规定基础被设想为anima［灵魂、生命］的地方，还是在人被设想为animus［意图、倾向］的地方，前面讲的第二种情况都是不可能发生的。诚然，Animus［意图、倾向］意指那种对处处从存在之物而来被规定、也即被调协的

① 此处“人之本质”原文为*Menschen*wesen，在日常德语中意为“人、人类”；若与后面的“生物”（Lebewesen，字面义为“生之本质”）对应，则可译为“人物”（但显然在汉语中不通）。——译注

② 此处“本质”（Wesen）也可译为“生物”，甚至可译为“东西”。——译注

人之本质的冥思和追求。拉丁语的animus[意图、倾向]一词也可以用我们德语的“心灵”(Seele)来翻译。在此情形下,“心灵”并不是指生命原理,而是指精神的本质现身,精神之精神,艾克哈特大师所讲的“灵魂火花”。这个意义上的心灵在莫里克[1]的诗歌中的说法是:“想一想,我的心灵啊”。在现代诗人中,格奥尔格·特拉克尔喜欢在一种崇高的意义上使用“心灵”一词。他的诗歌《暴风雨》第三节开头写道:

> “哦,痛苦,你这伟大心灵
> 燃烧的目光!”[2]

拉丁语animus[意图、倾向]的意思,在“记忆”和“心思”这个原初词语中得到了更完全的命名。但这儿同时也是我们的道路的一个点,我们由之得以迈出一个还更为本质性的步骤。这一步骤将把我们引入那个领域之中,在其中,记忆的本质将更为原初地向我们显示出来——不光是在字面上,而且是在实事中。我们决不会断言,现在有待思考的记忆的本质乃是在原初的词语中得到命名的。我们把古老词语的原初含义看作一种暗示。循着这个暗示所做的提示始终是一种探索性的尝试,要使记忆之本质的根据变得清晰可见。这种尝试的依据在于在西方思想开端处显现出来 154

① 莫里克(Eduard Mörike,1804－1875年):德国浪漫派诗人,创作了大量诗歌和歌曲。——译注

② 根据本书全集版编者的说明,此处诗句出自特拉克尔:《诗歌》,奥托·穆勒出版社(萨尔茨堡),1938年,第179页。——译注

的、此后从未在这种思想的视野中完全消失掉的那个东西。

被我们当作记忆之本质来加以解说的东西指向何方呢？乍看起来，在“记忆”这个原初词语所命名的东西范围内，似乎在心情和心灵意义上的记忆仍然唯一地归属于人的本质装备。人们因此把它视为某种在特殊意义上人性的东西。它确实也是这种东西；但它不只是这种东西，甚至并非首先是这种东西。

我们曾把记忆规定为思念（Andenken）之聚集。当我们思量这个规定时，我们就不再停留于此规定那儿，并且一味停留于此规定面前。我们追踪它指引给我们的东西。思念之聚集并不基于人的一种能力，甚至并不基于回忆和记住的能力。一切对于可思念之物的思念本身已经寓居于那种聚集，那种预先庇藏和遮蔽着全部有待思虑者的聚集。

庇藏者和遮蔽者的本质在于保－存、保－藏，真正说来就在于保持者[①]。保持、保持者原初地意味着保护、守护。[②]

人之思念意义上的记忆寓居于把一切给予思想的东西保藏起来的那个东西中。我们把它命名为“保藏”[③]。它遮蔽和庇藏着给予我们思想的东西。唯有“保藏”才把有待思虑者、最可思虑者**作**
155 **为赠礼开启**出来。然而保藏并不是在最可思虑者之旁和之外的东西。保藏就是最可思虑者本身，它本身就是后者由之而来并且在

① 注意此句中的“保－存”（Be-wahren）、“保－藏”（Ver-wahren）与“保持者”（das Wahrende）之间的词根和意义联系。——译注

② 注意此处“保持”（die Wahr）与“保持者”（das Wahrende）之间以及“保护”（die Hut）与“守护”（das Hütende）之间的词根和意义联系。——译注

③ 此处“保藏”（Verwahrnis）一词为作者生造的词语，在日常德语中只有动词verwahren（保藏、保存）和相应的名词Verwahrung（保藏、收藏）。——译注

其中给予的方式，亦即本身向来给予思想的那个自身（sich）。作为人对有待思虑者的思念，记忆乃基于最可思虑者之保藏。保藏乃是记忆的本质基础。

如若我们的表象只力求把记忆当作一种记住能力来加以说明，那么，它就过早地、过于单一地停留在一个起初被给予的东西那里。记忆并不只属于它在其中得以实现的思想能力，而不如说，一切思想，有待思想者的每一种显现，唯在最可思虑者之保藏得以发生的地方才能找到它们到达和会合的敞开之境。人只是居－住（*be-wohnt*）于给予他思想的东西的保藏中。人并不生产这种保藏。

唯有保藏者才能保存——亦即把有待思虑者保存下来。保藏者通过庇护、同时使……免受危险而保存。有待思虑者之保存要防止什么呢？防止遗忘。不过，保藏者必定不是以这种方式保存的。它容许对最可思虑者的遗忘。什么向我们证明了这一点呢？是因为最可思虑者，即早就而且永远给予我们思想的东西，原初地就被撤回入遗忘状态中了。

于是产生了一个问题：我们究竟如何能够对最可思虑者有一鳞半爪的了解。而更为迫切的问题是：过去和遗忘之本质何在？我们由于习惯而倾向于，仅仅在遗忘中看到一种未记住，并且在这种未记住中看到一种缺陷。如果最可思虑者处于被遗忘状态中，它就不会显露出来。它受到某种损害。至少看起来是这样。

实际上，西方思想史并非始于它思最可思虑者，而倒是始于让最可思虑者处于被遗忘状态之中。也就是说，西方思想始于一种
耽搁，甚至可以说始于一种失误（Versagen）。只要我们在被遗忘 156

状态中只看到一种损失和脱落，因而只看到某种消极的东西，则情形就是这样。此外，如果我们忽略了一种本质性的区分，我们在此就上不了路。西方思想的肇始与它的开端并不是同一回事。[①] 很可以说，肇始乃是对开端的掩蔽，甚至是一种无可回避的掩蔽。如若情形如此，则被遗忘状态就显示于另一种光亮中了。开端隐蔽于肇始中。

然而所有这一切，我们现在不得不先行关于记忆之本质及其与最可思虑者之保藏的关联、关于保藏与遗忘、关于肇始与开端所作的一切评论，在我们听起来是不免奇怪的，因为我们好不容易才进入所道说者借以说话的实事和事态之近处。

但现在，我们只还需要沿着我们问题的道路走出几步，就能觉察到，在所道说者中诉诸语言的事态唯因其简单而难以为我们所接近。根本上，我们在此并不首先需要一条特殊的通道，因为有待思虑者已经不顾一切地以某种方式邻近于我们。只是它依然为我们久已习惯的先入之见所蒙蔽，这种先入之见之所以如此顽固，是因为它们有自身固有的真理。

我们曾尝试着眼于首先举出的提问方式来解说"什么叫思想?"这个问题。"思想"一词意味着什么呢？现在它是根据由心思、思念、谢恩、记忆等词语所命名的本质联系来说话的。

但这里所命名的事态并没有径直对我们说话。它们处于未被言说和几乎被遗忘的状态中。对第一个问题的解说总还是这样向

---

① 此句中的"肇始、开始"(Beginn)与"开端"(Anfang)在日常德语中恐怕没有太大的区别，但海德格尔却强调两者之分别，估计他是在"存在历史"(Seinsgeschichte)的"第一开端"和"另一开端"意义上来理解这个"开端"(Anfang)的。——译注

我们表现出来，仿佛通过它，我们只是回忆起古老的但已经被遗忘的语汇。我们由此向来还能够把词语召回入言说之中吗？绝不
能。既然我们不得不承认，语言宝藏不能人为地为了某种被更新 157
过的用法而运转起来，那么，我们究竟为何要尝试着去指明词语之道说呢？

倘若这就是我们所希望的和我们要推动的，那么，我们就必定会把语言也仅仅看作一种工具，一种可以一会儿这样一会儿那样来调整的工具。但是，语言并不是工具。语言根本上不是这个那个东西，也就是说，它不是不同于它本身的某种东西。语言就是语言。我们这种句子的特性在于，它们什么都没有道说，同时基于至高的确然性把思想与其实事维系起来。对此类句子的可能的无度滥用对应于那种无边无际，即它们为思想的使命所指明的无边无际。

我们承认：在“思想”、“心思”一词中被言说者，对我们来说依然处于未被言说状态中。如果我们听到关于“思想”的谈论，那么，我们不光是没有想到这个词语所道说的东西，而不如说，我们是就关于“思想”的谈论做了完全不同的设想。“思想”这个词的意思并不取决于它的语言的被言说者和未被言说者。“思想”一词叫什么，取决于一种不同的指令。因此，要紧的是重新追问“什么叫思想？”而且是在这样一种意义上：自古以来人们理解的“思想”是什么？

我们要把“思想”理解为什么，逻辑会教给我们的。“逻辑”是什么呢？逻辑何以能决定“思想”应当被理解为什么呢？逻辑本身竟是叫我们思想的指令么？抑或逻辑自己就属于指令？叫我们思

想的是什么呢？

第一个问题“思想”一词意味着什么，已经把我们引向了第二个问题，即：自古以来人们理解的“思想”是什么？但我们只能在第四个决定性的问题的范围内才能来追问第二个问题。当我们现在尝试处理第二个问题时，我们活动在第四个问题的引导中。第二个问题问的是：根据迄今为止关于思想的学说，我们把“思想”理解为什么？为什么这种学说被冠以“逻辑”之名？

158 以这样一些问题，我们便踏入熟知之物的领域里，甚至于是最熟知之物的领域里。对思想而言，这始终是真正的危险区域；因为熟知之物散布一种无害和轻松的假象。这使我们滑离了真正值得追问的东西。

有人甚至心生反感，因为自从我在就职演讲《形而上学是什么？》（1929 年）[①]中做了提示以来，我一再地提出“逻辑”问题。诚然，今天在座诸位可能有所不知，自从我在 1934 年夏季学期的《逻辑》讲座课[②]以来，隐藏在“逻辑”这个标题背后的，乃是“逻辑向关于语言之本质的问题的转变”，后一问题是某种有别于语言哲学的问题。

所以，我们在下面的课程中要探讨的事态，决不能过于急迫地和频繁地托付给我们的沉思。我们是否投身于这种沉思，人人参与去进一步开辟它的道路，抑或我们是否把它当作被认为已经完

① 中译本参看海德格尔：《路标》，孙周兴译，北京：商务印书馆，2001 年，第 119 页以下。——译注

② 该讲座现被辑为《海德格尔全集》第 38 卷，书名为《逻辑之为语言之本质问题》，美因法兰克福，1998 年。——译注

成了的东西而忽略掉，这是只有少数人才能直面的决断。

“逻辑”这个名称乃是一个完整名目的缩写，在希腊文中叫：ἐπιστήμη λογική[逻各斯的科学]，即与λόγος[逻各斯]相关的理解。Λόγος[逻各斯]是动词λέγειν[言说、置放]的名词形式。逻辑把λέγειν[言说、置放]的意义理解为λέγειν τι κατά τινος[关于某物的言说]，即关于某物道说些什么。在此情形中，道说所关涉者乃是呈放在下面的东西。这种在下面呈放者，在希腊文中被叫作ὑποκείμενον[根基、基体]，在拉丁文中被叫作 subiectum[基体、主体]。Λέγειν[言说、置放]关于某物道说些什么，这是道说的主词；关于主词被道说的东西则是道说的谓词。Λόγος[逻各斯]作为λέγειν τι κατά τινος[关于某物的言说]，乃是关于某物陈述些什么。陈述的这个关涉者(das Worüber)对于任何一种道说来说都是以某种方式现成摆着的。它邻近于道说。它属于广义的邻近者。

作为λόγος[逻各斯]之学说，逻辑把思想视为关于某物陈述些什么。在逻辑看来，思想的基本特征就是这种言说。为了使这种言说根本上成为可能的，被陈述出什么的东西即主词与被陈述者即谓词必须在言说中是协调一致的。不一致的东西不可能在陈 159
述中一体地被言说：例如三角形与笑。我们不能说“三角形在笑”这样的句子。诚然是可以通过单纯地说出一串词语的方式来说的。我们刚刚正是这么做的。但这个句子却不能真正地被道说出来，即不能从其本己的被道说者出发被道说出来。由“三角形”和“笑”这两个词语所命名的东西，把某种逆反的东西带入两者的关系之中了。这两个词语虽然言说了，但却是自相矛盾的。所以，它

们使陈述变得不可能。陈述要成为可能的，必须预先避免矛盾。因此之故，要避免矛盾的法则被视为陈述的一个定律。唯因为思想被规定为λόγος[逻各斯]，被规定为一种言说，所以，矛盾律才可能起到那种作为思想法则的作用。

我们知道这一切已经久矣，也许已经太久了，以至于我们不再能产生关于作为λόγος[逻各斯]的思想之规定的想法了。诚然，在西方－欧洲思想史的进程中，人们已经发现，这种源自λόγος[逻各斯]、由逻辑所烙印的思想并不是处处都足够的，也并不是在任何方面都充分的。我们碰到一些对象和对象区域，它们要求另一种思想程式和方法，方能成为可设想的。但是，就思想原始地作为λόγος[逻各斯]而实行来说，思想程式的改变只可能存在于λόγος[逻各斯]的一种转换中。相应地，λόγος[逻各斯]之λέγειν[言说、置放]展开为一种διαλέγεσθαι[对话]。

逻辑变成了辩证法。对于辩证法而言，通常的陈述形式的λόγος[逻各斯]从来都不是清楚明白的。“上帝是绝对者”这个句子可用作例证。在此可能的歧义性显示于这个种类的陈述所允许的不同重音中，即：**上帝**就是绝对者，或者上帝是**绝对者**。① 第一个句子的意思是：唯有上帝享有成为绝对者的殊荣。第二个句子的意思是：从绝对者之绝对性中，上帝之为上帝才获得其本质。“上帝是绝对者”这个句子显示出一种多义性。表面上看来，这个句子

---

① 对“上帝是绝对者”(Gott ist das Absolute)这个句子的不同重音标识。——译注

是一个简单陈述句，即前文所标识的意义上的一种λόγος[逻各 160
斯]。

我们现在还不必探讨，这种λόγος[逻各斯]的模棱两可性乃在于逻辑本身，抑或λόγος[逻各斯]的逻辑性另有其根基，因此λόγος[逻各斯]本身也另有根基。无论如何，诸如我们刚刚提到的"上帝是绝对者"这样的陈述句，如果我们有所思索地道说它们，也即审查它们所道说者，那么，它们就不会固守于自身。它们的λόγος[逻各斯]只道说当它[①]在自身中并且自为地穿越自己的λέγειν[言说、置放]时要道说的东西；穿越意即διά[②]；"自为地"则表达在λέγειν[言说、置放]的中动态形式[③]即λέγεσθαι[言说、置放]中。作为διαλέγεσθαι[论辩、对话]，λέγειν[言说、置放]即陈述自为地在它自己的领域内循环往复，穿越它并且因而超出之。现在，思想乃是辩证的。

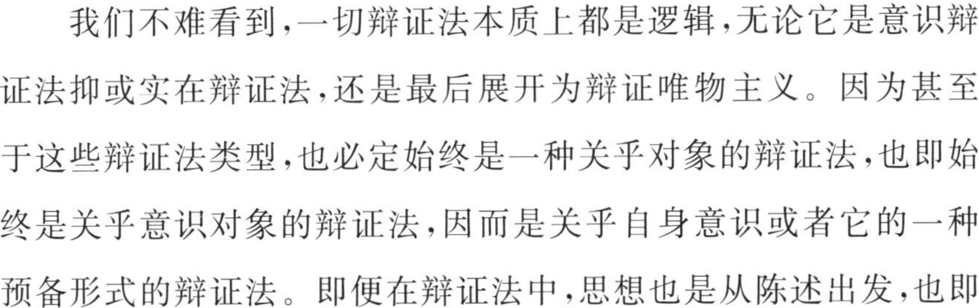

我们不难看到，一切辩证法本质上都是逻辑，无论它是意识辩证法抑或实在辩证法，还是最后展开为辩证唯物主义。因为甚至于这些辩证法类型，也必定始终是一种关乎对象的辩证法，也即始终是关乎意识对象的辩证法，因而是关乎自身意识或者它的一种预备形式的辩证法。即便在辩证法中，思想也是从陈述出发，也即

① 指λόγος[逻各斯]。——译注

② 希腊文的前缀διά有"通过、穿越"之义。——译注

③ 中动态(Medium)：古希腊语语态之一。除了现代欧洲语言中常见的主动态和被动态，古希腊语中还有一个特殊的语态(Genera)，即中动态。在现在时和完成时中，中动态在形式上常与被动态相同；而在将来时和不定过去时中，中动态具有自己的形式。——译注

从λόγος[逻各斯]出发被规定的。但在思想碰到逻辑上不再能把握的东西时，从这个角度不可把握的东西始终也还处于逻辑的视野之内，也即作为不合逻辑的东西、不再合逻辑的东西，抑或元逻辑的东西、超逻辑的东西。

第 五 讲 161

1952 年 6 月 20 日讲座前的讲话[①]

女士们、先生们！

今天在弗莱堡，展览《战俘发言》开幕了。

我请求你们前往参观，为的是倾听这无声的声音，使之不再从内心的耳朵里消失。

思想乃是思念。但思念有别于对过去之物的稍纵即逝的回想。

思念思考与我们相关涉的东西。只要我们**同样也**对这种自由的消灭视而不见，那么，我们就尚未处于相称的空间里，尚不能思索自由，哪怕只是谈论自由。

从第四讲到第五讲的过渡

我们问："什么叫思想？"我们以四重方式来追问：

---

① 这一小段话后以《思想乃一种思念》为题，收入海德格尔：《全集》第 16 卷《讲话与生平证词》，海尔曼·海德格尔编，美因法兰克福，2000 年，第 481 页。——译注

一、“思想”一词意味着什么？

二、根据以往的学说，人们把思想理解为什么？

三、要合乎本质地实行思想，我们需要什么条件？

四、把我们召唤入思想之中的那个东西是什么？

但是，这四个问题，我们不能常常充分地审查它们的区别，其实就是**一个**问题。它们的一体性源自排在第四位的问题。这第四
162 个问题是给出尺度的决定性问题。因为它本身就是要追问我们的本质(作为一种思维动物)借以得到测量的尺度。第三种追问方式最接近于第四种。第四个问题追问那个命令我们进入思想、把思想托付给我们的东西。第三个问题追问我们，追问为了能够思想我们必须筹措到什么。关于第三种提问方式，我们迄今几乎尚未论及。在下面的课程中，我们也不会加以讨论。为什么呢？如果(让我们附带说几句)我们现在来简短地思索一下“什么叫思想？”这个问题是以何种答案为目标的，则个中原因就会变得清晰一些。我们首先可以在第三个问题中清楚地看到这一点。这第三个问题是：为了让我们能够合乎本质地思想，我们需要具备什么条件？我们要筹措些什么？对第三个问题的解答是最难的。因为在这里，答案最难以通过说明和命题来提供。倘若我们想列举出我们为了合乎本质地思想所需要的条件，那么，决定性的东西始终还是不明确的，也即：思想所需要的这种东西是否因为我们已经倾听之而归属于我们。这样一种倾听向来只取决于我们。我们在此必须亲自去发现，“什么叫思想？”这个问题的第三种方式只能以何种方式得到解答。如果我们没有发觉这一点，那么，一切言谈和倾听就都是

徒劳的。若然，你们就可以尽快烧掉本讲座的最准确的笔记，越快越好。

不过，第三种问法的解答方式会影响到对其他三个问题的解答，因为其他三个问题(包括第三个问题)从第四个问题出发成了一个独一无二的问题。也许“什么叫思想?”这个问题作为问题就是独一无二的。对我们来说，这就意味着：当我们追问这个问题时，我们处于一条漫长的和难以综观的道路的起点。然而，强调这个问题的独一无二性，这意思决不是说，我们把一个重大问题的发现归功于自己。通常的追问径直追求答案。它有理由只看着答案和答案的获得。答案解决了问题。我们自己通过答案摆脱了问题。163

“什么叫思想?”这个问题却是另类的。如果我们问“什么叫骑自行车?”，我们是在追问某种尽人皆知的东西。谁若还不知道个中意思，我们可以把这个众所周知的事教给他。但思想却不然。“什么叫思想?”这个问题真正追问的东西，只是表面看来众所周知的。这个问题本身还是未经追问的。因此，“什么叫思想?”这个问题的目的不在于谋求一个答案，由此尽可能简单明了地完成这种追问。而毋宁说，在这个问题上重要的首先只是一件事，即：使这个问题变成值得追问的。

即便只是达到这一步，也是路途迢遥。甚至，我们是否已经走上了这条道路，也还是成问题的。也许我们今天的人还不能做到这一点。不过，这种猜测所意指的，不同于仅仅承认我们的力量之虚弱。

思想，更准确地讲，思想的尝试和任务，现在开始走向这样一个时代，在其中，传统思想以为已经给予满足，并且口口声声必须给予满足的那些高要求，已经失效了。“什么叫思想？”这个问题的道路，已然迷失于这种失效的阴影之中。这种失效可以用四个句子来加以刻画：

1.思想并不像各门科学那样带来知识。
2.思想并不带来任何有用的生活智慧。
3.思想不能解决宇宙之谜。
4.思想不能直接赋予我们行动的力量。

只要我们依然把思想置于上述要求之下，我们就高估了思想，对思想做了过高的要求。这就会阻碍我们，让我们不能回到一种非同寻常的无要求状态，并且在一种文化活动当中坚持于这种无要求状态；这种文化活动天天吵嚷着要求最新事物的供给，并且追
164 逐刺激性的东西。但是，思想的道路，“什么叫思想？”这个问题的道路，在进入下一个时代的进程中仍然是无可回避的。虽然我们不可能预知这个时代的内容，不过，我们有可能去思量它的起源和到达的标志。

在欧洲的现代刚刚开始在全球展开自己和完成自己的时代里，思想乃是人类**一切先行行为中最先行者**。此外，我们是否把现时代看作现代的终结，抑或我们是否认识到现代的也许漫长的完成过程如今**才刚刚开始**，这并不是一个完全表面的标记问题。

“什么叫思想？”这个问题乃是一种尝试，要力求达到那条通向最先行者的不可避免的道路。这个问题甚至还先行于思想本身，即这个最先行者。因此，它看起来竟是这样一个问题，即：只要它寻求的是那个最彻底的因而无前提的问题(该问题在任何时代都要为整个哲学体系大厦奠定不可动摇的基础),那么,它就乐于要求和利用现代哲学。不过,“什么叫思想?”这个问题并不是无前提的。它完全不是无前提的,相反,它径直走向人们这里所谓的前提,并且投身其中。

当我们问“什么叫我们思想?”时,这个问题的决定性意义得到了表达。要求着人类思想的指令是何种指令呢?或许有人会说,在这个问题中其实已经预设了前提,即:思想按其本质而言就是一个被叫唤的东西,只有从指令而来才得以保持于其本质中,可以说被抑制于其本质中。“叫我们进入思想之中的那个东西是什么?”这个问题已经预先假定,思想之为思想于自身中留意和关注叫唤者。

因此,思想在此并没有被看作一个事件,一个可以用心理学方式对其进程加以观察的事件。思想也不能仅仅被表象为一种以规范和价值为准绳的活动。只有当思想根本上于自身中被叫唤,被 165
指引到有待思想者之际,它才可能以有效的和制订规则的东西为准绳。如果得到充分追问,则“叫我们进入思想之中的那个东西是什么?”这个问题,同时就会把我们带入值得-追问的东西之中,*即*:思想之为思想乃是一个本质上被叫唤的东西。

某物存在,某物如此这般地存在,人们通常把这种情况称为事实。“事实”是一个美好又令人棘手的词语。对于该词语所指的意思,以往的思想早就已经有固定的看法了。自从一种早已酝酿的区分,即某物是*什么*(τί ἐστιν)与某物存在之*实情*(ὅτι ἔστιν)之间的区分,已经对思想显露出来,从此以后,上述固定看法就存在了。后来的术语区分了 essentia[本质]与 existentia[实存]、本质性与事实性。[①] 应当如何来看待以往的思想关于某个事实的事实性所做的说明，这一点只有当我们预先沉思了那种使 essentia[本质]与 existentia[实存]首先获得其规定性的那种区分之际才能够被决定。做这种区分的权限基于何处，又是如何得到奠基的？何以思想被叫唤入这种区分之中呢？对这种区分的可疑问性的说明使我们得以重新估量“什么叫我们思想？”这个先行问题的内涵，而不是让我们现在就过早地去卷入这个问题的神秘性和成效性之中。这种情况显示于，我们总是只能以思想方式追问这个问题，从而把被追问者带入与之相应的可疑问性之中。

本讲座之进程已经把我们引向这个问题借以展开的第二种方式。以此提出的问题是：根据以往所熟习的并且久已得到预先确定的意义，人们把思想理解为什么？这种预先确定可以在下列事实中得到识别，即：我们所理解的思想通过一种冠有“逻辑”之名的学说而得到描述和流传。这种关于思想的学说有此名称是合理的；因为思想乃是λόγος[逻各斯]的λέγειν[言说、置放]。

166 这个名称在这里意味着：关于某物做某种陈述，比如说“月亮升起来了”。陈述在这里首先并不是指言谈的表达，而是指把某物描述为某物，把某物确定为某物。在这种描述和断定中，起支配作用的是一种排列和对照，即把被陈述者与陈述之所涉者排列在一起加以对照。这种“一起”(Zusammen)在“作为”(als)和“关于”

---

① 海德格尔认为，欧洲传统形而上学的两大问题和问题方向可表达为：“什么存在”(τί ἐστιν)与“如何－如此存在”(ὅτι ἔστιν)，两者对应于由拉丁语的“本质”(essentia)与“实存”(existentia)来表达的形而上学的基本范畴，而与之对应的学科则是“存在学/本体论”(Ontologie)与“神学”(Theologie)(以及现代实存哲学)。——译注

(über)中被道出。这种排列和对照作为组合,乃是一个句子。每个陈述都是一个句子。但并非每个句子都是一个陈述。“什么叫思想?”不是一个陈述,而是一个句子,也即一个问句。

每个陈述本身都是一个句子。但依然要思量的是,是否每一种道说(Sagen)都是一个陈述,根本上是否道说都像语法里所讲的那样,都可以从句子出发来得到规定。

马蒂亚斯·克劳狄乌斯[①]的《晚歌》第一行诗“月亮升起来了”,这种道说是一个陈述呢,抑或竟是一个句子?这个道说具有何种本质呀?我不知道。我也不相信自己能对此问题做出探讨。宣称“月亮升起来了”这样的道说是属于诗歌,是一种诗意创作而不是思想——这种保证无助于我们摆脱窘境。只要我们还弄不清楚诗意道说汇集成一首诗意味着什么,则正确地指出那种道说是一个诗句而不是一个句子,那也没有多少助益。或许,只要我们还没有充分地追问“什么叫思想?”这个问题,我们就决不能恰当地思考什么是作诗。这样一来,这个独一无二的问题的先行程度重又显露出来了。

第五讲

如果我们以排在第二位的提问方式来追问“什么叫思想?”这个问题,那就显而易见,思想是由λόγος[逻各斯]来规定的。思想

① 马蒂亚斯·克劳狄乌斯(Matthias Claudius,1740－1815年):18世纪德国杰出的抒情诗人,感伤主义的主要代表。此处所引的《晚歌》(Abendlied)是其代表作。——译注

的基本特征是在陈述中得到确定的。

167 如果我们以排在第一位的提问方式来追问“什么叫思想?”这个问题,则“思想”一词就把我们引向记忆、凝思和谢恩的本质领域里。在这两种问法中,思想是从一个不同的本质渊源中显现出来的。人们已经试着干脆根据语言命名的区分来说明这种差异性。在希腊人那里,表示思想的基本形式即陈述的名称就是:λόγος[逻各斯]。在我们这儿,表示同样隐藏于λόγος[逻各斯]中的东西的名称现在也叫“思想”。在语言史上,这个词语是与想法、记忆和谢恩联系在一起的。不过,假如在此一种说明竟有某种成效的话,那么上面这种说明还没有说明任何东西。决定性的问题依然是这样一个问题:为什么对于希腊思想来说,因而对于西方思想尤其是对于欧洲思想来说,从而也是对于我们来说,思想至今依然是从希腊语所谓的λέγειν[言说、置放]和λόγος[逻各斯]中获得其本质烙印的?只是因为叫唤入思想之中的指令一度作为λόγος[逻各斯]而发生,所以在今天,逻辑斯谛[1]才发展为一切表象的全球组织形式。

为什么思想的本质规定不能从在“心思”(der Gedanc)、“记忆”、“谢恩”这些词语的领域里得到表达的东西而来发生呢?——尤其是因为,连希腊人也不熟悉这些词语所命名的东西的本质精义。因此,我们曾提及的思想之本质渊源的差异性绝非系于语音名称的区分。对我们而言也还构成思想之基本特征的东西,也就

① 逻辑斯谛(Logistik):即数理逻辑。——译注

是λόγος[逻各斯]的λέγειν[言说、置放]，即陈述、判断；对这种东西来说决定性的，毋宁说唯一地是那种指令，即思想借以已经被叫唤，而且仍将被叫唤入其久已习惯的本质之中的指令。

一旦我们提出第二个问题，即根据以往的学说我们把思想理解为什么，那么乍看起来，仿佛我们只是要求做一种历史学上的探听和了解，何种关于思想之本质的观点占据了统治地位并且仍将有效。但如果我们来追问第二个问题，也即在我们所指出的四种提问方式的统一联系中来追问第二个问题，那么，我们无可避免地 168
是在决定性的第四种提问方式的意义上来追问这个问题的。那么这个问题就是：已经指引我们并且仍将指引我们进入陈述性的λόγος[逻各斯]意义上的思想之中的那个指令是何种指令？

这个问题再也不是一个历史学的问题，相反，它很可能是一个历史性的问题。[①] 但所谓历史性的，意思也并不是说，它把一个发生事件当作过程表象出来，而在此发生过程中产生了各种各样的东西，其中也包括，思想以λόγος[逻各斯]的方式发挥作用，并且得以操练起来。“何种指令把思想方式指引入λόγος[逻各斯]之λέγειν[言说、置放]之中？”，这是一个历史性的问题，也许甚至是**这个唯一的**历史性问题——诚然这种历史性是在命运性意义上来讲的。它追问的是这样一个东西，后者把我们的本质遣送到合乎λόγος[逻各斯]的思想的方式之中，把我们的本质指定到那里，在其中得到应用，因而预先勾勒出许多转折之可能性。因此，思想之

① 注意此句中的“历史学的”(historisch)与“历史性的”(geschichtlich)之区别。——译注

本质规定在柏拉图那里与在莱布尼茨那里是并不相同的，却是同一的。[①] 两者共属于一种以不同方式显露出来的支撑性的本质之基本特征。

可是，只要我们自始就仅仅把历史表象为发生事件，并且把这种发生事件表象为因果联系的过程和序列，那么，进入这样一种思想的天命(Schickung)之命运性以及这种天命本身，就绝不能进入我们的视野。[②] 如果我们把如此这般被表象的发生事件划分为其因果联系明显可解的东西与依然不可理解和不透明的东西(我们通常称之为“天命”的东西)，那也是不够的。作为天命的指令根本不是某种不可理解的东西以及对思想格格不入的东西，以至于倒不如说，它恰恰是真正有待思想的东西，并且作为这种东西期待着一种与之相应的思想。

为了能应对“根据以往的学说‘思想’意味着什么?”这个问题，我们必须投身于对此问题的追问。这也意味着：我们必须特别地
169 顺应于叫我们以λόγος[逻各斯]方式思考的指令。只要我们自己还没有从自身出发启程，也就是说，只要我们自己还没有向指令开启自身，并且在如此追问之际踏上通往这个指令的道路，那么，我们就依然看不到我们的本质的命运。没有人能跟盲人谈论色彩。但比盲目更为严重的是蒙蔽。蒙蔽以为自己看到了，以唯一可能

① 此处“相同的”(die gleiche)与“同一的”(die selbe)在海德格尔那里是一个经常被强调的区分。他所谓“同一”是在“共属一体”(zusammengehören)意义上来讲的。——译注

② 此处“天命”(Schickung)与“命运”(Geschick)都与动词“发送、遣送”(schicken)相关。海德格尔也喜欢在此意义上理解“历史”(Geschichte)。——译注

的方式看到了，而实际上它这种想法伪装和堵塞了它全部的视看。

但我们的命运性的－历史性的西方之本质的命运却显示在：我们的世界逗留是以思想为依据的，即便在这种逗留受基督教信仰所规定时亦然——这种信仰不能由思想来论证，也无需任何论证，因为它是信仰。

然而，我们几乎看不到我们的本质的命运，因而也没有关注那个把我们叫唤入合乎λóγος［逻各斯］的思想之中的指令，这一点还另有起源。其作用的原因不在我们身上。不过，我们并没有因此就否认，我们的理解和说明，我们的知识和认识，我们的思想，面对其本己本质之命运还是完全无命运性的（geschicklos）。我们的思想本身越是全面地仅仅在历史学－比较的方式并且在此意义上历史性地看待自己，它就越是明确地在无命运的东西中硬化，就越是不能进入与指令的质朴命运性的关联之中——正是由此指令而来，思想被指引入λóγος［逻各斯］的基本特征中了。

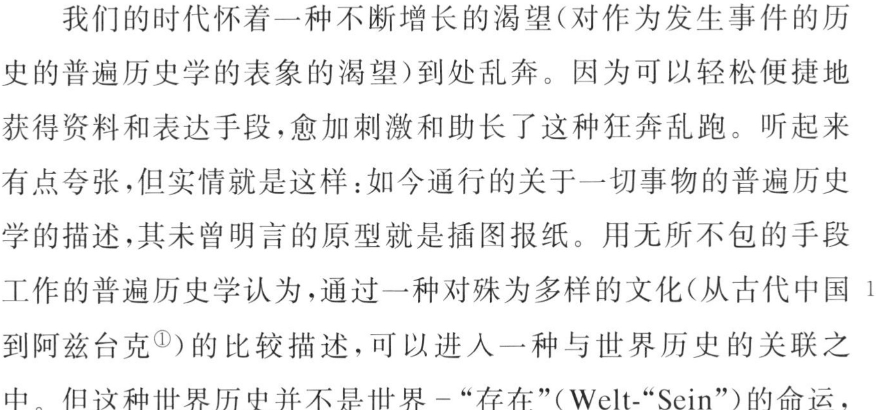

我们的时代怀着一种不断增长的渴望（对作为发生事件的历史的普遍历史学的表象的渴望）到处乱奔。因为可以轻松便捷地获得资料和表达手段，愈加刺激和助长了这种狂奔乱跑。听起来有点夸张，但实情就是这样：如今通行的关于一切事物的普遍历史学的描述，其未曾明言的原型就是插图报纸。用无所不包的手段
工作的普遍历史学认为，通过一种对殊为多样的文化（从古代中国 170
到阿兹台克[①]）的比较描述，可以进入一种与世界历史的关联之中。但这种世界历史并不是世界－“存在”（Welt-“Sein”）的命运，

① 阿兹台克（Azteken）：北美洲南部墨西哥人数最多的一支印第安人。其中心在墨西哥的特诺奇，故又称墨西哥人或特诺奇人。——译注

而是通过普遍历史学的表象而设定起来的对象，即：一切以某种方式可勘查的人类成就和失败的需要全面描述的发生事件。

可是，世界历史乃是这样一种命运，即一个世界要求我们。我们从来都不是在世界历史性的（在此也即普遍历史学的）周游中听到这种要求，而只是这样，即：我们留意我们的本质命运的质朴指令，为的是思考这种指令。对于这样一种留意的最具先行意义的尝试是“什么叫我们思想？”这个问题。注意我的说法：这个问题。

然而，即便当我们追问合乎λόγος［逻各斯］的思想的指令时，我们也不必返回到西方思想的早期，以便估量出是何种指令把这种思想指引入其肇始之中吗？这个问题似乎也只是一个历史学上的问题，此外也是一个极其冒险的问题。其实，我们对于希腊早期思想所知甚少，所知也是残篇式的，残篇也是聚讼纷纭，未有定论的。我们所占有的早期重要思想家的著作，编在一起也不过是三十页的册子。与后世哲学家们令我们苦恼不堪的卷帙浩繁的著作相比，这又算得了什么呢？

一个无可避免的假象突现出来了：以排在第二位的提问方式来追问“什么叫思想？”这个问题的尝试，结果似乎也只不过是一种对西方哲学之肇始的历史学的考察。我们且听任这种假象存在吧，这并不是由于一种对此假象的漠然，而是因为，要是我们没有踏上这个问题的道路，而只是泛泛而谈，那是断断不能消除这个假象的。

把我们的西方思想托付给它本己的肇始，并且由此而来还把
171 我们时代的思想指引到它的道路上去的指令是什么呢？诚然，在西方思想的命运性的肇始中，思想家们并没有以我们现在所尝试的方式来追问这种指令。而毋宁说，这个肇始的标志倒是在于，这

些思想家在运思之际应合于这种指令，从而觉知到了这种指令的要求。但既有这样一种命运，难道他们不也会特别地领悟这种让他们的思想上路的指令吗？这是可想而知的，因为只有那个赋予思想的东西作为有待思想者被判归一种思想时，一种思想才能被指引到自己的道路上。但在这样一种判归（Zuspruch）中，叫唤者本身也得以显露出来，虽然没有完全地闪现，也不是以相同的名目出现。不过，在我们追问整个西方的和欧洲－现代的思想所服从的指令之前，我们要尝试来倾听一个早期箴言，后者向我们证实，何以早期思想根本上对一个指令做出了反应，但却没有对它本身做出命名和思考。也许，为了以适恰的也即一种压抑的方式来解答这个关于肇始性的指令的问题，我们只需对这样一个证词做一番沉思。

关于思想的学说被叫作逻辑，因为思想在λόγος［逻各斯］之λέγειν［言说、置放］中展开。我们几乎没能力设想，曾几何时事情并非如此，以至于为了把思想带向λόγος［逻各斯］进入λέγειν［言说、置放］的道路，一种指令变成“必需的”了。巴门尼德的一个残篇（它被列为残篇第六）的开头有如下词语：χρὴ τὸ λέγειν τε νοεῖν τ' ἐὸν ἔμμεναι。在通常的译文中，这个残篇被译作：“必需去道说和思考存在者存在”。[①]

① 现有中译本之一把巴门尼德残篇第六译为：“必定是：可以言说、可以思议者存在……”。参看《西方哲学原著选读》上卷，北京大学哲学系编，北京：商务印书馆，1986年，第31页。另一个中译本则作：“那对于言说和思想的存在者必定存在”。参看基尔克等：《前苏格拉底哲学家》，中译本，聂敏里译，上海：华东师范大学出版社，2014年，第380页。这两个中译文与海德格尔这里所引的德语通译出入很大，也与下文海德格尔自己做的翻译相差甚远。——译注

173

第 六 讲

从第五讲到第六讲的过渡

关于“什么叫思想?”这个问题的答案当然是一种道说/述说,但并不是一个可以在一个句子中固定起来的陈述——若有了这个句子,我们就可以把这个问题当作已经解决了的问题置之一旁了。关于“什么叫思想?”这个问题的答案虽然也是一种言说,但它是从一种应合(Entsprechen)而来说话的。它追随指令,并且使问之所问保持在其可-疑问性之中。如果我们追随这种指令,我们就摆脱不了问之所问。

这个问题不仅现在解决不了,而且是永远解决不了的。如果我们要接近这里的问之所问即指令,那么,这个问题只会变得越来越可疑。当我们从这种可疑问性而来追问时,我们就在思想。

思想本身乃是一条道路。唯当我们保持在途中,我们才能应合这条道路。为了筑路而在路途中,这是一回事。另一回事则是,从某处而来只在道路上采取一种立场,并且来聊一聊,对于每一个从未走上这条道路,也从来没有准备走这条道路,而是为了始终仅仅表象和谈论这条道路而置身于这条道路之外的人来说,那些早先的和后来的路段是否以及在何种程度上是各各不同的，而且因其差异性，也许甚至是互不相容的。

诚然，为了进入路途之中，我们必须启程。这话有双重意思：一方面，我们要向自行敞开的路上景色和道路方向本身开启自己，另一方面，我们必须踏上这条道路，也即必须迈出步伐，由此，道路才成为一条道路。

思想－道路既不像一条破败的老路从某处拉伸到某处，它也 174
根本不是在某个地方自在地现成的。唯有行走，在此亦即运思的追问，才是运－动、开－路。[①] 这种运－动、开－路是让道路出现。思想之道路的这一特征属于思想的先－行性，而这种先－行性本身基于一种神秘的独一性[②]——在此我们是在一种崇高的而非感伤的意义上来看待“独一性”一词的。

没有一位思想家曾经进入到另一位思想家的独一性之中。不过，每一种思想唯从其隐蔽方式的独一性而来说话，进入后来的思想或者先前的思想之中。被我们当作一种思想的效应来加以表象和确定的东西，乃是思想无可避免地陷入其中的各种误解。唯有它们才作为所谓的所思而得到描述，并且让那些不思的人们忙碌不堪。

对“什么叫思想？”这个问题的回答，本身始终只是作为一种在

① 此处“运动、开路”原文为 Be-wegung。海德格尔后期（特别是在《在通向语言的途中》一书中）也经常使用 Be-wëgung（出自阿伦玛尼－斯瓦本方言的 wëgen）来表示“开辟道路”，即“本有/大道”（Ereignis）的“道说”（Sage）之展开。特别可参看海德格尔：《在通向语言的途中》，中译本，孙周兴译，北京：商务印书馆，2015 年，第 262 页以下。——译注

② 此处“独一性”（Einsamkeit）也可译为“孤独性”。——译注

途中的追问。看起来，这比采取一种立场的意图要轻松一些。人们以冒险家的方式游离入不确定的东西中了。但为了保持在途中，我们向来就必须预先并且不断地关注这条道路。运动，一步一步地，在这里是本质性的东西。思想首先在追问进程中建造自己的道路。但是，这种道路建造是稀罕的。被建造的道路并没有落在后面，相反，它被建造入后面一个步伐之中，而且是被建造在这个步伐之前。

诚然，眼下随时都有一种可能性，甚至现实很可能就是这样，即：我们自始就不喜欢这样一种道路，因为我们认为这条道路是无望的或者多余的，或者因为我们把它视为一种愚蠢。有了这种态度，我们就会放弃哪怕仅仅从外部打量这条道路。但也许，让这条道路变得公开可见，这毕竟是不恰当的。以此提示，我们关于思想道路的一般评论可以结束了。

现在，我们要尝试走上我们的问题的道路，我们的做法是：我
175 们虽然是在第四种决定性的方式意义上来追问这个问题，但却是以第二种提问方式来追问。

我们起先端出的第二个问题的提法是：按照以往的学说，按照逻辑，我们把思想理解为什么？初眼看来，这个问题要在历史学意义上探听我们以往关于思想的看法和学说。然而，我们现在是要追问：

一旦我们投身于思想，我们也活动于西方－欧洲思想的轨道里——这种西方－欧洲思想服从于何种指令呢？

但即便如此，依然存在一种不可避免的假象，即：这个问题的结果只是一种对西方哲学之肇始的历史学描述。对此问题的讨论的特殊性可能在于：对于有关哲学史的学术研究以及在此有效的主导观念而言，它始终是难以置信的。

巴门尼德是一位生活在公元前六世纪至五世纪的希腊思想家。在这位思想家那儿有这样一个箴言：

χρὴ τὸ λέγειν τε νοεῖν τ᾽ ἐὸν ἔμμεναι.

根据通常的译文，这个箴言的意思是：

“必需去道说和思考存在者存在。”[①]

倘若我们现在试图不管任何旁注和告诫，来思索这个箴言之所说，那就能最好地吻合于已经借我们的问题踏上的道路。然则在今天，我们所知太多，又过于急色地发表意见，反掌之间已经清算和编排了一切，几乎无所言说，在这个时候，就不再为信心留下任何地盘，对一件事情的描述或许自为地就有足够的能力，足以通过对事情本身的显示而径直把一种共思（Mitdenken）带上路。因此就需要一些通常与思想道路的风格相背逆的烦人的弯路和援助。与此困境相应，我们的做法是，我们现在试图通过一种变得越 176
来越狭隘的限制，使那种进入此箴言之道说的跳跃成为可能：

① 据海德格尔后面的解释，这个箴言应译为：“需用：既让呈放又留心：存在者存在着”。——译注

χρὴ τὸ λέγειν τε νοεῖν τ᾽ ἐὸν ἔμμεναι.
“必需去道说和思考存在者存在。”

第六讲

人们会以为，这个陈述句是一个明显的空洞套话。除了说存在者存在，我们对存在者还能有别样说法和思法吗？这个陈述句不仅是不言自明的，而且也是完全空洞的。真正讲来，它没有道说任何东西。它所道说的东西，是我们早就知道的。“存在者存在”——这听起来就像：闪电打闪。闪电当然要打闪。此外它还能做什么呢？巴门尼德这个档次的思想家会说出这种毫无内容的话吗？尤其是，他竟会把这种毫无内容的东西当作甚至必须去说和思的东西来说吗？

让我们假定一下，巴门尼德确实说出了“存在者存在”这个句子，而且是在我们已提及的意义上来说这个句子的。这个句子就像它表面上看起来的那样空洞，那样容易复述吗？这个句子不会如此空洞，以至于它只是在同样的漫不经心中把相同的事情说了两遍。因为即便粗粗想来，这个句子也表明自己是有歧义的。它可以表示：存在者存在，也即存在者并非不存在。存在者的事实性得以被陈述出来。但是，这个句子也可以表示：存在者的基本特征之一就是“它存在”(es ist)，也即：存在(Sein)。存在者之什么(Was)，即它的本质性(Wesenheit)，在这个“是/存在”(das “ist”)中得到了命名。抑或，这个句子也许同时道说了两者：存在者存在这一**如此实情**与存在者是**什么**，即它的本质[①]。诚然，巴门尼德既没有说“事实”，也没有说存在者之“本质”。

为了不至于太过轻佻地看待这个句子，让我们试着通过一个例子来做一番解说。诚然，在我们眼下的情形中，这种做法还是十 177
分令人疑虑的。院子里有一棵树。关于这棵树，我们陈述道：这棵树长得很好。这是一棵苹果树。它今年结得很少。鸟儿们都喜欢它。果农关于这棵树可能还别有说法。把树当作植物来表象的专业植物学家可能对之作出多种确认。最后还来了一位奇怪的人，他说：这棵树存在，它并非不存在。

那么，什么更容易被说和被思呢？是我们从殊为不同的方面就这棵树所报道的一切，还是这个句子、这棵树呢？如果我们来说这个句子，如果这个句子在此是一种λέγειν[言说、置放]，是一种思想，而不是稍纵即逝的胡言乱语，那么，我就要重新来追问：关于树，什么是更容易确认的：是美丽的植物，一切通常可感知的东西，抑或它存在（daß er ist）这样一回事？

如果我们稍停片刻，如果从其所道说者[②]而来说出这个句子“这棵树存在”，那么，我们就已经说了树的“存在”。现在**我们**已经追问了（虽然笨拙，但却是明确的）：这个“是/存在”（ist）的情形如何——这棵树因此并非不存在？在树旁，或者在树中，或在树背

① 此句中的“如此实情”（daß）与“什么”（was）之分关系到海德格尔对西方形而上学之本质的规定，即认为“如此实情”（daß）的追问导向“实存”（existentia）之问，而“什么”（was）之问导向“本质”（essentia）之问，两者构成形而上学的两个基本结构和问法，即本质－存在学（essentia-ontologia）与实存－神学（existentia-theologia）两个基本路向。——译注

② 不是句子内容，而是从在场的树本身而来。——作者边注

后，哪里隐藏着这个“是/存在”(ist)所命名的东西呢？当然，我们每天都无数次说到这个“是/存在”。即便我们没有把它表达出来，我们也总是通过这个助动词而处处与存在之物相对待。但是，我们如此轻视这个“是/存在”(ist)，这一点就能证明这个词也并无重要意义吗？谁胆敢毫不犹豫又毫无理由地否认，这个助动词说到底竟命名着要道说的最重和最难的东西？

让我们暂且删掉“是/存在”以及“这棵树存在”这个句子。让我们假定，我们根本不曾说过这棵树。然后我们来试着说一说：这
178 棵树长得很好；这是一棵苹果树；这棵树结得很少。[①] 若没有句子“这棵树存在”(der Baum ist)中的那个“是/存在”(ist)，这些陈述句连同整个植物学就会失去根基。不唯如此。倘若这个“是/存在”(ist)不**说话**，则人类任何一种对某物的行为，人类任何一种在这个或那个存在者区域里的逗留，就都会不可阻挡地飞奔而离开，落入虚空之中。人类本质或许都不可能飞奔而**离开**，落入虚空之中，因为为此它必定已经在“**此**”(*Da*)存在了。

值得再次指出的是：我们太过轻视“是/存在”(ist)，这一点绝不能证明，“是/存在”本身及其所命名的东西并不包含一种我们几乎向来都无力估量的重要性。然而，我们可能太过轻视这个“是/存在”，这一点却表明我们多么强烈地受到一种错觉和欺瞒的持久危险的威胁。这种危险是如此具有欺骗性，以至于它看起来似乎根本不存在。

可是，倘若我们把那种危险不存在的假象评估为某种缺陷和

---

① 德语原文中这三个句子都带有“是/存在”(ist)。——译注

有害之物，那也过于匆忙了。也许正是在那个假象中，在与之而来的“是/存在”表面上的无关紧要状态中，存在着终有一死者达到真理的唯一可能性。

“存在者[①]存在”这个句子绝非一个空洞套话。而毋宁说，它包含着一切思想的最丰富的秘密，而且是在第一次道说之暗示中。

不过，依然悬而未决的问题是：巴门尼德的这个箴言是否仅仅要求我们注意存在者存在这一事实。我们起先根据流行的译文做了这样的假定。可是，任何一种翻译都已经是一种解释。任何一种解释必定已经预先深入所道说者，深入在其中所表达出来的事态。在我们讨论的情形中，这种深入大概不会像进入一个院子、然后在那里谈谈一棵树那样轻松。深入在“存在者存在”这个句子中被道说的东西，这事之所以异乎寻常地困难和吃力，是因为我们已经身在其中。 179

然而，在我们深入我们引用的巴门尼德的这个箴言之前，我们必须注意到，巴门尼德根本没有把这个箴言说成是一个由他提出来的要求的表达。而不如说，是这一箴言向巴门尼德本身说话的。因为接着就有如下话语：

τά σ᾽ ἐγὼ φράζεσθαι ἄνωγα.

这一点，即χρὴ τὸ λέγειν[必需去道说]以及别的，是我要叫你记在心头上的。[②]

① 存在者性质与存在学性质紧密并存。——作者边注

② 此句现在通译为：“我要你思忖这些”。参看基尔克等：《前苏格拉底哲学家》，中译本，聂敏里译，上海：华东师范大学出版社，2014年，第380页。——译注

Ἐγώ就是“我”。这个“我”是谁人呢？无论如何都是一个叫唤者，无论如何都是一个指令，后者向思想者说话，甚至对思想者说道路。它指示给思想者三条道路：一条是思想先于一切地必须走的道路；一条是思想同时也必须关注的道路；一条是思想不能通行的道路。这个指令把思想召唤到道路、无路[①]与歧路这三路的交叉路口。然而，思想道路具有这样一种性质，即：这个交叉路口绝不是通过一次性的决定和道路选择就能得到全盘测量的，这条道路作为一度经过的道路可能被抛在我们身后。交叉路口在途中并且每时每刻都形影相随。这条奇怪的三岔路（Dreiweg）通向何方？除了通向始终可疑问者之外还能去哪儿？

从巴门尼德的话语中可以显示出，他服从一个指令，他为了应合一个劝说（Zuspruch）而跟着它说话。但是，我们宁可直接去关注被跟着说出的东西，并且在其中、贯通其中去追问所劝说者，而不是从外部出发、远远地、根本上徒劳地去证明，在此有某种诸如指令这样的东西在说话。

让我们来倾听思想家的话：

χρὴ τὸ λέγειν τε νοεῖν τ᾽ ἐὸν ἔμμεναι.

［必需去道说和思考存在者存在］。

180 然而，若没有翻译，我们该如何倾听？若没有解释，又如何翻

① 此处“无路”原文为 Unweg，日常德语中并无此词；也可能为 Umweg（弯路）的误植。——译注

译？即便这里摆着的是来自我们母语的一位思想家的箴言，它也需要解释。我们是在“什么叫我们思想？”这个问题的途中，而且是在由逻辑道出其法则和本质的λόγος[逻各斯]的意义上，来关注这个箴言的。但是，我们因此不会自始就把巴门尼德的箴言逼入一个唯一地由我们的问题道路所开启出来的那种前景所规定的特殊视野之中吗？情形确实如此。不过，这不是一个我们迫不得已必须承认的缺陷。在此呈现给我们的顶多是任何一种解释都必须克服的困难。

与之相反，有必要值此机会指出一种我们一再太容易陷入其中的错觉。因为我们以为，当我们在无所猜度甚或无所思虑的情况下认识这个箴言时，我们便无前提地和客观地接近于这个箴言了。我们把它归于一种认识，我们以为关于这类事情我们立即就拥有这种认识。但是，这种没有猜度、没有问题、表面看来不为任何先入之见所累的认识，其实是眼下的情形中可能的最有前提和最有偏见的解释。它依据于一种顽固的和广为流传的偏见，即：当我们无所用心地对一位思想家做出反应时，我们是可以与之进入对话的。在这里，这种无所用心与其说是在某个哲学上未经训练的人提出他的问题的地方找到的，倒不如说要在人们从全部世界哲学文献中毫无选择地把表面上类似的和合适的一切东西摘引在一起的地方寻找。

但现在，我们当以何种方式来翻译这个箴言呢？在此只有一条道路是敞开的。我们不考虑晚近的哲学以及它所完成的对这位思想家的解释，而是试图可以说从话语的生机中去倾听这个箴言。当然，在此必须有某种对于流传给我们的巴门尼德所说的内容的

181 熟悉来指导我们。这将是下面的探讨的背景。

但为了与我们现在尝试做的翻译相对照，我们要把流行的译文收入眼帘——并不是以为，我们由此已经完成了一种与以往的巴门尼德解释的辨析。这样一种辨析可能不止于按照其相互对立的结论对各种阐释进行估量。若此，最主要的事体依然被疏忽掉了。这种辨析的要义就在于，我们批判性地探讨以往的巴门尼德阐释的隐含前提——关于这一点，我们在此不拟展开讨论了。

对于一部作品（不光是哲学著作）的不同阐释所做的每一种辨析，实际上都是一种对主要前提的交互沉思，都是对这些前提的探讨——不无奇怪的是，人们始终只是顺便[①]容许这项任务，并且用普遍的习惯用语来加以掩盖。注意到了这一点，我们便同时再度指出，只有当我们走在我们已经通过"什么叫我们思想？"这个问题的追问而选取的道路上时，我们在此端出的翻译尝试也才是可能的。由此不光指出了我们的解释的前提，而是要对这个前提做一番探讨了。

但是，如果我们沉湎于这样一种看法，以为有一种解释可以是无联系的亦即绝对有效的，那么，我们就违背了任何一种阐释的意义。在极端情形中，绝对有效的只是我们把有待解释的文本预先投入其中的观念领域。这个预设的观念领域，只有当它的绝对性依据于一种无条件性（而且是一种信仰的无条件性）时，才可能具有一种绝对的有效性。

信仰之无条件性与思想之可疑问性，乃是鸿沟相隔的两个

① 附带地。——作者边注

领域。

任何一种解释都是一种与作品和箴言的对话。不过，如果每 182
一种对话都只定位于直接被言说的东西，并且固守于其中，言说者并没有通过对话首先相互参与到**那个**逗留之所，并且把自己带向那里（他们当下正是由之而来言说的），那么，对话就会立即停滞，毫无成效可言。这种参与乃是对话的灵魂。它把言说者引向未被言说者。虽然“会话”[①]这个名称指示着言说者的相互关注。任何会话都是一种对话。但真正的对话从来都不是会话。会话的要义在于，人们沿着当下被言说者蜿蜒而行，恰恰没有参与到未被言说者中。大多数文本阐释，不光是哲学文本的阐释，停留在会话领域里——经常是一种博学多才的和富有启发性的会话。在许多情形中，这也就够了。

而在我们的情形中，这是不够的。因为我们在追问。我们追问那个未被言说的指令，这个指令指向西方思想之肇始；尽管西方暂时已经沉陷于欧洲，[②]但我们今人依然在西方思想的轨道里思想：

χρὴ τὸ λέγειν τε νοεῖν τ᾽ ἐὸν ἔμμεναι

“必需去道说和思考存在者存在。”

---

① 此处“会话”德语原文为 Konversation（或译“交谈”）。——译注

② 此处“西方”德语原文为 das Abendländische，也可译为“西方的东西、西方性”；“欧洲”德语原文为 das Europäische，也可译为“欧洲的东西、欧洲性”。——译注

183

第七讲

从第六讲到第七讲的过渡

现在的任务是翻译巴门尼德的箴言。当务之急只是这种翻译。我们还远远不能对此箴言做一种正式的(*förm*lich)[①]解释。但光就翻译来说,我们也必须关注两点。第一点涉及箴言的内容。第二点涉及我们把此箴言从希腊语转换为我们自己的语言的方式。

1.这个箴言的内容。它太容易使我们滑离,让我们以为它是不言自明的。对我们通常的表象来说,它几乎不能提供一个依据,让我们还专门盘桓于此,为之耽误时间。它没有给我们什么可思的东西。为什么我们面临一个危险,会十分轻率地把诸如“存在者存在”[②]这样的句子打发掉呢?一方面是因为,当我们听到这个句子时,我们没有发现其中有什么值得思的东西。因为我们认为,这个句子的主语和谓语是同样清楚的:存在者——谁不知道存在者

---

① 即解释的本质形式。——作者边注

② 德语原文为:Das Seiende ist,或译为“存在者是”。——译注

呀？还有“是/存在”(ist)——当我们过于关心**什么**存在(*was* ist)时(它其实也包括所有那些曾在和将在的东西,以及所有那些不再存在、尚未存在,因而也就是向来以某种方式存在的东西),谁还会为这个“是/存在”费心呢？我们在谈论这个“是/存在”之前就已经把它打发掉了。不光是我们这样做。

另一方面,而且首要地,我们在此面临着轻率处置的危险,原因还在于,在两千五百年的历史进程中,思想甚至已经渐渐地习惯于关于这个句子所道说的东西的表象了。于是就可能产生一种学说,认为关于用这个“是/存在”(ist)所道说的东西,我们也不能再 184
说什么了。康德甚至把“存在”(Sein)和“此在”(Dasein)这两个词语视为“几乎无解的概念”。康德这方面的讨论,可见于他的一本始终被低估的小书,该书作于1763年(比他的主要著作《纯粹理性批判》要早18年),标题为《关于上帝此在之证明的唯一可能的证据》[1]。一旦我们同意康德预设的前提,即“存在”和“此在”这两个词语所命名的东西,首先而且唯一地只能在一个概念中被把握,那么,康德的判断,即所谓“存在”属于“几乎无解的概念”,就是完全正确的了。

所以,如果说我们根本就不再去注意“存在者存在”这个句子的闻所未闻的意思,更遑论为这个句子所触动,使得我们的全部本质由此受到一种再也不会离弃我们的震撼,那也就不足为奇了。历经千百年,这个句子有了多样的变式,以多重方式——明言地或

① 可参看康德:《证明上帝存在唯一可能的证据》,中译本载《康德著作全集》,李秋零译,北京:中国人民大学出版社,2004年,第71页以下。——译注

未明言地——成了思想的主题，而且一直保持为思想的主题。

在关于“存在”和“实存”的谈论几乎成了议事日程的今天，我们只还能注意到“存在者存在”这个句子的单调性。我们充其量会反感于这个句子所表达出来的似乎普遍和抽象的东西的不可把握性。诚然，现在还高声指出这个句子所道说的东西实际情形全然不同，这种说法首先也几乎达不到什么效果。

但也许，终有一天，人们将发现这个句子其实是令人惊奇的，并且注意到，此间逝去的几个世纪丝毫未能损害到这个句子，它不知不觉地一直保持十分可疑的状态。因此，它现在一如既往地直接与我们相关涉，只带着一种唯一的区别。

从前，曾有一道独特的光亮照耀了这个句子所道说的东西，使
得它的可疑性消隐于这道光亮中了。由于一种奇特的阴暗化过程
208 185 （它与西方的衰败和没落毫不相干），这道光亮后来消失掉了。这
个句子所道说的东西变成不言自明的东西：“存在者存在”。如果存在者已经存在，那么，它除了“存在”（sein）还能干什么？人们现在只还想知道**为什么**存在者存在。所以人们就追问：存在者是由什么引起的？因为存在者终归是现实的东西，本身是被引起的，并且是起作用的，处处与原因相联系。[1] 在此“存在”的意思无异于“现实”，人们把这一点当作不言自明的东西纳入此类问题提法中。

2.这个箴言的翻译。

“存在者存在”这个句子似乎是在这个箴言的翻译中出现的。

---

① 此句译文未能显明“引起”（bewirken）、“起作用”（wirken）与“现实的东西”（das Wirkliche）之间的字面和意义联系。——译注

正因此，这个箴言的翻译要服从一些异乎寻常的条件。因为今天的思想依然直接作为这个箴言的后果而活动，即便当它以为不必关注此箴言时也是如此，所以，这个箴言的翻译从来就不只是一个在语文学上备受争议的古代文本的历史学阐释的问题。在眼前的情形中，我们将沿着“什么叫我们思想？”这个唯一问题的道路来尝试翻译。

这种翻译具有特殊性，因为它与被翻译的箴言一道，不只是让人认识到一个早先的哲学见解。但这种翻译同时又不是什么特殊的甚或别具一格的东西；因为它停留在对它具有引导作用的那个问题的可疑性范围内。对这个箴言的探讨将保持于翻译之使命的界限内。

第七讲

如果我们擅自添加三个冒号，由此更清晰地区分这个箴言的词语结构，那么，它就变得更清晰了。我们同时把这个箴言分开来写成四行：

χρὴ: 186
τὸ λέγειν τε νοεῖν τ᾽:
ἐὸν:
ἔμμεναι.

根据惯常的翻译（我们现在更多地为希腊文本量身定做的译

法），这个箴言说的是：

“必需的：既道说又思想：存在者：存在。”

这种写法绝没有使这个箴言的内容变得更清晰些。现在也还不需要一种更高的清晰性。因为每一个有理解力的人都能理解这里所说的东西。人们也许不能理解的只是一点，即：这样一个箴言竟出现在一位思想家那里。而且，我们在此已经突然觉得要摆脱这种不可理解的东西。

倘若我们在这里看到了一个时机，惊奇于一位思想家竟以如此强调的方式说出一个表面上完全不言自明的箴言，那又会如何呢？倘若我们对此感到奇怪，而且这种奇怪使我们指出，这里或许有某种值得追问的东西，那又会如何呢？

只是为了帮助我们更清晰地进入这个值得追问的东西的地带中，我们现在强调了这个箴言的划分。插入的冒号首先从外部指示着这个箴言的词语彼此排列起来的方式。次序和树立在希腊语中叫τάξις[安排、次序]。在这个箴言中，词语毫无联系地相继出现。它们被并排在一起；“并排、在……旁边”（neben），更准确地说“在……附近、寓于”（bei），在希腊文中叫παρά。这个箴言的词序是并行式的[①]，并不像通常的译文所表达的那样：“必需去说说如下情况……”[②]通过“去”（zu）和“如下情况”（daß），词语被特别

① 德语原文为：parataktisch，或译为“并行句法的”。——译注

② 德语原文为：“Nötig ist, *zu* sagen, *daß*...”，构成一个语法完整的句子。——译注

地联系起来了。这种联系把词语排列在一起;在希腊语中,“一起”叫σύν。我们说“综合”。[①] 这个箴言的通常译文通过插入连词而把词语排列在一起。就词序而言,这个译文是合乎句法的。 187

句法乃是最广义的语句学说。我们从句法角度来表象语言的结构。当我们碰到没有句法的语言时,我们多半把这种语言的结构理解为偏离句法的或者缺乏句法的。所以,特别是在原始民族的语言中,我们可见到这种平行说法。并行式的言说也出现在有句法结构的语言中,例如在儿童语言中。这是同一回事,因为儿童其实也被视为原始人。举例说来,一个儿童会对一条从身旁蹿过去的狗说:“汪汪,坏,咬人”[②]。χρὴ τὸ λέγειν τε νοεῖν τ᾽ ἐὸν ἔμμεναι [必需的:既道说又思想:存在者:存在]听来也是这样。

早期思想的一个箴言用平行说法,这一点甚至尤其吻合人们关于包括巴门尼德在内的那些思想家所设想的流俗图景。巴门尼德被归入前苏格拉底思想家或者前柏拉图思想家之列。这决不只是一个年代顺序上的标识,而是一种贬低。因为柏拉图被认为是最伟大的思想家,不只是希腊的,而且是整个西方的。为什么呢?不是因为柏拉图之所思从思想的任务角度向来被证明为最伟大的了。我不知道在哪里曾经有一位思想家可能做到了这一点。我也不知道曾几何时以何种尺度可能把一位思想家评估为**唯一**最伟大者。说某个思想家是伟大的,这兴许是有可能的。不过,迄今为止的思想大概都没有追问过:假如一种思想的伟大性向来在于它的

① 德语“综合”(Synthese)一词的前缀 syn 源于希腊语σύν。——译注

② 儿童用语,德语原文为:Wauwau, bös, beißen。——译注

丰富的可疑性，那么，柏拉图之所思的独特的伟大性在哪里？

柏拉图之所以被视为西方最伟大的思想家，是因为柏拉图主义，也即人们后来从柏拉图思想中接受和转换的东西，无可争辩地对西方思想产生了最巨大的影响。然而，这就可以毫无顾忌地确认，一种思想的伟大是能够根据其影响的长短和大小来计算，能够
188 根据它所获得的赞同之多少来评估吗？假如效应和影响就是我们的评价标准，那么，若没有巴门尼德，柏拉图连同苏格拉底又会成为什么呢？

比起他之后的柏拉图主义者，柏拉图本人更为深入、更为本质性地记住了自己的渊源，正如大师们对于自己的来源有着不可磨灭的因而更为深刻的知识，远胜于弟子们可能拥有的知识。

但是，时至今日，假如人们苛求柏拉图主义，要它回到它所解说的，并且被说成是唯一具有约束性的柏拉图哲学的背后进行思考，那么，它就依然会受到赤裸裸的惊吓。若要这种情况发生，那我们只能这样来做，即我们说：早期思想还远没有柏拉图思想那样进步。如果我们把巴门尼德设想为前苏格拉底思想家，那么，这是比那种把康德称为前黑格尔哲学家还要愚蠢的做法。

然而，容易诱使人们去强调指出巴门尼德式思想家的相反做法，却是同样错误的。这样我们就会以为，早期思想家作为在时间顺序上最早的思想家，也是绝对卓越的思想家，因此可取的做法是，只还以前苏格拉底的方式进行哲思，宣称其余都是误解和衰败。如今，此类幼稚的想法真的广为流布。我们只是着眼于我们试图走上的道路才提到它们。

在这条道路的途中，我们将到达某个地方，得以从其本己的思

想出发,而且只从其本己的思想出发,来沉思和探问一位思想家的追问。这项任务在任何方面都有别于那种经常被提出来的要求,即要求我们根据他自身来理解一位思想家。这是不可能的,因为没有一位思想家——诗人亦然——能理解自己。那么,他人还能自以为地声称理解了一位思想家么?甚或更好地理解了一位思想家?

想要根据他自身来理解一位思想家,这意思不同于那种尝试,即要把一位思想家的追问纳入其所思的可疑性之中来加以追问的
尝试。前一种愿望始终是不可能的。后面这种尝试则是稀罕的和 189
极其艰难的。在下面接着的讲座中,我们在自己的道路上无时不能忘记这种艰难性。我们说一种“思想尝试”,这绝不是一个表示谦恭的说辞。这种命名提出一个要求,即在这里我们要走上一条**追问**的道路,而在这条道路上,值得追问的东西被接受为思想的唯一逗留领域。

但鉴于我们草率匆忙的公众,我们还得注意另一件事。很可能不久以后,甚至就在明天,人们会到处传播一个口号:一切皆取决于可疑问性。以此口号,人们似乎就是追问者了。在今天,一切被道说者要么立即成了无关痛痒的陈词滥调,要么始终陷于一种个人无力反抗的难堪境地之中。

χρὴ τὸ λέγειν τε νοεῖν τ᾽ ἐὸν ἔμμεναι

我们说和听的这个箴言是并行式的,但还总是以通常的译文:

“必需的:既道说又思想:存在者:存在”。

不过，我们绝不能把并行说法把握为尚未有句法的表达。我们也并不把它评估为原始的。我们不会拿它与儿童语言和原始民族的语言做比较。我们也不会去决定，当一个小孩看到月亮时只说“月亮”，或者用自己造的一个词来称呼这个景象时，是不是在此一瞬间起支配作用的是一种更为原始的言说，甚于在一位文学家的精雕细刻的句子中的情况？我们因此应当把儿童语言和儿童艺术搞成一种新语言和一种新艺术的原理吗？不。这种意图源于抽象的思索，极其准确地吻合于技术时代的谋制（Machenschaften），后者与技术的本质是有所不同的。

190 如果我们说在最广意义上把这个箴言的词序标识为并行式的，那么，我们这样做也只是出于一种窘境。因为这个箴言是在没有任何词语的地方，在冒号所显明的词语之间的过渡领域里说话。

巴门尼德的语言乃是一种思想的语言，是这种思想本身。它的言说因此也不同于更古老的荷马诗歌。

现在，我们将逐字逐句地来追踪巴门尼德的这个箴言，而不认为它只不过是一个词语序列。

Χρή［需用、需要］出自动词χράω，χρῆσθαι［需用、需要］。这个词派生自ἡ χείρ，即手；χράω，χράομαι［需要、使用］意味着：我处理并且如此掌握在手上、我使用、我需要。从这种由人类实践的需用出发，我们试图指出需用的本质[①]。它绝不只是由人类施加和实行的。“需用”（Brauchen）也不是指单纯的利用、用坏、用

---

① 此处“需用”（Brauchen）集“需要”与“使用”于一体。关于“需用”（Brauch，或译为“用”），可参看海德格尔：《林中路》，中译本，孙周兴译，北京：商务印书馆，2016 年，第 363 页以下。——译注

尽。利用只不过是需用的变异和退化。举例说来，当我们处理一个事物时，我们的手必须适应这个事物。需用含着适应性的应合。本真的需用并不贬低所需用者，相反，需用的规定性在于，它让所需用者在其本质之中。但是，这种“让”(Lassen)绝不是指懒散的漠不关心，甚或疏忽怠慢。相反：本真的需用才把所需用者带入其本质之中，并且把它保持于其中。如此想来，需用本身就是一种要求，要求某物被准许进入其本质之中，并且要求需用不放弃这一点。需用乃是：准许进入本质之中，是维持于本质之中(Wahrung im Wesen)。

本真的需用不只是一种单纯的利用，但也不只是一种急需。单纯被急需的东西乃出于一种需要的急难而被利用。利用和急需总是落后于本真的需用。本真的需用是难得敞开的，根本上不是终有一死的人的事情。在有利的情形下，终有一死的人为需用之
闪光所照耀。所以，单纯地把需用与利用、急需相对照，也决不能 191
充分廓清需用的本质。我们谈论需用[①]和习俗，谈论风俗习惯(Brauchtum)。甚至这里所指的需用也决不是自己造成的。它本身来自别处，也许是在本真意义上被使用的。

但如果在一个思想箴言的开头(甚至在眼下这个箴言中)就指出了这个以χρή[需用、需要]的形式出现的词，那么，我们就可以——没有陷入一种任意专断中——猜测，这里指出的“需用”一词是在一种高等意义上，甚至在一种最高意义上被道说的。因此

① 此处“需用”(Brauch)也有“风俗”之义。——译注

之故，我们把χρή翻译为“需用……”[①]这个译法指引我们去思考某个东西，后者不仅是我们的表象所不习惯的，而且首先必定根本就是未经思考的。

需用(Es brauchet)。这话听起来就像：下雨、闪电、刮风、天亮了[②]。我们在语法和逻辑中把这样的句子称为无人称的或者无主语的句子。照此看来，χρή[需用、需要]或许就是一个没有主语的句子。拉丁语 pluit，即下雨，也是同样的情形。下雨不涉及任何人。这个句子因此是无人称的。抑或雨落下来，就像闪电么？抑或连这个陈述句也不对？我们陷于幽暗之中。

以“无人称的、无主语的句子”这个术语只是断定了某种否定性的东西，而且甚至都是不充分的。因为在这类德语句子中出现了一个“es”。诚然，只要在这里本质领域还没有被带入词语所要求的视界里，人们就不该去谈论这个“es”。人们解释道，“es”意味着无人称句。“es”既不指阳性，也不指阴性的。“es”不是指两者中的任何一方，是指中性的。确实如此。

但是，究竟从何而来得以确定，为了借助于一种与人称和性的否定性对照而实事求是地来思考这个“es”，也即把这个“es”保持在可疑性之中，我们有人称和性的差别就足够了？诸如“刮风、打雷、开花、有露水、破晓了”等等[③]之类的说法，是特别强烈而经常

① 德语原文为：Es brauchet...是以无人称代词 es 开头的无主语句子。——译注

② 这里的“需用”(es brauchet)与“下雨”(es regnet)、“闪电”(es blitzt)、“刮风”(es weht)、“天亮了”(es dämmert)一样，都是以无人称代词 es 开头的无主语句子。——译注

③ 此处用法均是以无人称代词 es 开头的无主语句子：es weht，es donnert，es blüht，es taut，es tagt。——译注

地从天气领域而来说话的，这一点令我们深思。在此我们必须在广大的和本质性的气候和雷暴意义上来理解“天气”(das Wetter)，把它理解为天空之容貌。人们不至于会想要断定，语法和逻辑已经充分地——同时带着必要的保留——澄清了这些奇怪的句子的本质。这可能也不是语法和逻辑的事。 192

“需用”(Es brauchet)。我们问：这个“Es”是谁或者是什么？我们问得太早也太粗暴了。因为我们又毫无理由和毫无顾虑地把这一点看作确定的，即：这个“Es”是唯一地既可以通过“什么”、又可以通过“谁”来追问的。诚然，“需用”并不像“打闪”一样指的是一种天空现象。作为箴言中χρή的翻译，“需用”这个说法更多地接近于“有”(Es gibt)一类的用法。[①] 当我们试图描绘那个首先给予思想的东西，即最可思虑的东西时，曾提到过这个常用的说法。它给予我们思想。(关于“有……”，参看《存在与时间》，第43节第212页以及第44节第214页[《全集》第2卷，第281页和第283页][②]；进一步可参看《关于人道主义的书信》第22—23页[《全集》第9卷，第334—335页]。)[③]

显然，“有”指的恰好是“需用”的反面；因为需用或需要的东西其实是必须“有”、想“有”、但恰恰不能“给予”的东西。但谁若表达

① 此句中的“需用”(Es brauchet)与“有”(Es gibt)都是以无人称代词es开头的无主语句子。若把代词es译出，则es brauchet为“它需用”，而es gibt为“它给出”。——译注

② 参看海德格尔：《存在与时间》，中译本，陈嘉映等译，北京：商务印书馆，2015年，第262页和第264页。——译注

③ 参看海德格尔：《路标》，中译本，孙周兴译，北京：商务印书馆，2014年，第396—397页以下。——译注

出这样一个东西，他就又忘掉了在需用的高级意义中所包含的东西，即：投身于本质之中并且保持于其中。这不会是给予吗？

倘若首先通过得到充分思考的“需用”，可以更切近地规定“有”所说的东西，那又如何？

倘若唯有根据得到充分探问的用和需用，“需用”中的“Es”才可能得到显露，那又如何？①

因此，我们还要再次指明这里所说的“需用”的高级意义。只有根据在χρή［需用、需要］意义上说话的这个箴言的整体，“需用”之道说才会变得更清晰些。不过，一种对“需用”的更自由的沉思却可能让我们更接近于实事。

193 “需用……”（Es brauchet）意指比“必要的”（es ist nötig）更为本质性的东西。因为在巴门尼德的箴言中，事关宏旨的既不是通常意义上的需要，也不是粗暴的强迫，更不是一种盲目强制意义上的必须。此类含义可能在“需用”这个短语中回响。但即便这样，我们也总是首先要追问，这种回响来自何方，在此是否有一种得到更深思考的“必须”得到了表达。荷尔德林那里的情形就是如此。让我们来引用他的两段诗。但我们以下面做的说明绝不是想主张，荷尔德林所说的无异于χρή［需用、需要］所说的，仿佛把巴门尼德的思想置于荷尔德林的诗句之下，就可以解释巴门尼德的思想了。

在其颂歌《伊斯特河》的最后一节中，荷尔德林说道：

---

① 此句中的“用”（Brauch）为名词，“需用”（Brauchen）为动名词，“‘需用’”（Es brauchet）为无主语句子。——译注

"而岩石需用锋芒
大地需用垄沟，
没有停留，便不好客；"①

（海林格拉特版，第四卷，第 222 页）

在不可能获得餐饮食物的地方也就不好客。这里不是一种栖居意义上的终有一死者②的栖留。终有一死者的招待和栖留需要有源自岩石的泉水和来自田野的谷物：

"而岩石需用锋芒，
大地需用垄沟"。

锋芒穿破岩石。它们为泉水开辟道路。刺穿（stechen）在希腊文中叫κεντεῖν；κέντρον则是刺。半人半马怪物（Kentauren）的本质在于刺穿。这种刺穿和开辟道路属于"激发生机者"。荷尔德林也看到了这一点，他做的神秘莫测的品达残篇的译文中，有一篇（海林格拉特版，第五卷，第 2 版，第 272 页）可以清楚地为此作证。其中写道："半人半马怪物这个概念很可能就是关于河流精神的 194
概念，因为河流强有力地在原本无路的、向上生长的大地上开辟了道路和边界。因此，它的形象就在大自然布满岩石和岩洞的地方，……"

① 此处诗句中出现的"需用"（es brauchet）似更应译为"需要"。——译注

② 以及天神。——作者边注

“而岩石需用锋芒/大地需用垄沟”。倘若我们在此只是把“需用”解说为“急需……”[①]，那么，我们就听得太草率，想得太短浅了。因为岩石之为岩石并不急需锋芒，正如大地并不急需垄沟。然而，好客和栖居的本质在于，它包含着泉水与田野果实。“需用”在这里说的是：在由大地上的栖居开启出来的本质领域范围之内，有一种本质归属性存在于岩石与锋芒之间，存在于垄沟与大地之间。终有一死者的栖居有其本己的位置（Ort）。但这个处所（Ortschaft）并非首先由大地上无路的地方来决定的。它是由另一个东西来测定和开启的。从那儿，终有一死者的栖居才能获得自己的尺度。

① 此句中的“需要”（Es brauchet）与“急需”（es benötigt aber...）在日常德语用法中没有很大的区别，可能只是后者更强烈些。——译注

第八讲 195

从第七讲到第八讲的过渡

为巴门尼德这个箴言规定基调的词语是：χρή。我们现在把它译为："需用"。即使我们首先只是粗略地来听一听这个箴言，它言说的也是道说与思想、存在、存在者。它言说的是至高者和至深者，至远者和至近者，最隐蔽者和最闪耀者，那是在凡人的道说中 221
终究可道说的东西。这一点赋予我们理由和权利，让我们猜测：连χρή[需用、需要]一词也是在一种高级意义上被言说的。

"需用"(Brauchen)首先意味着：某物保留在它所是和如何是中。这种"让……保留"(belassen)自身就要求所需用之物的本质受到照料，而在此我们总是应合于所需用之物从自身而来昭示出来的要求。如果我们在这种与我们更切近的含义中来理解"需用"(据此，它就是指一种人类行为)，则它就已经与其他容易与它混为一谈的行为方式区别开来了：区别于利用和急需。但在通常的语言用法中，χρή[需用、需要]所意指的可能也是这些东西。

一般地，每个词语在本质上都包含着其含义偏差的范围。这一点又依据于语言之神秘。语言允许两点：其一，语言可以被贬降为一个单纯的、人人均可同样利用的符号系统，后者作为约束性的系统而得以实施；其二，语言在一个伟大的时刻里道说某个独一无二的东西，后者是不可穷尽的，因为它始终是开端性的，从而是任何一种拉平作用所不能达到的。语言的两种可能性相互隔离得如
196 此之远，以至于即便我们把它们称为极端的对立面，也还不能充分地测定它们之间的疏异性。

习惯言说摇摆于语言言说的上述两种可能性之间。它落入一种中等平常（Mittelmaß）之中。平庸成了规则。通常之物看起来像是惯常，它系于规则。如果说惯常言说自诩为一切道说的唯一有效的规则，那么，与之偏离的每个词语便立即显现为任意和违规。现在，如果我们不是把χρή一词译为“必须”，而是把它改译为“需用”[①]，那么，这个词也处于同一种假象中了。

然而或许终将有一天，语言并不受制于惯常言说的束缚，倒是从其崇高的道说而来适应于自己的基调，而同时，习惯言说也并没有被评估为垃圾或者低等之物。在这种情形中，仅仅谈论一种崇高的道说也不再顶用了，因为至少在名义上，连这一点也始终还是从低下之物出发来评估的。

我们这里指出语言，这是为何呢？是为了重新提醒自己，我们活动于语言中，随语言一道活动于一个动摇不定的地基上，或者更好地说，活动于大海的波涛上。

χρή即：“需用……”。按其高级含义来看，“需用”说的是：准

---

① 此处“必须”（Es ist nötig）与“需用”（Es brauchet...）在日常用法中似乎并无显著差别。——译注

许……进入本质之中，并且把被准许进入者保存起来。为了把我们的耳朵带入这种词语含义的方向中，我们尝试通过荷尔德林诗歌中的两节诗解说这个“需用”。

其中一节诗摘自赞美诗《伊斯特河》：

“而岩石需用锋芒，
大地需用垄沟，
没有停留，便不好客；”

在这里，“需用”指的是岩石与锋芒、大地与垄沟的本质归属性。而这种本质归属性本身又是由好客和停留的本质决定的。款
待和逗留标志着终有一死者在这片大地上的居住。但居住就它而 197
言却不是以自身为基础的。

第八讲

荷尔德林诗歌中的另一节，我们是在赞美诗《泰坦》中找到的。这节诗是：

“因为在牢靠的尺度下，
也需用粗糙之物，
使纯洁之物得以自识。”

（海林格拉特版，第四卷，第 210 页）

对荷尔德林来说,“在牢靠的尺度下”意思就是:“在天空之下”。但根据他后期一首以“在可爱的蓝色中闪烁着……”一句开头的诗作来看,天空的面貌乃是未知的上帝的藏身之所。“在牢靠的尺度下”,也就是在如此被直观的天空下,是终有一死者在大地上栖居之所。在大地上本就没有任何尺度。从大地中得不出尺度,尤其是因为大地绝不能独自成为可栖居的大地。

“……在牢靠的尺度下,
也需用粗糙之物。”

粗糙之物并非也还要加给纯洁之物。纯洁之物并非急需粗糙之物。很可能相反,这也意味着,纯洁之物作为纯洁之物,因而作为他者显示出来,如此才作为它本身本质性地现身,即粗糙之物。“……在牢靠的尺度下”,也即在大地上天空下,唯当纯洁之物准许粗糙之物接近自身而进入本质近处并且把它保持于其中时,纯洁之物才可能作为纯洁之物而存在。这并不是肯定粗糙之物。然而粗糙之物的存在是正当的,因为它作为如此这般被需用的东西是本质上正当的。

198 所有这一切依然难以思考。用单纯的是与否的辩证法是绝不能把握这一切的。也总是处处潜伏着各种可能的误解。因为我们在此并不是为粗糙之物作一种粗略的辩护,就自身来说,粗糙之物也不仅仅显现在为使一个纯洁之物独自存在而要消除掉的东西的作用中。因为在“牢靠的尺度下”既没有纯洁之物的骄横,也没有粗糙之物的专断——与它所需用的它者相分离。

另一方面,“需用”(Es brauchet)命名着一种本质之进入(Wesenseinlaß),终有一死者由之而来得到了在这片大地上栖居的许诺和保证,也即受到了庇护。“需用”的一种更深的本质隐藏在赞美诗《莱茵河》一诗的第八节中。我们尚未准备好对之进行思索。

当我们把巴门尼德箴言中的χρή一词翻译为“需用”时,我们便应合了在基本词语中显露出来的χρή[需用、需要]一词的某种含义。Χράομαι[需要、使用]乃是操纵着的使用,它总是如此这般地求助于被操纵者,情形是:它应合于被操纵者的本质,并且因此通过操纵让它显现出来。

然则在巴门尼德箴言中说话的χρή的高级意义,即“需用”,思想只能对之做一点预感。在巴门尼德箴言中要思的、他自己没有做任何解说的这个“需用”,隐藏着一种比在荷尔德林语言中这个词语所表达出来的意思还要深刻、还要广泛的意义。也许,只有当我们对这个在巴门尼德箴言所讲的χρή[需用、需要]一词中开始说话的“需用”做出估量时,我们才能够特别地听懂荷尔德林的语言。

需用者让被需用者进入其本质的本己要素之中,并且把它保存于其中。这种让……进入和保持标志着这里所讲的“需用”(Brauchen)的特性,但绝没有穷尽它的本质。如此这般有待思的需用不再是、也绝不是人类行为和活动的事情。而反过来,倒是终有一死者的有为和无为都归属于χρή[需用、需要]的要求领域。需用把被需用者托付给它自己的本质。在这种需用中隐藏着一种
命令和托付,一种叫唤。在巴门尼德箴言所讲的χρή[需用、需要] 199

一词中，已经命名了一种指令，尽管尚未特别地得到思考，甚或探讨。每一种开端性的和本真的命名都道说着未被言说者，而且后者依然保持未被言说。

χρή: τὸ λέγειν τε νοεῖν τε
“需用：既道说又思想……”

在这里，按词典来看，λέγειν[言说、置放]和νοεῖν[思想、留心][①]这两个希腊语动词得到了正确的翻译。根据辞典里的说法，λέγειν[言说、置放]意味着：道说(sagen)，νοεῖν[思想、留心]意味着：思想(denken)。但什么叫“道说”呢？什么叫“思想”呢？辞典把λέγειν[言说、置放]记录为道说、把νοεῖν[思想、留心]记录为思想，它这种做法，就仿佛“道说”和“思想”的意思是世界上最确实无疑的事情。在某种程度上，情形也确实是这样。

只不过，巴门尼德之箴言的情形并不属于这种通常的情形。一种与箴言的思想上的对话所面对的翻译也不是这种情形。

我们根本没有发觉，通过通常的翻译(恰恰因为它在辞典上看是正确的)是多么暴力、多么粗糙地把一切都颠倒了，把一切都混淆起来了。我们根本没有想到，在西方思想的终结处，或者在这里更确切地说，在西方思想的开端处，巴门尼德之箴言头一回对我们说话，告诉我们什么叫思想。因此，如果我们在翻译中使用思想一

① 巴门尼德箴言中的νοεῖν通译为“思想”，但在海德格尔的解释中，νοεῖν的原本意义是“留心、关注”(In Acht nehmen)。故我们在此标识为“思想、留心”。——译注

词，我们便错失了事情。因为我们由此做了一个假定：这个希腊文本已然在讨论思想，作为一件清晰而确定的事情的思想；而实际上它只是引向了思想的本质。就其自身来看，无论λέγειν[言说、置放]还是νοεῖν[思想、留心]，我们都不能把它们翻译为“思想”。

然而，我们太频繁地听说，逻辑乃是关于λόγος[逻各斯]的学说，而λόγος的λέγειν[言说、置放]乃是关于思想的学说。因此，就其自身而看，在λέγειν[言说、置放]中已经含有“思想”的意思。当然啰。甚至这话同样也适合于νοεῖν[思想、留心]。因为在柏拉图和亚里士多德那里，νοεῖν这个词语也被用来标示思想。

思想同时既是δια-λέγεσθαι[论辩、对话]又是δια-νοεῖσθαι[思 200
考、考虑][①]。这两者，λέγειν[言说、置放]和νοεῖν[思想、留心]，显示为思想之本质的确定特征。但在何处？在何时？其实只有在希腊思想在柏拉图和亚里士多德那里臻于完成之时。不过，我们要返身追问一种指令，后者首先把λέγειν[言说、置放]和νοεῖν[思想、留心]传唤入那种本质之中，这种本质后来把自身局限于一种此后由作为思想之本质的逻辑所决定的方式。

...τὸ λέγειν τε νοεῖν τε：“既λέγειν也νοεῖν”，也就是说，两者在它们的共属一体性中，构成首先使思想之本质的基本特征之一开始自行澄明的东西。

在流行的翻译中携带着某种有损无益的东西，甚至于不可能的东西，这一点，一种近乎表面的观察想必就已经足以把它揭示出

① 此处δια-λέγεσθαι[论辩、对话]和δια-νοεῖσθαι[思考、考虑]分别是前缀δια与动词中动态λέγειν[言说、置放]和νοεῖν[思想、留心]的结合。——译注

来了。而要做这样一种观察，我们却需要一个前提，即：尤其在这样一个箴言中，巴门尼德这位思想家是经过深思熟虑才写下他的话语的。但为了看清楚我们所讲的困难，我们眼下还不得不遵循通常的翻译。

“必需：既道说又思想存在者存在。”

要道说和思想的是这一点，即存在者存在。“存在者存在”这个句子的分量和令人惊讶之处得到了强调。根本上，我们向来都能道说这样一个句子，之后才能思考之吗？抑或相反地，假设λέγειν［言说、置放］一词的含义完全不是无所用心地胡说八道，那么，我们不是必须首先已经思考了这个句子（哪怕还是多么不确定），才能进而道说之？显然，这个箴言不至于要求我们，首先只谈论存在者存在，然后才思索存在者存在。

可是，如果λέγειν［言说、置放］和νοεῖν［思想、留心］不光是被一种不确定的“必需”（nötig ist）所要求，而不如说是构成那个准许“需用”（Es brauchet）进入本质并且保持于其中的东西[①]，那么，这个箴言如何能**在**νοεῖν［思想、留心］**之前**指出λέγειν［言说、置放］
201 呢？只要我们没有无所用心地翻译λέγειν［言说、置放］和νοεῖν［思想、留心］，既不把前者译为“道说”，甚至也不把后者译为“思想”，我们就能克服这个流行的翻译在我们面前竖立起来的障碍。

然而，λέγειν［言说、置放］无可争辩地意味着：道说、报告、叙述。当然啰。但我们却要反问一句：究竟什么叫“道说”（sagen）？

---

① 此处“必需”原文为nötig ist（“是必需的”），“需用”原文为Es brauchet（也可译为“需要”），是海德格尔建议对希腊语的χρή的翻译。——译注

λέγειν[言说、置放]意味着“道说”，这一点我们无可怀疑。而同样可以肯定的是，这个被理解为“道说”的λέγειν[言说、置放]并不意指语言器官之活动意义上的言说，诸如嘴、舌、喉、肺等语言器官的活动。

让我们最后预先来说说什么叫“道说”。让我们最后来思量一下，希腊人为什么、以何种方式用λέγειν[言说、置放]一词来命名“道说”(Sagen)。因为λέγειν[言说、置放]绝不意味着“言说”(sprechen)。λέγειν[言说、置放]的含义是未必与语言及其事件相关联的。动词λέγειν与拉丁文的legere[言说、置放]、我们德语的“置放”(legen)是同一个词。当我们说有人向我们端出一个申请时，我们的意思并不是说，他把文件送到了桌子上，而是说他说了这个申请。当某人叙述一个事件时，他把它端呈给我们。当我们自己考量一件事时，我们就思索之。[①] 端出、端呈、思索，这时所说的所有这些放置就是那个希腊文λέγειν。对希腊人来说，这个词决没有“道说”之类的意思(这意思仿佛是从空无中冒出来的)，而倒是相反：希腊人从端出、端呈、思索出发来理解道说，因此就把这种“置放”称为λέγειν。

λόγος[逻各斯]一词的含义也因此得到规定。巴门尼德本人在别处以可想望的全部清晰性告诉我们，λόγος[逻各斯]意指什么。在残篇第七中，这位思想家避免了思想之死路，同时受到警告，要避免走上另一条也可通行的道路，也即终有一死者通常走的

---

① 这三句话中的“端出”(vorlegen)、“端呈”(darlegen)和“思索”(überlegen)三个词语均以“放置”(legen)为词根，而中译文难以完全传达此种关联。——译注

那条道路。但这条道路决不会从自身而来通向有待思想者。不
202 过，对终有一死者的通常道路的警告决不意味着对这条道路的摈弃。警告是保护，使……免遭损失。在警告中说话的是一种指令，要留意、要关注某物。在我们下面引用的文本中，这位思想家受到警告，要避免走上终有一死者的通常道路，也即要防止把通常的意见（它已经对任何事情都做了自己的判断）视为**这条唯一**的思想道路，就仿佛普遍有效的东西以及对这种东西的习惯必定已经是真实之物了。这种警告说道：

> μηδέ σ' ἔθος πολύπειρον ὁδὸν κατὰ τήνδε βιάσθω,
> νωμᾶν ἄσκοπον ὄμμα καὶ ἠχήεσσαν ἀκουήν
> καὶ γλῶσσαν, κρῖναι δὲ λόγωι...
> “也不要让太流行的习惯迫使你走上这条道路，
> 运用茫然的眼睛、轰鸣的耳朵
> 和舌头，而是要在思索中区分……”①

在这里，λόγος[逻各斯]与一切不假思索的张目呆视、道听途说和闲言碎语形成鲜明的对照。在文本中，Γλῶσσα，即舌头，也就是单纯的胡言乱语，与λόγος[逻各斯]即思索处于直接而近乎激烈的极端对立之中。这里要求的不是巧舌如簧地对一切事物胡言乱语，而是λόγος[逻各斯]的一种λέγειν[言说、置放]，以及通过

---

① 现有中译本译为：“也不要让多种经验的习俗迫使你沿着这条路/运用盲目的眼睛、轰鸣的耳朵/和舌头，而是运用理性来判断……”，参看基尔克等：《前苏格拉底哲学家》，中译本，聂敏里译，上海：华东师范大学出版社，2014 年，第 382 页。——译注

后者才达到的κρίνειν[区分、选择]：把一方与另一方区分开来，使之显突出来，或者把它置回背景中。在这种危机中包含着转机。[①]

然而我们要再问一次：什么叫λέγειν[言说、置放]？我们指出，λέγειν[言说、置放]虽然意味着道说，不过对希腊人来说，道说本质上乃是一种置放，这时候，我们绝不是在玩弄一种词源学的把戏。说道说（Sagen）是一种置放（Legen），这是多么奇怪的说法啊？把语言之言说设想为一种置放，这种苛求是多么令人诧异啊！莫非我们是想以此说法，来动摇一切语文科学和语言哲学的根基，把它们当作一种假象来加以揭露么？确实如此。但置放本身是什么呀？以这个问题，我们对作为置放的λέγειν的本质的解释才刚刚开始。对于这种解释，我们在此不可能详加展开了（参看拙文《逻各斯》，汉斯·扬策纪念文集论文，1951年，库特·鲍赫编）。[②] 203

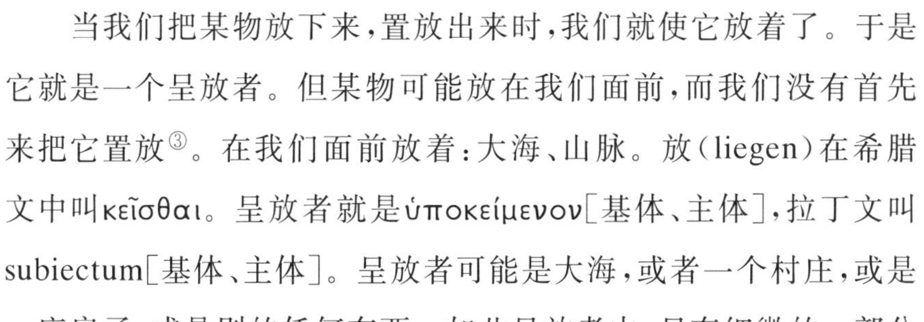

当我们把某物放下来，置放出来时，我们就使它放着了。于是它就是一个呈放者。但某物可能放在我们面前，而我们没有首先来把它置放[③]。在我们面前放着：大海、山脉。放（liegen）在希腊文中叫κεῖσθαι。呈放者就是ὑποκείμενον[基体、主体]，拉丁文叫subiectum[基体、主体]。呈放者可能是大海，或者一个村庄，或是一座房子，或是别的任何东西。如此呈放者中，只有细微的一部分

① 此句中的“危机”（Krisis）在希腊文中为κρίσις（区分、选择、判决、争论），其动词形式即为前句中出现的κρίνειν[区分、选择]；所谓“转机”德语原文为das Kritische，有“批判性的、危急的、临界的”等义。——译注

② 参看海德格尔：《演讲与论文集》，中译本，孙周兴译，北京：三联书店，2005年，第219页以下。——译注

③ 在德语中，此句中的“放”（liegen）与“置放”（legen）是不及物动词与及物动词之别。——译注

是由人放置出来的，而且，即便这一小部分也始终只是借助于已然呈放者才置放出来的。用来造一座房子的石头来自自然的岩石。

可是，希腊人绝没有在一种与站立者的对立意义上来思考我们这里所指的呈放者。不只一棵被伐倒的树，而且一棵矗立的树，恰恰也是一个像大海一样的呈放者。与之相应，希腊词语θέσις［置立］首先也并不意味着设置、确立，而是意味着被设置者；意味着把已经自身设置起来、安放下来，并且作为这样一个东西呈放出来的东西。Θέσις［置立］乃是某物在其中呈放的地点。①

例如，柏拉图在《理想国》卷六的结尾处描述数学方法时谈到ὑπόθεσις［基础、假定］，这时候，θέσις［置立］既不意指现代意义上的假设（假定），也不仅仅意味着“单纯的前提”；而毋宁说，ὑπόθεσις［基础、假定］乃是地基；基础的地点，就是对数学家来说已经呈放出来的东西：奇数、偶数、形、角等等。这种作为已经呈放者的展－示（Vor-Lage），即ὑποθέσεις［基础、假定］，被标识为ὡς παντὶ φανερά（510d）：即人人都明白的东西，只要去做就行了。

然而，已然呈－放者绝不是遥远之物意义上的远远落后的东西。呈放者最切近于**寓于**一切事物。它们是预先已经走近者（das zuvor Herbei-gekommene）②。但我们通常没有看到它们的在场。

204 不过，在那段著名的文字中，柏拉图却看到了每个思想家每每必须重新看见的东西（要不然他就不是思想家），即：一切呈放者都是模棱两可的。正如我们将看到的，这种模棱两可性在巴门尼德

① 此句中的“呈放”（liegen）与“地点、处境”（Lage）有着字面联系。——译注

② 为此有συμβεβηκός［属性］。——作者边注

的箴言中首次而且决定性地显露出来了。

即便希腊文的θέσις[置立]的含义接近于我们所谓的设置(Setzen)和摆置(Stellen),即便在这里,对于希腊人来说,被设置者也始终意指已经达乎呈放因而呈放出来的东西。被摆置者被释放入其站立位置之中,并不是我们行为的结果,因而并不依赖于我们。按照后来"正题、反题、合题"等名词的用法,尤其是在康德和德国唯心论那儿,我们在"主题、正题"[①]一词上立即而且仅仅听出表象性主体的自发行动和活动。由此出发,我们便会发现,如果θέσις[置立]依然与呈放和呈放出来相关,那么,要纯粹地觉知这个希腊词的道说,是相当困难的。

呈放(Liegen)中本质性的东西并不是与站立(Stehen)的对立,而不如说,在呈放者与站立者当中,起支配作用的本质性的东西乃是:它从自身出发走近而得以显现出来。因此,今天我们还在图书行业说"新出版物"[②]。书出版了,意思就是,它现在呈放出来,它在此了,它作为在场者现在可以与我们有关了。是出版社把这书弄出来的。

置放,即λέγειν[言说、置放],关涉到呈放的东西。置放就是让呈放。当我们关于某物说些什么时,我们让它作为这样那样的东西呈放出来,同时也即让它显现出来。使……达到先行显露和让……呈放,这就是希腊人所思的λέγειν[言说、置放]和λόγος[逻

① 此处"主题、正题"原文为Thesis,同前面讲的"正题、反题、合题"(Thesis, Antithesis, Synthesis)中的"正题"。——译注

② 此处"新出版物"德语原文为Neuerscheinung,字面含义为"新显现"。——译注

各斯]的本质。

道说的本质并不取决于作为符号的词语的语音特征。语言之本质根据呈放者与让呈放的关联而得以澄明。然而，这种语言之本质对希腊人来说依然是掩蔽着的。他们从没有特别地强调这种语言之本质，甚或把它带入可疑问性之中。但他们的道说却在这种本质中活动。

205 我们在此举出的关系是如此重要和影响深远，以至于它们保持于质朴性之中。因此之故，人们持续地忽视这些关系，带着一种几乎不可设想的固执。今天的博学依然缺乏任何理解力，去评估这里指出的关系的分量。如果我们在巴门尼德的箴言中把τὸ λέγειν[言说、置放]翻译为"道说"(Sagen)，那么，这在辞典上看是正确的，但却完全没有说出什么来。相反，这种翻译会把我们卷入一种我们不得不向巴门尼德提出来的不可能的无理要求中，亦即：首先道说是必需的，随后思想必得跟进。但如果我们在前面解释的意义上来翻译τὸ λέγειν[言说、置放]，那么，χρὴ：τὸ λέγειν...就意味着：需用：置放、让呈放。

现在我们才能展望后面的道路。但即便是现在，甚至尤其是现在，我们不能把后面的νοεῖν翻译为"思想"，流行的翻译如此无所用心地胡言"思想"，恰如把λέγειν[言说、置放]翻译为"道说"一样。[①]

当我们把νοεῖν[思想、留心]翻译为"觉知"时，我们的做法是

---

① 人们通常把νοεῖν译为"思想"，把λέγειν译为"言说"；海德格尔在此主张把前者译为"觉知"(vernehmen)，把后者译为"置放"(legen)。——译注

更为小心翼翼的,甚于径直说"思想",并且同时假定所说的东西是不言而喻的。不过,只要我们没有投身于以νοεῖν[思想、留心]一词所命名的实事,那么,我们现在在νοεῖν[思想、留心]的翻译中,只是用"觉知"一词来代替"思想",那又是一无所获的。首先,我们不能立即把"觉知"视为一种完全适当的译法,尤其是,如果我们以为"觉知"一词只有这样的意义,即在"我觉知到一种噪音"这个陈述句中流露出来的意义,那么,我们就更不能把它当作适当的译法了。

在这里,"觉知"的意思就如同"接受"。作为权宜之计,我们且采用康德的一个区分,就是说:这样翻译的νοεῖν[思想、留心]就进入接受性(Rezeptivität)意义上的觉知的含义方向中,区别于那种自发性(Spontaneität)——正是根据这种自发性,我们得以从自身出发这样那样地对待被觉知者。在接受性的觉知中,我们依然是被动的,没有对被觉知者的主动态度。然而νοεῖν[思想、留心]所意指的恰恰不是这样一种被动的接受。因此,在前几年的一个讲座中我曾强调指出,在作为觉知的νοεῖν[思想、留心]中同时包含 206
着实行某事的特征。[①]

在νοεῖν[思想、留心]中,被觉知者如此这般地与我们相关,即:我们特别地实行之,我们对它做些什么。然而,我们把有待觉知者接受到哪里去呢?我们如何实行之?我们留心之。而被留心者恰恰如其所是地被保持下来。留心并没有改变如此这般被留心

① 此处"实行"德语原文为Vor-nehmen,与这里讨论的"觉知"(Vernehmen)仅一个字母之差别。——译注

者。“留心”乃是：保持在心里。[①]

Noεῖν[思想、留心]是留心某事某物。动词νoεῖν[思想、留心]的名词形式，即νόoς，νoῦς[奴斯]，原本的意思几乎就是我们前面解释过的心思(Gedanc)、凝思(Andacht)、记忆的基本含义。希腊语中常用的短语ἐν νῷ ἔχειν和χαῖρε νόῳ，我们不能把它们译为：“保持在理性中”和“他在理性上感到很高兴”，更准确地，χαῖρε νόῳ应译为“他心里感到高兴”，而ἐν νῷ ἔχειν应译为“保持在记忆中”。

① 此处“留心”德语原文为：In Acht nehmen，或译为“关注”；“保持在心里”德语原文为：in der Acht behalten。——译注

第 九 讲 207

从第八讲到第九讲的过渡

Χρὴ τὸ λέγειν...的意思是:“需用道说……”。什么叫λέγειν[言说、置放]呢? 早在荷马时代,这个词就意指叙述和报告。但同时,从早期开始,而且在广大的区域里,这个词在其词族里有着极其多样的含义,意同“置放”。要确定λέγειν[言说、置放]同时意味着“道说”(sagen)与“置放”(legen),这并非难事。这两个含义可谓南辕北辙,互不搭界。Λόγος[逻各斯]一词后来达到了神学思辨的至高地位,而λέχος[床、榻]一词只表示诸如一张床铺之类的通常事物,两者说到底是毫不相干的。[①] 那么,我们为何要为λέγειν[言说、置放]一词一度存在的多义性而庸人自扰呢? 我们本来就在流行之物中到处乱蹿,忙碌不堪,以至于我们以为,世界进程也是由流行的尺度来掌控的。

而另一方面,有鉴于λέγειν[言说、置放]同时意味着“道说”与

---

① 此句中的名词λόγος[逻各斯]和λέχος[床、榻]分别对应于动词λέγειν之两义,即“道说”(sagen)与“置放”(legen)。——译注

“置放”，我们也可能会有所深思。诚然，在一个现代人看来，这种深思将是十分古怪的，甚至于是怪癖一种，无论如何都是无用的。但也许，一个现代人也不妨让自己来回想一下，λέγειν[言说、置放]和λόγος[逻各斯]这些引人注目的词语，或者说它们所命名的东西，乃是西方逻辑的根源。

如若没有这种逻辑的λέγειν[言说、置放]，现代人就必定不会有汽车了，也不会有飞机、涡轮机、原子能委员会了。如若没有这种λέγειν[言说、置放]及其λόγος[逻各斯]，也就不会有基督教信仰的三位一体学说了，也就不会有关于神性中的第二位格概念的神学解释了。如若没有这个λέγειν[言说、置放]及其λόγος[逻各
208 斯]，也就不会有什么启蒙时代了。如若没有这个λέγειν[言说、置放]，也就不会有辩证唯物主义了。如若没有逻辑的λόγος[逻各斯]，世界看起来就是另一个样子了。但想要描绘出世界看起来的样子，这或许是多余之举。

然而，要是我们来探究这个眼下现存的特性，即λέγειν[言说、置放]这个希腊词语一方面意味着“置放”，另一方面意味着“道说”，这难道不是同样多余的吗？是的，这是大可不必的。这甚至是无用的。无用之物放哪儿都不行。因此，无论它在哪儿出现，它都放错了地方。由此将产生独特的后果。由于我们在此没有自以为能够对付这个无用之物，所以我们满足于这样一种可能性，即：关于作为“置放”和“道说”的λέγειν[言说、置放]的探讨，或许在什么时候至少会有点用处。因此，我们最后还要来追问一下。

我们问：如果λέγειν[言说、置放]同时意味着“置放”和“道说”，那将会发生什么呢？这些含义并列在一起，共属同一个词语，

这难道纯属偶然？抑或是别的情形？恰恰是这一点，即道说在其本质中是什么以及什么叫λέγειν[言说、置放]，作为一种置放(Legen)已经得以显露了？当语言之道说作为一种置放而被接受和完成时，语言是以何种本质形态得到揭示的呢？

所以，或者首要之事是要澄清什么叫置放。我们首先还必须澄清置放这样一种我们每时每刻都以极多样的方式在干的事体，这是不免奇怪的。在置放中要紧的、向来使这种置放本身得以到来的东西乃是：有待置放者放着，并且由此归属于已然呈放者。后者乃是首先呈放者，尤其是当它先于一切由人完成的置放和摆置而已经放着时——其途径是，它已经抢在人安放、放下和拆放的一切东西之前而呈放出来。

对于希腊人来说，道说就是一种置放。在道说(Sagen)中语言成其本质。如果在希腊人那里道说(Sage)是从置放出发而得到规定的，那么，他们关心的就是一种别具一格的意义上的置放、放 209
和呈放[①]，而且这一点是如此确定，以至于在希腊人看来，甚至存在之物(不光是关于存在之物的道说)也是从置放和放的角度而得到开启和规定的。大海和山脉、城市和岛屿、庙宇和天空呈放出来，而且从其呈放中显现。

如果人发现自己自身于如此这般呈放者之中，那么，难道他不该让呈放者如其放着那样呈放，由此来应合这个呈放者吗？难道这种让呈放不应是那种置放，即人所从事的一切其他置放都在其

① 此处“置放”“放”“呈放”德语原文依次为 Legen，Liegen 和 Vorliegen，在海德格尔看来为希腊语动词λέγειν[言说、置放]的含义。——译注

活动空间中发生的那种置放吗？那么，置放现在就突然表现为一种关联，它根本上贯通和支配着人在大地上的逗留，尽管我们从来都没有追问过这种关联来自何方。于是，作为一种置放和让放着，λέγειν[言说、置放]就会成为人类此在(Dasein)的流行之物和阴森之物当中某种巨大的东西(etwas Un-geheueres)。

Λέγειν[言说、置放]是一种道说吗？道说乃是语言的事情。语言道说什么呢？语言所道说者，语言所言说和所沉默的东西，始终而且处处存在、可能存在、曾经存在和将来存在的东西；尤其当"是"和"存在"[①]这两个词语根本没有特别地得到表达时，所有这一切是最直接和最丰富的。因为在本真意义上向来得到表达的东西，本质上比进入可听可视的表达形态中，并且进而作为这样一种东西又在书写文字中沉寂的东西更为丰富。但即便如此，一切道说都仍旧以隐蔽的方式关联于可以通过"这是"(Es ist)命名的那个东西。

"这是一盏在风中熄灭的灯。
这是一把被午后的醉鬼遗弃的山野酒壶。
这是一座被烧焦了的葡萄园，黑漆漆布满蜘蛛网。
这是一间被他们刷成乳白色的房间。
疯子已经死了……"[②]

---

① 此处"是"(ist)是德语系动词 sein 的第三人称现在时直陈式形式，"存在"(sein)则是德语系动词的不定式形式。——译注

② 四个诗句均以 Es ist(这是、它是)开头。海德格尔在《面向思的事情》里也引用过特拉克尔的这首诗，参看中译本，孙周兴译，北京：商务印书馆，2014年，第55页。根据本书全集版编者的说明，此处诗句出自特拉克尔：《诗歌》，奥托·穆勒出版社(萨尔茨堡)，1938年，第61页。——译注

这不是写在逻辑教科书上的话，而是在别处。210

作为最广泛的让呈放，置放联系于最广义的呈放者，后者无声地言说：这是(es ist)。

置放和道说以同一种让显现的方式联系于同一者。道说表明自身就是一种置放，被叫作λέγειν[言说、置放]。

Χρὴ τὸ λέγειν τε...就是：“需用既让呈放又νοεῖν[思想、留心]”。Νοεῖν[思想、留心]这个词与λέγειν[言说、置放]一样，原本并不意味着“思想”。两者唯从它们的原始本质而来才密切联系在一起，后来被狭隘化为作为思想之本质的逻辑学所讨论的东西。在νοεῖν[思想、留心]中起支配作用的是一种觉知，但这种觉知首先就不是对某物的单纯接受。Νοεῖν[思想、留心]自始就通过留心而觉知(ver-nehmen)。留心乃是守卫，[①]它守卫着呈放，但本身需要一种在作为聚集的λέγειν[言说、置放]中得到实行的保存。所以，νόος[奴斯]和νοῦς[奴斯]原本并不意味着后来作为理性而形成的东西；νόος[奴斯]意味着沉思、冥思(Sinnen)，意即打算做什么，并且把它放在心上。因此之故，νοεῖν[思想、留心]也意味着我们所理解的觉察、嗅觉(wittern)——虽然我们更愿意把这个词用在动物、野兽身上。

人类的嗅觉乃是预感[②]。然而，因为我们现在早就是根据逻辑之思想来理解一切知识和能力的，所以，我们也以这个尺度来衡量“预感”。但举例说来，考生在考试中关于主题毫无预感。预感

① 此处“留心”(Acht)与“守卫”(Wacht)在原文中只有一个字母之差。——译注

② 我们译为“觉察、嗅觉”的德语的 wittern 和 Witterung 也有“预感”(Ahnen)之义。——译注

在此意指通向真正知识的可怜的预备阶段。不过，“预感”（ahnen）这个古老词语说的是另一回事。正如“表达”来自“外面”一样，“预感”源自介词“在……旁边”。[1]“预感”一词原本被用于无人称句：“这让我预感”甚或“这使我预感”：[2]某物把我攫住，某物侵袭于我。真正的预感乃是这样一种方式，它使本质性的东西向
211 我们袭来，因此使我们给予留心，让我们得以把它记住。这种预感并不是知识阶梯上的预备阶段。它是隐瞒，也即隐蔽一切可知之物的大厅。

我们把νοεῖν[思想、留心]翻译为：留心。

Χρὴ τὸ λέγειν τε νοεῖν τε...

“需用既让呈放又留心……”

第九讲

我们把λέγειν[言说、置放]译为：让呈放；而把νοεῖν[思想、留心]译为：留心。这种翻译不仅更合乎实情，而且也更清晰了。个中本质性的东西，我们抓住如下四点：

1.我们的翻译弄明白了，为什么以及以何种方式λέγειν[言

---

① 此句中的“表达”（äußern）源自“外面”（außen），同样，动词“预感”（ahnen）来自介词“在……旁边”（an）。——译注

② 此处“这让我预感”（es anet mir）和“这使我预感”（es anet mich）都是由无人称代词es来表示的无人称句。——译注

说、置放]先行于νοεῖν[思想、留心],因此是首先得到命名的。让呈放必须把某物带给我们,也即进而[1]作为一个呈放者能够为我们所留心的东西。Λέγειν[言说、置放]先行于νοεῖν[思想、留心],也不光是因为它必须首先被实行,而后νοεῖν[思想、留心]才能发现它能够留心的东西。而毋宁说,λέγειν[言说、置放]超越于νοεῖν[思想、留心],也是因为它同时又把νοεῖν[思想、留心]所留心的东西聚集起来,并且把它当作被聚集者加以保存;因为λέγειν[言说、置放]作为置放,同时也是拉丁文的 legere,即阅读(lesen)。我们通常只把阅读理解为把握和理解著作和文字。然而,只有把字母聚集起来才能做到这一点。如若没有这种聚集,也即没有一种采麦穗和采葡萄意义上的采集(Lese),那么,即便通过一种还更敏锐 212
的对字符的观察,我们也绝不能阅读一个词语。

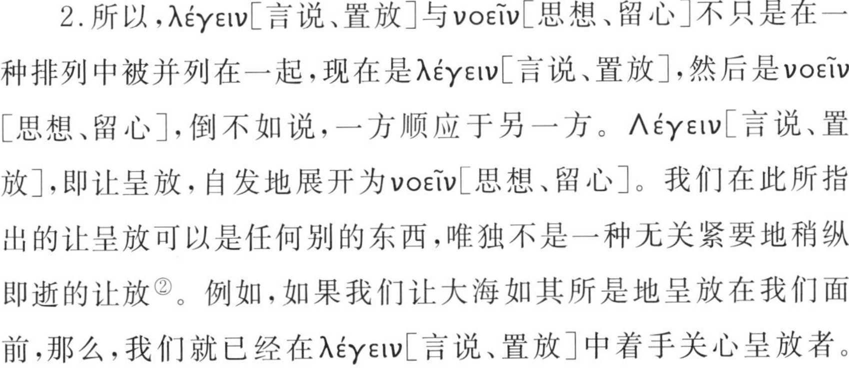

2. 所以,λέγειν[言说、置放]与νοεῖν[思想、留心]不只是在一种排列中被并列在一起,现在是λέγειν[言说、置放],然后是νοεῖν[思想、留心],倒不如说,一方顺应于另一方。Λέγειν[言说、置放],即让呈放,自发地展开为νοεῖν[思想、留心]。我们在此所指出的让呈放可以是任何别的东西,唯独不是一种无关紧要地稍纵即逝的让放[2]。例如,如果我们让大海如其所是地呈放在我们面前,那么,我们就已经在λέγειν[言说、置放]中着手关心呈放者。

① =于是、接着(daraufhin)——"进而"不能在一种时间顺序意义上来理解,而是在"于是、接着"意义上来讲的,也就是在后者的字面上来想的。这意思是说:νοεῖν[思想、留心]是建立在λέγειν[言说、置放]基础上的。λέγειν[言说、置放]与νοεῖν[思想、留心]的共属一体性并不排除,而是包括两者之间的一种奠基关系。——作者边注

② 注意此句中的"让呈放"(Vorliegenlassen)与"让放"(Liegenlassen)的字面差异。——译注

我们已经留心呈放者了。Λέγειν[言说、置放]默然倾向于νοεῖν[思想、留心]。

相反，νοεῖν[思想、留心]始终是一种λέγειν[言说、置放]。当我们留心呈放者时，我们关注它的呈放。在关注中，我们专注和凝聚于呈放者，并且把留心的东西聚集起来。聚集到何处呢？无非是聚集到它本身，使得它如其从自身而来呈放那样显现出来。这个箴言的语言其实也是极其谨慎的。它不只是通过一个单纯的καί，即通过一个“和”，把λέγειν[言说、置放]与νοεῖν[思想、留心]联结在一起；这个箴言倒是说：τὸ λέγειν τε νοεῖν τε[既言说又思想]。这个τε-τε[既－又]具有一种反身的含义，说的是：λέγειν[言说、置放]与νοεῖν[思想、留心]，让呈放与留心，交替地相互接纳和相互进入。Λέγειν[言说、置放]与νοεῖν[思想、留心]之间的关系，并不是相互陌生的事物和行为方式的一种拼接。这种关系乃是一种接合(Gefüge)，而且是向来从自身而来相互朝向，也即相似的东西的接合。因此，我们把τὸ λέγειν τε νοεῖν τε[既言说又思想]翻译为：既这样让呈放(即像这个一样)也留心(即像那个一样)。

3. 这个翻译不只是更合乎实情地强调了λέγειν[言说、置放]和νοεῖν[思想、留心]这两个词语的含义，而不如说，人们由此才能听到这个箴言所言说的东西。这个箴言没有预先设定什么叫思想，而是首先指向后来被规定为思想的东西的基本特征。通过
213 λέγειν[言说、置放]和νοεῖν[思想、留心]的接合，什么叫思想才得到了预告。对于思想的可能限定，也即把思想限定于由逻辑所固定的概念上，这事在这里只是得到了酝酿。无论是λέγειν[言说、

置放]还是νοεῖν[思想、留心],两者基于其接合而完成了后来特别地,而且只在短时间内被命名为ἀληθεύειν[解蔽]的东西,即:解蔽并且使无蔽者保持解蔽。

Λέγειν[言说、置放]和νοεῖν[思想、留心]的隐蔽本质在于:它们与无蔽者及其无蔽状态相应合。由此我们猜度,λέγειν[言说、置放]和νοεῖν[思想、留心]之接合所服从的χρὴ[需用、需要],是怎样通过'Αλήθεια[无蔽、真理]而被言说出来的。为了更清晰地看到这一点,需要把通常所谓的巴门尼德之《教育诗》的整个开场白翻译出来。但我们首先必须来思量另一回事。它固然引向已被命名者[①],后者——在没有特别地得到探讨的情况下——在本讲座结尾所指明的那个东西中闪现出来。

但λέγειν[言说、置放]和νοεῖν[思想、留心]的接合并不依据于自身。让呈现与留心本身指向这样一个东西,它与它们相关涉,并且唯因此才完全规定着它们。因此,要充分规定思想的本质,既不能独自通过λέγειν[言说、置放],也不能独自通过νοεῖν[思想、留心],但也不能通过作为接合的两者之合并。

然而,后来人们还是踏上了这条道路。思想成为陈述意义上的λόγος[逻各斯]之λέγειν[言说、置放]。思想同时也成为理性之觉知意义上的νοεῖν[思想、留心]。这两个思想之规定耦合在一起,而且基于这种耦合,规定着后来在西方-欧洲传统中被叫作思想的东西。

① "被命名者"关系到这样一回事,即χρὴ[需要]从'Αλήθεια[无蔽、真理]而来得到言说。——作者边注

作为陈述和作为理性的λέγειν[言说、置放]和νοεῖν[思想、留心],两者的耦合反映在被罗马人称为ratio[理性]的东西中。思
214 想显现为是理性的东西。Ratio[理性]源自动词reor[认为、断定]。Reor的意思是:把某物看作某物,即νοεῖν[思想、留心];这同时也就是:把某物阐述为某物,即λέγειν[言说、置放]。Ratio成了理性。逻辑学就是论述理性的。康德的主要著作《纯粹理性批判》就是通过逻辑学和辩证法来探讨纯粹理性之批判的。

然而,λέγειν[言说、置放]和νοεῖν[思想、留心]的原始本质却在ratio中隐失了。随着ratio[理性]之统治地位的出现,一切关系都颠倒了。因为现在,中世纪和现代的哲学,都是从**其**ratio[理性]概念出发来说明λέγειν[言说、置放]和νοεῖν[思想、留心]的**希腊**本质的。但这种说明不再能澄清它们,而是使之模糊不清了。启蒙运动使思想的本质起源变得晦暗不明。它根本上锁闭了任何一条通向希腊思想的道路。不过,这并不是说,后希腊的哲学是错误的,是一条歧途。这充其量是说,尽管有全部逻辑学和辩证法,但哲学并没有进入对"什么叫思想?"这个问题的探讨。当哲学被带向这样一个想法,即思想必定起于怀疑,这时候,哲学就离这个隐蔽的问题最遥远了。

4.如果我们比以往所做的更准确地去倾听λέγειν[言说、置放]和νοεῖν[思想、留心]通过翻译所道说的东西,如果我们在两者的接合中寻求思想之本质特征的最初闪现,那么,我们就会小心谨慎,谨防立即把箴言所道说的东西把握为一种关于思想的呆板定义。反之,如果我们保持小心谨慎,我们就会发现某种奇怪的东西。它的奇异性是不会丝毫减缓的。

Noεῖν[思想、留心]即留心，是由λέγειν[言说、置放]来规定的。这意思有二：

一方面，νοεῖν[思想、留心]从λέγειν[言说、置放]而来展开自身。取得(Nehmen)不是掌握，而是一种让呈现者到来。

另一方面，νοεῖν[思想、留心]被扣留于λέγειν[言说、置放]中。把事物放在心上的留心属于聚集，即把呈放者之为呈放者庇护入其中的聚集。

Λέγειν[言说、置放]和νοεῖν[思想、留心]的接合，乃是在此进 215
入本质之中的思想的基本特征。思想因而就不是一种掌握，既不是一种对呈放者的抓握，也不是一种对呈放者的进攻。在λέγειν[言说、置放]和νοεῖν[思想、留心]中，呈放者不是通过掌握而被加工的。思想并不是一种把-握。在其本质展开过程的早先时代，思想并不识得概念。[①] 个中原因绝不在于，在这里思想还是未发育成熟的。而毋宁说，自行展开的思想尚未被锁闭于那个界限中，即思想通过为自己的本质展开过程设定范限而限定的界限。但这样一来，后来的限制固然不能被看作损失或缺陷，而倒是思想之劳作作为概念之劳作而得到完成时必须提供出来的唯一收获。

可是，包括亚里士多德在内的希腊思想家的整个伟大思想都是无概念地思想的。它因此就是不准确的和不鲜明的吗？不是，而是相反：它实事求是地思。这同时说的是：思想保持在自己的道路上。这是通向可疑之物的道路。存在者在其存在中是什么，甚

① 此处请注意“概念”(Begriff)与前句中的“把-握”(Be-greifen)的字面和意义联系，后者似更应该译为“概念-把握”。——译注

至对亚里士多德来说，这也还是一个持久的问题。在我的《康德与形而上学问题》(1929 年)一书的结尾处，我曾指出亚里士多德《形而上学》一书中一个久已被遗忘的句子(Z1，1028 b2 以下)。这个句子如下：

> καὶ δὴ καὶ τὸ πάλαι τε καὶ νῦν καὶ ἀεὶ ζητούμενον καὶ ἀεὶ ἀπορούμενον τί τὸ ὄν...
>
> “自古至今不断地，一个被寻求而又一再没有找到出路的东西乃是(这个)：存在者是什么……？”①

当然，如果我们现在没有重新引用亚里士多德的这个句子，同时不理会它不断地要求进入可疑问性之中，那是不会有什么结果的。坚持于这样一种追问，这一点把亚里士多德这位思想家与所有亚里士多德主义截然区分开来了——亚里士多德主义与每一个
216 追随者一样，都把可疑问的东西歪曲为一个确定的答案。但在这类事体没有发生的地方，可疑问的东西成了单纯成问题的东西。这个成问题的东西进而表现为面临崩溃危险的不可靠的、脆弱的、柔弱的东西。因此需要一种保证，能把一切都安排到一种一目了然的安全性之中的保证。这种有所保证的安排，即σύστημα，就是体系。通过概念来完成的体系性的和构造体系的表象达乎统治地位。

① 现有中译本译为：“存在是什么，换言之，实体是什么，不论在古老的过去、现在，以至永远的将来，都是一个不断追寻总得不到答案的问题”。参看亚里士多德：《形而上学》，载《亚里士多德全集》第 7 卷，中译本，苗力田主编，北京：中国人民大学出版社，1993 年，第 153 页。——译注

对于希腊思想来说，概念和体系是同样地格格不入的。因此，希腊思想根本上也不同于克尔凯郭尔和尼采的现代思想方式，他们的思想诚然是特别地反对体系的，但恰恰因此，他们又依然囿于体系之管控。经由黑格尔形而上学的中介，克尔凯郭尔在哲学上一方面依附于一种独断的亚里士多德主义（后者丝毫不亚于中世纪经院哲学的亚里士多德主义），另一方面又依附于德国唯心主义的主体性。明眼人都不会否认克尔凯郭尔所产生的刺激作用，他促使我们重新去关注“实存状态”。相反地，对于有关存在之本质的决定性问题，克尔凯郭尔却一言未发。

然而在这里，我们必须关注另一回事：由现代概念思想所引导的关于希腊思想的解释不仅不适合于希腊思想，而且还有阻碍作用，阻碍我们受希腊思想的可疑问性的招呼，而且由此也阻碍我们保持在一种总是越来越高的追问要求中。当然，我们也不可耽搁，忘掉了沉思，为什么以及以何种途径恰恰希腊思想为概念性表象意义上的思想的形成做了本质性的准备，甚至于必定招致这种思想的形成。但在我们现在的道路上，重要的是首先要看到，只要我们今天的表象思维顽固地坚持于自身，它就自己堵塞了进入西方思想之开端，因而进入其基本特征的道路。这一点已经显示于译文中：

χρὴ: τὸ λέγειν τε νοεῖν τε... 217

我们现在把它译为：

“需用：既让呈放又留心……”

然则需用λέγειν[言说、置放]和νοεῖν[思想、留心],这并不是一般地泛泛而论的,仿佛问题只关乎在全部表象思维方面的一种注意力要求,仿佛这个在通常译文中表达出来的箴言说的是:我们必需思想。而毋宁说,这个箴言首先护送我们进入思想之本质的闪烁之中。

但这种本质本身是从哪里得到规定的呢?除了λέγειν[言说、置放]和νοεῖν[思想、留心]所关系的东西,还能从哪里得到规定呢?这个东西在后面的词语中得到了命名。那就是:ἐόν[存在者][①]。人们把它翻译为"存在者"。后来这个词语只还剩下了ὄν。其中的ε消失了,但ε这个元音恰恰命名着这个词语的词根:ἐ,ἐς,ἔστιν,est,"是"(ist)。我们并不把ἐόν翻译为"存在者",因为它没有冠词。没有冠词这一点恰恰更增强了它的令人诧异的性质。ἐόν[存在者]一词指出了与让呈放和留心相关的那个东西。

Ἐόν,即存在者,这种翻译在辞典里又是十分正确的,就如同把λέγειν[言说、置放]译为"道说"一样。只要我们的表象和意见活动在不成问题的、平均的和习惯的东西中,那么,我们至少也能毫无困难地理解"存在者"(Seiendes)这个译词。

① 海德格尔认为,ἐόν是原初希腊思想的用法,后来则被简为ὄν[存在者],后者已经偏于名词了。而通常也译为"存在者"的ἐόν作为分词则更具动词性。——译注

第 十 讲

从第九讲到第十讲的过渡

这个讲座课的标题是一个问题。该问题是:什么叫思想? 人们期望由一个讲座来解答这个问题。讲座的进程因此就要使这个标题一步步消失。但本讲座的标题依然在焉。因为它的意思就如同它说的那样。它是整个讲座的标题。本讲座只有一个唯一的问 251
题:什么叫我们思想? 把我们叫唤入思想的那个东西是什么?

通过我们已经选取的道路,我们试图追踪一个指令,即把西方-欧洲思想召唤和指引入被当作思想来完成的东西之中的指令。

我们试图在巴门尼德的一个箴言中来倾听我们要追问的指令。这个箴言说:

χρὴ τὸ λέγειν τε νοεῖν τε

"需有既**λέγειν**[言说、置放]又**νοεῖν**[思想、留心]。"

后来,在柏拉图和亚里士多德那里,这两个词语各自独立地标识着后世哲学所理解的思想。

可是，如果我们跟随后来的传统，立即把巴门尼德箴言中的λέγειν[言说、置放]和νοεῖν[思想、留心]翻译成“思想”(Denken)，那么，我们因此就挡住了我们自己的意图。因为实际上，我们试图做的就是首先要从箴言中听出，思想被叫唤入其本质的何种基本特征之中。因此，我们在字面上把λέγειν[言说、置放]译为：让呈放，而把νοεῖν[思想、留心]译为：留心。两者交互地共属于一种接合(Gefüge)。不过，即便这种接合也还不能表示思想的基本特征。

220 就其本身来说，这种接合需要它所顺应的那个东西的规定。那个东西是什么呢？显然是λέγειν[言说、置放]和νοεῖν[思想、留心]所关涉的那个东西。这个箴言用后面紧跟着的词语来命名它。这个词语叫：ἐόν[存在者]。在词典里，人们正确地把它译作：存在者(Seiendes)。假如这个词语竟在日常语言中被说出来，则人人都能懂这个词语——至少约略地，而且就日常用法而言，情形就是这样。

第十讲

倘若我们此间来检验一下，每个人在听到或者重复“存在者”一词时总是想到什么，那就会得出殊为不同和令人惊奇的答复。我们于此不得不直面一种奇怪的混乱，而且兴许不得不承认，众说纷纭的当今世界状况的混沌性质已经表现在此类不显眼的领域里(就像这个词的含义域看起来所是的那样)。也许，甚至这种所谓的混沌的根源就在于此。然而更为令人困惑的是，人们仍然能相互理解。一切都被统一起来了，被归结于一个分母，这个分母为我们命名了我们通常理解为“存在者”的东西。我们在任何时候都能通过任意的提示来证明“存在者”一词的意思。我们指出山脉、大海、森林、马匹、轮船、天空、神、比赛、集会等。这些提示是正确的。

但这样一来，人们如何还能理解一个希腊箴言要说的，即“需用让呈放者……呈放”呢？λέγειν[言说、置放]，即让呈放，与后面的νοεῖν[思想、留心]一样是多余的。因为终有一死的人自发地和持续地感知到呈放者。他们在远游时看到山脉，他们在航行时看
到大海。他们观察到天空的征兆，注意到上帝的暗示。他们在比 221
赛中相互观察。他们在欢筵和聚会中相互留意。让呈放和对ἐόν即存在者的注意自行发生，因为像人这样的生物出现了。人并不首先需要一种特殊的通向λέγειν[言说、置放]和νοεῖν[思想、留心]的劝说。他们对此也一无所知。

然则这个箴言仍然在说话，说：χρή[需用、需要]——既让呈放又留心：ἐόν，即存在者。但此箴言并没有结束于ἐόν[存在者]。在此箴言中，最后的词语是它最后说的那个词语：ἐόν ἔμμεναι[存在者存在]。不定式ἔμμεναι与ἔσμεναι一样，乃是εἶναι[是/存在]的一个更古老形式，意味着：是/存在（sein）。①

“需用：既让呈放又留心：存在者：存在。”

当我们现在使用这些词语时，我们是在谈论什么呢？我们运

① 此句中εἶναι[是/存在]是希腊语中的系动词不定式，相当于德语的sein，英语的to be；而ἔμμεναι和ἔσμεναι则是εἶναι的较古老形式。我们把εἶναι译为“是/存在”，而把ἔμμεναι和ἔσμεναι译为“存在/是”，十分勉强，但可示区分。——译注

用它们,就如同对待一些空果壳。“存在者”和“是/存在”几乎只是空洞的声音而已。此外,我们还拥有一种历史学的知识,知道哲学自古以来就用这些词语来命名它费尽心力去处理的主题。我们处于一种奇特的情形中。

一方面,“存在者”(Seiendes)和“是/存在”(sein)这两个词语没有道出任何明确结实的东西。另一方面,它们又是哲学的最高称号。但同时,当这些称号在强调意义上被使用时,它们又显得像是语言中的异物。它们干扰了自然道说(Sagen)的和谐而质朴的进程。最后,这些词语会让人感到寒心。我们并不真正知道这寒气从何而来,是来自它们所命名的东西呢,抑或来自那种寒冷的、枯死的方式,它神出鬼没地贯穿于一切哲学言说和书写。对于不想欺骗自己、不想让自己被存在和实存之叫喊声搞糊涂的人来说,所有这一切都是令人痛苦的。

222 以这样一些令人痛苦的手段,以“存在者”和“是/存在”这样一些颤动不安而空洞不堪的词语,我们当怎样来怀疑巴门尼德之箴言的译文,而且是此箴言的显然决定着一切的最后词语呢?

此箴言的最后词语是:ἐόν: ἔμμεναι[存在者:存在/是][①]。此箴言是要告诉我们,那个把终有一死的人叫唤入思想之中的东西是什么——其叫唤方式是,把终有一死者纳入和指引入思想的基本特征之中,使之进入λέγειν[言说、置放]和νοεῖν[思想、留心]的接合之中。可是,我们从这个箴言中首先只是听到,λέγειν[言说、置放]和νοεῖν[思想、留心]本身与ἐόν: ἔμμεναι[存在者:存在/是]

---

① 前面以及别处书作ἐόν ἔμμεναι,我们译为“存在者存在”。——译注

相关联。后者可以说是它们的关联对象。Λέγειν[言说、置放]和νοεῖν[思想、留心]是偶然地沦为这个不是对象的对象么？也许不是。因为该箴言的第一个词语说χρή:“需用……”。

但是，让呈现和留心为什么以及以何种方式会与ἐόν ἔμμεναι[存在者存在]，即“存在者”(Seiendes)、“是/存在”(sein)相关联呢？需用[①]这样一种关联。谁或者什么需用λέγειν[言说、置放]和νοεῖν[思想、留心]与ἐόν ἔμμεναι[存在者存在]的这样一种关联呢？“存在者”、“是/存在”需用让呈现和留心吗？

若没有关注存在者的人存在，存在者竟能够存在么？已经足够长久了，存在者是“自在的”(an sich)这个说法大行其道。这样一种说法也是“自在的”吗？抑或，它连同它之所思都服从于同一个指令？叫我们进入思想的指令是来自存在者，还是来自存在，抑或是来自两者，抑或并不来自两者中的任何一方？这个ἐόν ἔμμεναι[存在者存在]不仅仅像表面看起来的那样，是λέγειν[言说、置放]和νοεῖν[思想、留心]的客体吗？是否ἐόν ἔμμεναι[存在者存在]，即“存在者”、“是/存在”，更可能是主体，即把一切λέγειν[言说、置放]和νοεῖν[思想、留心]引向自身、关联于自身的主体——而且是必然地？但在这里，我们关于“客体”和“主体”的谈论只不过是最粗糙的权宜之计，我们用以标识现在隐隐约约地浮现出来的关系。

为了弄清楚这一点，哪怕只是为能够对此做出追问，我们肯定得首先澄清ἐόν[存在者]和ἔμμεναι[存在/是]这两个希腊词语意味着什么。也许它们所命名的东西是共属一体的。因为从语言上

① 此处“需用”原文为es brauchet，也可译为“需要”。——译注

223 看，“存在者”和“是/存在”其实只是同一个词语的不同形式。看起来，他们命名的是同一个实事。

我们能够强调和刻画这两个词语的共属一体性，即便我们还不能合乎实事地思考它们所命名的东西。甚至，如果我们竟想以合适的方式倾听巴门尼德的这个箴言，那么我们就必须特别地关注两者的共属方式。

幸运的是，巴门尼德本人通过自己的道说方式给予我们一个暗示，有助于我们去洞察ἐόν[存在者]和ἔμμεναι[存在/是]、“存在者”和“是/存在”的共属方式。

因为巴门尼德在别的地方也经常用ἐόν[存在者]一词来表示ἔμμεναι[存在/是]、εἶναι[是/存在]。初眼看来，特别是从我们现在讨论的箴言出发来看，这是令人诧异的。但实际上，这种语言用法有其良好的理由，就像某物所能具有的最佳理由。如果我们把现在提到的语言用法，即不说ἔμμεναι[存在/是]而是用ἐόν[存在者]，置入这个箴言中，那么它就变成：

χρὴ τὸ λέγειν τε νοεῖν τ᾽ ἐὸν ἐόν①

[需用既让呈放又留心存在者存在]

从字面上看，这个句子只不过是把同一件事说了两遍，因此根本没有说出什么来。除非ἐόν[存在者]这同一个词语在第一个和第二个位置说的是不同的东西。情形确然。可是，为了使这样一

① ἔστι γάρ εἶναι[因为存在是]。——作者边注

种情形成为可能，同一个词语ἐόν[存在者]必须有两种含义。但难道不是每个词都是多义的吗？毫无疑问是这样。不过，ἐόν[存在者]这个词是多义的，这并非偶然，也不是在一种不确定的意义上。而毋宁说，这个词是两义的，而且又是在一种确定的和别具一格的意义上。

为了解说这一点，需要一种语法上的思索。诚然，其效果取决于从下面的讨论中自动得出的各种保留。

就其词形来看，"存在者"一词类似于"盛开者"、"闪烁者"、"静止者"、"痛苦者"等等。[①] 在语法上，这种词形的词语自古以来就 224
被称为"分词"。因为它们分有、分享两种含义。但本质性的东西并不在于它只具有两种含义而非三种或者四种，而倒是在于这两种含义是相互指引的。其中一种含义指向另一种，反之亦然。"盛开者"一词可能意指：正在盛开的某个东西，诸如玫瑰树、苹果树。如果这个词是在此角度说话的，那么它指的就是盛开中的东西。"盛开者"指的始终是某种盛开的东西，而且向来独自意指这样一个东西，它理当盛开，盛开是其固有之事。举例说来，若"盛开者"指的是玫瑰，则此词在此几乎就是被命名者的专名。按其语言形式来看，它具有一个名词的特征。这样理解的"盛开者"是在其名词含义中被使用的。

然而，盛开者也可能意指：在盛开中，区别于"凋谢者"，即不同于在凋谢中。它所指的并非正在盛开或凋谢的东西，而是指：盛

① 此句中的"存在者"德语原文是 Seiendes，为动词（系动词）sein 的动名词形式，而"盛开者"（Blühendes）、"闪烁者"（Glänzendes）、"静止者"（Ruhendes）、"痛苦者"（Schmerzendes）也是相关动词的动名词形式。——译注

开、凋谢。这时候,“盛开者”意味着:盛开,因而是在动词含义中被使用的。

分词兼有名词和动词的含义。这是我们在学校语法课里学过的。但我们对此却毫无想法。不过,此时此地,指出分词是两义的已经不够了——仿佛事关宏旨的只是把我们所讨论的ἐόν即存在者一词列入分词行列。诚然,如果我们只关心语法,即只关心现在有这种语言形式的词语,那么,这种归类就是正确的。盛开者(Blühendes)说的是:某个盛开着的东西与盛开;流动者说的是:某个流动着的东西与流动;那么同样以此方式,“存在者”说的是:存在着的东西与存在。

然则为什么分词是两义的呢?是因为它们分有两种含义吗?非也,而不如说,这些词语之所以是分词,是因为它们的道说始终

225 都关联于本身就双重的东西。名词意义上的盛开者指的是一个盛开着的存在者。动词意义上的盛开着(blühend)指的是:“成为盛开着的”。[1] 如果在名词意义上使用“一个盛开者”这个词,则由此当然是指某个存在者,这一点根本就没有得到表达,就像在其动词意义中,“是/存在”也没有得到表达。从所有这一切中能得出什么呢?

分词ἐόν即存在者也不是一个与无数其他分词并列的分词,而毋宁说,ἐόν[存在者]、ens[存在者]、存在者乃是把所有其他可能的分词都聚集[2]于自身的分词。分词的两义性基于它们未曾明言地命名的东西的二重性质(das Zwiefältige)。但这个二重性质本

[1] 此处“成为盛开着的”原文为 blühend-sein,也可译为“是盛开着的”。——译注

[2] 不充分的。——作者边注

身又基于一种隐藏在ἐόν即存在者之中的**别具一格的**二重性(Zwiefalt)。人们或许会认为,诸如盛开者、鸣响者、流动者、痛苦者之类的分词是具体的,相反,分词ἐόν即存在者则在任何时候都是抽象的。实际情况恰恰相反。

有一个分词,其他所有分词皆植根于其中,在其中共生(concrescere),它们总是在其中成长而没有特别地把它表达出来——这个分词就是通过一种独一无二的和别具一格的二重性而说话的分词。依照这种二重性,一个存在者在存在中本质性地现身,而存在作为一个存在者之存在而本质性地现身。这种二重性具有无与伦比的特性。

“分词”这个名称乃是一个语法术语。它从根本上关涉于(但未曾明言地)那种二重性,后者在语言－语法上通过ἐόν、ὄν、ens、存在者,似乎被归入其他分词之列。古罗马的语法学家们从希腊语法学家那里接受了表示不同词语形式的名称。他们的研究乃依据于那种从关于λόγος[逻各斯]和λεκτόν[词、句]的逻辑考察中得出来的语言特性刻画。而这种逻辑考察又要回溯到柏拉图和亚里士多德的哲学。

所以,举例说来,我们所熟悉的动词与名词的区别并非源于语 226
法。它也并非出自逻辑教科书。它首次谨慎而艰难地出现在柏拉图留给我们的最深刻的对话之一《智者篇》中。拉丁语名称 Participium[分词]乃是希腊语μετοχή[分有、分词]的翻译。某物分有某物,就是动词μετέχειν的意思。在柏拉图的思想中,这个词语是一个基本词语。它指的是某个个别存在者(诸如一张桌子)对于使之作为这种存在者显示其外表和外观(即希腊语的εἶδος[爱多斯、外观]和ἰδέα[相、理念])的分有。个别存在者在这种外观中在场、**存在**(*ist*)。在柏拉图看来,理念(Idee)构成一个存在者的存在。理念乃是一种外表(Gesicht),某物总是由此显示其外观,注视着我们,并且因此比如说作为一张桌子显现出来。从这种外观而来,某物注视着我们。

现在,柏拉图把个别存在者与其理念之间的关系标识为μέθεξις,即分有。但是,这样一种一方(即存在者)对另一方(即存在)的分有已经**预设了**:根本上有存在者与存在的二重性。Μέθεξις[分有],即存在者对存在的分有,乃基于语法上所谓μετοχή[分有、分词]即分词ἐόν[存在者]、ὄν[存在]所命名的东西中。

从前面引用过的亚里士多德的句子中,我们听到,思想的永恒问题乃是:τί τὸ ὄν[存在者是什么?],在其存在中的存在者是什么?围绕对此独一问题的解答展开的斗争,乃是哲学史的基本特征。

与τί τὸ ὄν[存在者是什么]即在其存在中的存在者是什么这个主导问题相应,西方-欧洲思想从存在者出发走向存在。思想从存在者提升至存在。依照这个主导问题,思想总是超逾存在者,向着存在者之存在而超越存在者——并非为了抛弃和放弃存在者,而是为了通过这种超逾、超越[①],在存在者**作为**存在者所是的东西中表象存在者。

227 对希腊人来说,自行呈放者、存在者就是从自身而来涌现者

---

① 此处"超逾"德语原文为 Überstieg,"超越"德语原文为 Transzendenz。"超越"问题在海德格尔看来是形而上学的基本问题。——译注

(Φύσις[涌现、自然]),因而可以被命名为“自然的东西”。在这里,这个词语是十分广泛地被把握的,以至于它也包括了心理的和精神的东西。存在物是什么,最广义的自然的东西是什么,这个主导问题超越了存在者。“越过一物而到达另一物”,这在希腊文中叫μετά[①]。所以,τί τὸ ὄν[存在者是什么?],即着眼于其存在来看存在者是什么?这个问题意义上的思想在“形而上学”名下走上一条特殊的道路。西方形而上学的主题领域被标识为μέθεξις[分有],即存在者对存在的分有,而且意思就是要追问:如此这般分有着的存在者如何从存在角度得到规定。这一形而上学领域建基于通过μετοχή[分有、分词]即ἐόν[存在者]这个独特的分词单独命名的东西中,也即建基于存在者与存在的二重性。但是,为了形而上学思想能够首先哪怕只是看到自己的领域,并且在此领域范围内尝试最初的步骤——

> χρὴ τὸ λέγειν τε νοεῖν τ’ ἐὸν ἐόν.
>
> “需用既让呈放又留心:存在者存在着[②]。”

存在者与存在的二重性必须首先以自己的方式公然呈放,必须已经得到留心和保存,方能在一方即存在者对另一方即存在的分有意义上得到表象和探讨。

巴门尼德的这个箴言对我们发出了何种指令呢?让呈放和留

① 希腊文的介词μετά有“按照、在……之后、与……一起”等含义。——译注

② 此处“存在者存在着”德语原文为:Seiendes seiend,也可译为“存在者存在”。——译注

心ἐόν ἔμμεναι，即存在者存在着。

从后来的语法因而从外部来讲，巴门尼德的这个箴言说的是：留心作为分词的ἐόν[存在者]，并且关注在ἐόν[存在者]中的ἔμμεναι[存在/是]，即存在者之存在。但这个箴言却**没有**进一步深入思考和追问存在者与存在的二重性本身，以及它**作为**这种二重性的本质和起源。唯就ἐόν[存在者]之ἔμμεναι[存在/是]即存
228 在者之存在能够得到留心而言，这种二重性才能得到揭示。因此，在这种二重性的领域里达乎显露的，乃是在此唯一要追问的东西，即：在其存在中的存在者是什么？只有西方－欧洲哲学——没有别的哲学，既没有中国哲学也没有印度哲学；而整个西方－欧洲哲学的风格是由"存在者－存在着"[①]之二重性来规定的。柏拉图对这种二重性的解释决定性地烙印了西方－欧洲哲学在二重性领域里的程式。这种二重性显现为分有，这一点绝不是不言自明的。

为了一种西方－欧洲形而上学根本上能够产生，为了一种思想作为形而上学的思想能够成为终有一死的人的天命和历史，首先就必须有一种指令把我们召唤入λέγειν τε νοεῖν τ' ἐὸν ἔμμεναι[既言说又思想存在者存在][②]之中。

那么，追随着这种指令的"思想"叫什么？思想就叫：让呈放因而也留心：存在者存在着。如此这般构造起来的思想贯穿于形而上学的基础，亦即存在者与存在的二重性。这样一种思想在这个

① 此处"存在者－存在着"德语原文为："Seiendes-seiend"，也可译为"存在者－存在"。——译注

② 按照海德格尔的解释，此句应译为："既让呈放也留心：存在者存在着"。——译注

基础上展开其各个立场，并且决定着形而上学的基本立场。

若此，这个箴言为我们提供了关于应该如何理解思想这样一个问题的答案吗？没有。如若我们能恰当地来倾听这个箴言，那么，它只是帮助我们进入追问之中。但这一箴言确实告诉我们需要什么，即这个微不足道的和质朴的东西：λέγειν τε νοεῖν τ' ἐὸν ἔμμεναι[既言说又思想存在者存在]。

因此，这个箴言的合乎实事的翻译必定是："需用既让呈放又留心：存在者存在着"。

这个译文虽然说明了应该如何理解不定式ἔμμεναι[存在/是]与分词ἐόν[存在者]的关系，但以此方式是不是已经对"存在者"、"存在着"和"是/存在"[1]所表示的东西做了必要的澄清呢？显然没有。

可是，"存在者"和"是/存在"这些词语早就在哲学的概念语言中扮演着决定性的称号角色。贯穿全部时代延续下来的、被大量引用的 philosophia perennis[永恒哲学]，假如它被剥夺了这些称 229
号的语言，那么它就必定会在其根基上分崩离析。假如我们稍停片刻，尝试直接而准确地，并且没有欺骗地设想一下"存在者"和"是/存在"这些词语所道说的东西，那么，**我们就会发现在这种检验中失去了任何依据**。一切表象活动都飘落了，成了不确定的东西。虽然并非完全地，因为总归还有一些东西幽暗而混乱地流露出来，这些东西向我们的意见和陈述诉说自己。倘若不然，我们或

① 注意此处动名词"存在者"(Seiendes)、分词"存在着"(seiend)和系动词"是/存在"(sein)三者之间的语法关系。——译注

许就可能理解不了我们眼前不断地唠叨的一句话:“这个夏天真热啊”。

让我们再来想象一下这个毫不起眼的“是”(ist)的可设想性。倘若这个可说出的、总是被说出的“是”拒不给予我们,则我们在世界上的逗留会是什么样子呢?

但为了搞清楚“是/存在”所说的东西,我们其实只需指出一个存在者,指出一座在眼前呈放的山,一座在眼前呈放的房子,一棵矗立的树。当我们求助于这样一些指示时,我们指向什么呢?当然是指向一个存在者;但严格说来,这种指示落在山、房子和树上。在此我们就以为首先要追问的东西是确定无疑的了。我们其实不是在追问一个作为山、房子和树的存在者,仿佛我们现在想去登一座山,住一座房子,种一棵树。我们追问作为一个特定存在者的山、房子、树,为的是思考山的存在者、房子的存在者、树的存在者。

诚然,我们马上就注意到,存在者没有在某个地方粘附在山上,贴在房子上,挂在树上。因此,我们注意到被命名为“存在者”的可疑问之物。我们的追问因此更具追问力量。我们让存在者作为存在者呈放出来,而且留心存在者之“存在”(seiend)。

230 可是,只要对我们来说,ἐόν[存在者]和ἔμμεναι[存在/是]两个词语所道说的东西都飘落在“存在者”(Seiendes)和“是/存在”(sein)这两个不确定的词语中,则我们就不能倾听这个箴言。因为这些词语绝不能担保,它们是否能把我们转渡到希腊语的ἐόν ἔμμεναι[存在者存在]所说的东西那里。如果我们只用德语的“存在者”和“是/存在”,或者用拉丁文的 ens 和 esse 取代ἐόν[存在者]和ἔμμεναι[存在/是]这两个词语,那么,这种翻译就还不成其为翻译。

那么，在把ἐόν译为“存在者”、把ἔμμεναι译为“是/存在”的传统译法中失去了什么呢？失去的是，我们没有尝试以同样的方式来说这些词语，就如同说χρή[需用、需要]、λέγειν[言说、置放]和νοεῖν[思想、留心]以及小品词τε... τε[既……也]那样。还需要什么呢？需要我们自己不只是把希腊词语转化为我们自己的语言，就我们自己而言，还需要我们过渡到希腊语ἐόν[存在者]和ἔμμεναι[存在/是]，ὄν[存在者]和εἶναι[是/存在]的语言领域。这种过渡是艰难的——不是自在地艰难，而只是对我们而言艰难。但它并不是不可能的。

231

第十一讲

从第十讲到第十一讲的过渡

巴门尼德的这个箴言朝向ἐόν[存在者]一词所命名的东西。如果我们根据巴门尼德自己的语言用法，把最后一个词ἔμμεναι[存在/是]替换成ἐόν[存在者]，那么，这一点就尤为清晰了。从语法上讲，这个词是一个分词。我们的思索已经表明：ἐόν[存在者]乃是一切分词的分词。ἐόν[存在者]是独一无二的因而别具一格的μετοχή[分有、分词]。它道出一种二重性：存在者存在着：存在着存在者[①]。取代动词含义，欧洲语言也使用不定式ἔμμεναι[存在/是]，εἶναι[是/存在]，esse[是/存在]和sein（是/存在）。

在柏拉图和亚里士多德那儿通用的是ἐόν[存在者]，后者的已经磨损了的形式则是：ὄν[存在者、存在着]、τὸ ὄν[存在者]，即存在者存在着（das Seiende seiend）。我们可以毫不勉强地为一切西方形而上学冠上一个名称：τὸ ὄν[存在者]。然而，这样做必须满

---

① 这两个表达的德语原文为：Seiendes seined：seined Seiendes。——译注

足一个条件。我们必须从一开始、不断地和唯一地，只把τὸ ὄν[存在者]听作和读作一个别具一格的分词——即便我们并非总是特别地在哲学的语言用法中来表达它。

如果我们说“存在”，那么它指的是：“存在者之存在”。如果我们说“存在者”，那么它指的是：鉴于存在的存在者。我们总是**出于**这种二重性说话。这种二重性总是已经预先确定的，对巴门尼德如此，对柏拉图亦然，对康德如此，对尼采亦然。这种二重性已经展开了这样一个领域，在其中，存在者与存在的关系变成可表象的了。这种关系可以得到不同方式的解说和说明。

对西方思想具有决定性意义的一种解说，是由柏拉图给出的。柏拉图说，在存在者与存在之间有一种χωρισμός[分离]；ἡ χώρα是位置、场所。柏拉图要说的是：存在者与存在在不同的位置。存在物与存在位于不同地方。因此，如果说柏拉图思考χωρισμός 232

[分离]，思考存在者与存在的不同定位，那么，他追问的就是完全不同的存在之位置——与存在者的位置相比较。

为了能够从根本上提出关于χωρισμός[分离]的问题，也即关于存在者与存在的**不同**定位的问题，两者的**区分**、两者的二重性必须是已经预先确定了的，而且是以这样一种方式，即这种二重性本身并没有特别地得到关注。

同样的道理也适合于所有的超越。当我们从存在者过渡到存在时，我们在这种过渡中穿越了两者的二重性。但这种过渡绝不能使二重性首先出现。这种二重性已经在使用中了。它是在一切言说和表象、有为和无为中被使用得最多的东西，因而绝对是最常用的东西。

如果我们能通过其语法形式即分词形式来理解ἐόν[存在者]一词的双重含义,我们就能更清晰地来翻译这个箴言了:

“需用既让呈放又留心:存在者存在着。”

不过,我们这个译文也还不是对这个箴言最后几个词语的翻译。我们只不过是用其他词语,诸如用拉丁语的 ens 和 esse,或者用“存在者”和“是/存在”来替代希腊词语而已。但以这样一种替换,我们往往一无所获。如果我们要倾听这个箴言,如果我们想被它带入追问之中,那么,把希腊词语替换成其他语言的其他依然十分熟悉的词语,这样做还是不够的。相反,我们必须让希腊词语直接向我们自己道出**它们**所命名的东西。我们必须把我们的倾听转向希腊语言的道说领域。

233 # 第十一讲

ἐόν ἔμμεναι[存在者存在]在希腊文中意味着什么呢?我们现在进入这个问题,而且是借助于“什么叫思想?”的问题而进入的。何以关于思想的问题会促使我们去思考,当希腊人说ἐόν(存在者)和ἔμμεναι(存在/是)时他们可能意指什么?

在道路的开端处,“什么叫思想?”这个问题就以四种问法向我们表现出来。

什么叫思想？这个问题首先是指："思想"这个词意味着什么？我们已经说了，它意味着记忆、谢恩、思念。关于此类东西，我们此间在讲座进程中再也没有说些什么。

什么叫思想？这个问题的第二层意思是：根据长期流传下来的思想学说，也即根据逻辑，我们今天仍然把思想理解为什么？虽然我们没有就逻辑学说的细部做更准确的报告，但我们还是指出了一点，即逻辑这个名称对应于这种学说所理解的思想。思想乃是陈述或者判断意义上的λέγειν[言说、置放]、λόγος[逻各斯]。判断被视为理智（最广义的理性）活动。理性的觉知可追溯到νοεῖν[思想、留心]。关于理性的判断，关于与νοεῖν[思想、留心]相联系的λέγειν[言说、置放]，巴门尼德的箴言告诉了我们。这个箴言既没有谈论逻辑的λόγος[逻各斯]，也没有谈论理性的判断，而只是谈论λέγειν[言说、置放]和νοεῖν[思想、留心]的接合（Gefüge）。唯作为后世被叫作思想，并且在逻辑上被考察的东西的基本特征，让呈放和留心才得以显露出来。

因此，翻译巴门尼德之箴言的尝试在某种意义上已经为我们提供了关于第二个问题的答案。照此看来，思想真正地意味着：让呈放因而也留心……不过我们已经表明，由此来规定思想是绝对不够的。在这个规定中还缺少些什么，而且缺少的还是最重要的事，即没有说明λέγειν[言说、置放]和νοεῖν[思想、留心]所关联的 234
东西。唯由此而来，我们才能充分地追问什么叫思想。与λέγειν[言说、置放]和νοεῖν[思想、留心]之接合相适应的那个东西，乃是ἐόν ἔμμεναι[存在者存在]。但希腊地来思考，ἐόν ἔμμεναι这个词

语意味着什么？我们在此问题上停了下来。这就意味着，我们要为此箴言的最后一个词即ἐόν ἔμμεναι[存在者存在]找到合乎实情的翻译，这样一种看起来不免怪癖的努力的唯一目的就是着重提出一个问题：根据传统来看，什么真正地叫思想？

本讲座尝试探究这个问题；但并没有把这第二种提问方式与四个问题的整体分离开来。相反地，第二种追问方式自始就从属于“什么叫思想？”这个问题的决定性的追问方式。这种决定性的追问方式是：把我们指引入思想之中的那个东西是什么？我们的思想坚守于这个轨道，并保持在传统思想的领域里。而通过对巴门尼德之箴言的翻译，我们的思想的本质得以显露出来了。但对于λέγειν[言说、置放]和νοεῖν[思想、留心]之本质具有规定作用的，却是与这两个词语的接合相适应的那个东西。也许它们适应于这样一个支配着λέγειν[言说、置放]和νοεῖν[思想、留心]的东西——其支配方式是，把两者指引和吸引到两者所关联的东西那里。这就是ἐόν ἔμμεναι[存在者存在]。它指引着构成思想之基本特征的东西，即λέγειν[言说、置放]和νοεῖν[思想、留心]，使之进入自己的本质之中。这个指引者就是把我们叫唤入思想之中的东西。

努力对箴言之最后词语做一种合乎实情的翻译，尝试去倾听在希腊词语ἐόν ἔμμεναι[存在者存在]中言说的东西，我们这样做，无非是试图去关注把我们叫唤入思想之中的那个东西。只要我们致力于这种关注，我们就是在第四种决定性的意义上追问“什么叫思想？”这个问题：

通过把λέγειν[言说、置放]和νοεῖν[思想、留心]之接合[①]支配入与自身的关联中,那把我们叫唤入思想之中的东西是什么?

只要我们能够在第四种决定性的意义上追问这个问题,我们 235
同时也就回应了"什么叫思想?"这个问题的第三种追问方式。这第三种追问方式的要义在于,弄清楚一旦要合乎本质地完成思想需要什么条件,因而我们要达到什么要求。只有当人们能够λέγειν τε νοεῖν τε[既让呈放又留心、既言说又思想]时,人们才知道,在这个问题的第三种意义上"思想"意味着什么。

然而就思想而言,我们活动在一个具有二千五百年之久的传统的领域里。我们不可因此就以为,人们仅仅活动在自己的观念世界里并且把自己的观念世界表达出来就足够了。因为这个表达世界是由一些盲目地被接受的和未经深思的观念和概念来实施的。这种混乱的观念,哪怕它装得多么有创造性,又怎么能被叫作思想呢?只有当我们尝试首先在我们所讲的四重意义上,并且从第四种决定性的追问方式出发来展开"什么叫思想?"这个问题时,

① λέγειν[言说、置放]和νοεῖν[思想、留心]之"接合"(das Gefüge)——在同一页上方第3—4行写有:"λέγειν[言说、置放]和νοεῖν[思想、留心]之接合所适应的那个东西乃是ἐόν ἔμμεναι[存在者存在]"。这是想说:存在者存在,(存在起作用),这一点给予思想以规定性,支配着它——思想——,使之进入"与自身"也即与支配性的存在之作用的关联之中。如果我们把这个东西(存在)思为在场状态,更准确地说,思为让在场:在场者(Anwesenlassen: das Anwesende),那么,这种让在场就要求一种具有λέγειν[言说、置放]和νοεῖν[思想、留心]之共属特性的思想。

希腊思想所达到的无非是这样一种公布,即公布出ἐόν ἔμμεναι[存在者存在]一方与λέγειν[言说、置放]-νοεῖν[思想、留心]另一方之间的关系。进而,在后继时代里,主体-客体关系得到了提升,而再也不提思想的指令问题了。在我所阐发的问题域背后隐藏着"本有"(das Ereignis),正如我在《同一律》第17页以下所探讨的那样。——作者边注

我们才能够思想。

如果一个讲座胆敢做这种尝试，那么它就必须限制自己。因此之故，我们把第四个决定性的问题即“把我们指引入思想之中的那个东西是什么?”带到第二个问题即“传统意义上的思想是什么?”的道路上了。

但是，我们在此并不是要在历史学上探询在历史进程中得出
236 的关于思想的不同观点。而毋宁说，我们要追问的是：指引和支配我们，使我们进入后来作为西方－欧洲思想而自行展开者的基本特征之中的那个东西是什么？一个被叫唤者如此这般响应叫唤者，即它进而作为理性的νοεῖν[思想、留心]在λόγος[逻各斯]的λέγειν[言说、置放]意义上被叫作思想——这个叫唤者是什么呢?这个叫唤者乃是λέγειν[言说、置放]和νοεῖν[思想、留心]所关联的那个东西，因为它们从那个东西出发被纳入关联之中，也就是被使用了。巴门尼德这个箴言的最后几个词语ἐόν ἔμμεναι[存在者存在]命名的就是这个叫唤者。

由于我们唯一地只探究把我们叫唤入思想之中的东西，因此——而且唯因此——我们才费尽心力地去翻译这几个词语。不然的话，我们该如何去倾听那个叫唤者，那个在思想中言说，而且也许是以让自己最本己的东西未被言说的方式来言说的叫唤者?

什么把我们叫唤入思想之中？关于这个东西的追问授权于我们，让我们去翻译ἐόν ἔμμεναι[存在者存在]这几个词语。但其实，它们早就被翻译为拉丁语的 ens [存在者]和 esse[是/存在]，德语的“存在者”(Seiendes)和“是/存在”(sein)了。把ἐόν ἔμμεναι[存在者存在]翻译成拉丁语和德语，这实际上是多余的。对我们

来说倒是有必要最终把这些词语翻译成希腊语。这种翻译只有作为向这些词语所言说的东西的转渡才是可能的。[1] 这种转渡只有在一种跳跃中，而且是在一道独一目光的跳跃中才能成功——这道目光洞见了ἐόν ἔμμεναι[存在者存在]这两个希腊词语所道说的东西。

我们能洞见被道说的东西吗？当然啰——只要被道说者不只是字句声音，只要观看并不囿于作为感觉器官的眼睛。相应地，通过这样一道目光的跳跃而形成的转渡并不是自动发生的。跳跃与目光需要一种漫长而缓慢的准备，尤其是，如果事关向那个词语的转渡，即向那个并非任意地杂然于其他词语中间的词语的转渡，则情形更是如此。

ἐόν[存在者]命名着在语言的每个词语中言说的东西——不只是在每个词语中言说，而是首先在每一个词语结构中言说，因而恰恰在构成那些没有特别地进入表达的语言之关节(die Fugen)的东西中言说。ἐόν[存在者]贯穿语言而言说，并且把语言保持在 237
道说的可能性中。

关于目光之跳跃所需要的准备，即把我们转渡入从这个词语而来说话的东西之中的目光之跳跃所需要的准备，我们在此不能讨论了。现在我们只能直接地说说这样一种跳跃所洞见到的东西。被洞见者始终只能这样来证明，即它向来被洞见到了。被洞见者决不能通过引证理由和反理由来得到证明。这样一种做法忘

---

[1] 此句中的“翻译”原文为 Über*setzen*，“转渡”原文为 *Über*setzen，两者之间只是重点号(原文为斜体字)的不同。——译注

掉了决定性的东西，即眺望（Hinblicken）。如果被洞见者达乎词语而表达出来，那么，一种命名就绝不能强求观看之目光。充其量，它能完成一种预先规定，而且只是关于也许通过一种不断更新的观看更为清晰地显示出来的东西的预先规定。

所以，当我们说出这种向ἐόν[存在者]的转渡，并且把它命名为被洞见者时，这种说法始终是一个疑问性的说法。这种说法立即就会陷入一个假象中，仿佛它是出于纯粹的任意专断所做的一个任意论断。这种假象是不可能被径直消除掉的。因此，如果我们现在迟疑地说：ἐόν[存在者]一词命名的是在场者，而ἔμμεναι[存在/是]、εἶναι[是/存在]意味着：在场（anwesen），那么，这看起来就像一个任意的论断了。

我们由此获得了什么呢？我们只是把“存在者”和“是/存在”这两个常用的词语替换成了“在场者”和“在场”这两个不太常用的词语。但我们还得承认，“是/存在”（sein）一词始终飘落在一切可能的不确定的含义之中，让我们无法把握，与之相反，“在场”（anwesen）一词则能立即更清晰地说话：在场者，即对我们而言当前的东西。在场和在场状态意味着：当前（Gegenwart）。当前指的是：迎面逗留（Entgegenweilen）。

在此我们可以来回想一下，处于现代欧洲思想之巅峰的康德在其主要著作《纯粹理性批判》中是如何规定在其存在中可证明的存在者（ὄν）的。康德把存在者规定为经验的对象。在对－象中起支配作用的是迎面－逗留。[①] 在对象中起支配作用的是当前，

① 此句中的“对－象”（Gegen-stand）和“迎面－逗留”（Entgegen-weilen）都通过连字符号被分写了，以强调两者均有一个“对”即Gegen和Entgegen。——译注

因而就是在场状态。倘若存在者即τo ἐόν不是已经作为在场者公开出来，那么，存在者就绝不能作为对象显现出来。倘若εἶναι
[是、存在]（存在）没有作为在场而起支配作用，我们甚至不可能追 238
问对象之当前，也即对象的对象性。倘若在场者之在场意义上的ἐόν ἔμμεναι[存在者存在]没有起支配作用，则康德思想就失去了任何空间，哪怕只是道出他《纯粹理性批判》一书中的一句话，也难乎其难。

倘若在场者之在场意义上的存在者之存在不是已经起支配作用，那么，存在者就不可能显现为对象性的东西，显现为客体的客体性质的东西；只有作为这种对象性的东西，存在者对于自然之摆置和订置来说才是可表象和可置造的——这种摆置和订置不断地进行一种对可从自然中掠夺来的能量持存物的攫取。这样一种对自然能量持存物的攫取起于现代技术的隐蔽本质。

倘若εἶναι即存在者之存在不是已经在在场意义上，因而在对象性持存物的对象性意义上起支配作用，那么，不光是飞机引擎发动不起来，而且它们根本就不会存在。倘若存在者之存在没有作为在场者之在场而敞开出来，那么，发电的原子能就决不可能显露出来，并且以其方式把人类安置入普遍由技术规定的劳动之中。

所以，我们是否能倾听西方－欧洲思想的决定性主题即ἐόν[存在者]所说的东西，这一点可能是相当重要的。

或许这个“是否”决定了我们能不能通过关于技术的谈论，最终进入一种与技术之本质的关联之中。因为我们必须首先从根本上适应技术之本质，方能追问人类是否能掌控技术以及如何掌控技术。这个问题也许会被证明为荒谬的，因为技术之本质源自在场者之在场，即存在者之存在，而人类永远不能掌控存在，充其量只能服务于存在。

239 人类第一项服务乃在于思考存在者之存在，也即首先留心存在者之存在。为此要做一种幽远的准备工作，就是尝试着以探问方式去关注ἐόν[存在者]一词所道说的东西。这个词说的是：在场者之在场。在思想关注它并且以一个专门的名称命名它之前，它所道说的东西已经在语言中说话了。思想之道说只是特别地把这种未被言说的东西带向词语。它由此带来的东西并不是被发明的，而倒是被寻找到的，而且是在已经达乎语言的在场者之在场中被寻找到的。

希腊思想在其开端之前就已经居于作为在场者之在场的ἐόν[存在者]之支配作用中了。唯因此，思想才可能被唤醒和被召唤，从而着眼于在场者之在场去留心在场者。如若这种情况发生了（它确实发生在从巴门尼德到亚里士多德的希腊思想家的思想中），这仍然并没有保证，这种思想也已经在所有方面、以全部可能的清晰性把在场者之在场带向词语了。尤其是，这并没有确定，在“在场者之在场”中是否会显露出那个构成在场者之在场的东西。因此，倘若我们以为存在者之存在在任何时候都只是意味着在场者之在场，那就犯了错误。诚然，在场之本质已经够我们思考的了。而且，我们甚至都没有追问这样一点：根据其希腊意义，在场者之在场可能表示什么。

并非一切向来以某种方式存在的东西都以相同方式在场。然则我们得尝试，至少来强调一下在场者之在场的某些基本特征。作为例证，我们举出一座我们眼前的山脉。如果我们说在场，那么，我们是在动词意义上理解“本质现身”一词[①]，而不是把它理解为名词。若在名词意义上来使用，而且采取大写[②]，则“在场”（Anwesen）命名的是一个在场者，诸如一个有不动产的农场。连山脉也是一个独特的不动产。被用作动词的“本质现身”（wesen）就是古高地德语的 wesan。它是与“持续”（währen）相同的词语，并且意味着：“保持”（bleiben）。Wesan 属于古印度语 vásati 的词根，240
意即他居住、他逗留。居住就叫家政。动词“wesan”说的是：保持的逗留。然而，我们为什么把希腊文的εἶναι［是/存在］和ἐόν［存在者］翻译为“在－场”（an-wesen）呢？因为在希腊语的εἶναι［是/存在］中总是要一道被思考、经常也被道说的是：παρεῖναι［在场、到达］和ἀπεῖναι［缺席、离去］。παρά意味着过来……（herbei）；ἀπό则意指离开……（hinweg...）。

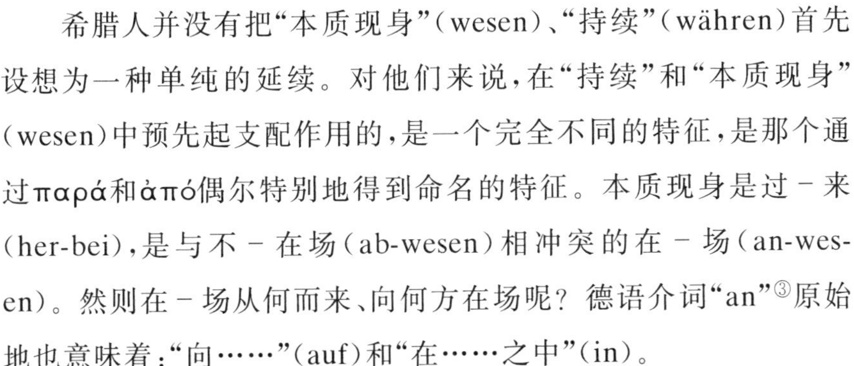

希腊人并没有把“本质现身”（wesen）、“持续”（währen）首先设想为一种单纯的延续。对他们来说，在“持续”和“本质现身”（wesen）中预先起支配作用的，是一个完全不同的特征，是那个通过παρά和ἀπό偶尔特别地得到命名的特征。本质现身是过－来（her-bei），是与不－在场（ab-wesen）相冲突的在－场（an-wesen）。然则在－场从何而来、向何方在场呢？德语介词“an”[③]原始地也意味着：“向……”（auf）和“在……之中”（in）。

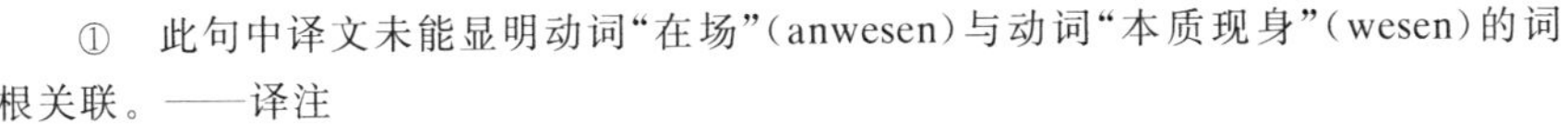

① 此句中译文未能显明动词“在场”（anwesen）与动词“本质现身”（wesen）的词根关联。——译注

② 德语中名词首个字母要大写，如动词 anwesen 的相应名词形式为 Anwesen。——译注

③ 即动词“在场”（an-wesen）的前缀 an。——译注

现在我们关注在场的山脉，并非着眼于它的地质构造，也不是着眼于它的地理位置，而只是着眼于它的在场。在场者从无蔽状态中涌现出来。它的起源就在这样一种在其在场之中的涌现(Aufgang)。从无蔽状态中涌现出来，在场者也已经进入无蔽之物中了：山脉处于风景中。它的在场就是涌现着进入无蔽状态范围内的无蔽之物中，即便山脉如此这般地矗立，连绵含藏，高耸入云。

不过，从无蔽状态中涌现出来，同时进入无蔽之物中，这件事并没有特别地出现在在场者之在场中。在场也意味着，遏制这些进程的发生，因而只让在场者出现。更有甚者，与无蔽的在场者不同，无蔽状态，恰恰是那种涌现和进入得以在其中运作的无蔽状态，依然保持着遮蔽。

我们所描述的在场在逗留(Weilen)中聚集自身，这种逗留总是让一座山、一片海和一座房子驻留，并且从这种逗留而来让它们
241 在其他在场者中间呈放出来。**一切呈放都已然基于在场**。那么在场本身呢？在场本身就是在场者**之**在场。即便我们特别地强调它的各种特征，这一点也还如此。在场需要和要求无蔽状态，而且是**从**无蔽状态**而来**的涌现。但不仅一般地，而倒是这样，即在场向来进入一种无蔽状态之逗留中。希腊人把这样一种逗留经验为闪耀(Scheinen)，其意即被澄明的闪烁着的自行显示。逗留乃是静止的、已经达乎持立的出现，也即进入呈放者之无蔽状态中而出现。可是，逗留中的静止决不是运动之缺失。在场者之在场中的静止乃是一种聚集。它以始终可能的不在场的隐蔽突兀性，把向着显露的涌现聚集入遮蔽状态之中。εἶναι[是/存在]中的παρά[过

来、邻近],即过来在场和已经邻近在场[①],意思并不是:在场者作为对象走向**我们**人。这个“邻近”(bei)意指切近(Nähe),意即从无蔽状态中被给予的进入无蔽状态的闪耀。在这种切近中已经邻近的东西可能在距离上是十分遥远的。

凡在希腊思想留心在场者之在场的地方,我们提及的在场之特征全都得到了表达:无蔽状态、从无蔽状态中涌现、进入无蔽状态、过来……和离去……、逗留、聚集、闪耀、静止、可能的不在场的隐蔽突兀性。从这些在场特征出发,希腊思想家思了在场者。但他们从来都没有自己**思考**这些特征。因为对他们来说,**作为**在场者之在场,在场变成**不值得**追问的了。为什么呢?因为在我们所提及的在场之特征中,唯有**他们**追问的,也许甚至必须追问的那个东西,对他们的追问说出自己,也即回答了他们的追问。

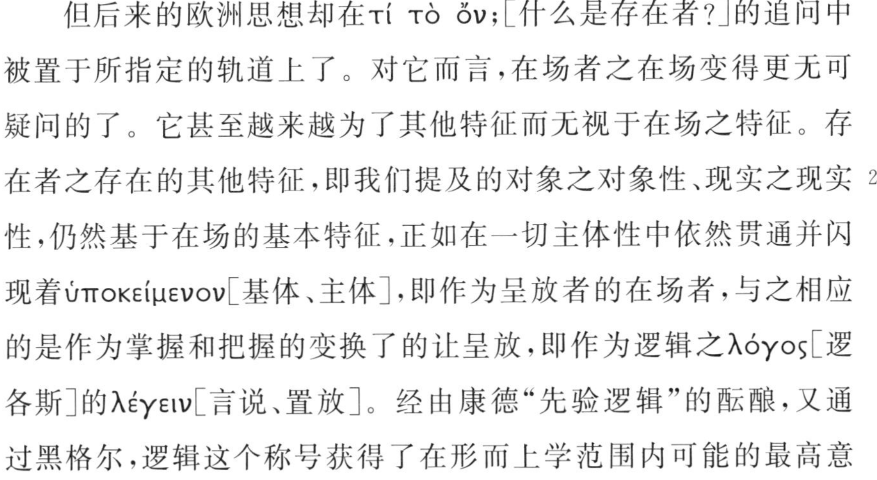

但后来的欧洲思想却在τί τὸ ὄν;[什么是存在者?]的追问中被置于所指定的轨道上了。对它而言,在场者之在场变得更无可疑问的了。它甚至越来越为了其他特征而无视于在场之特征。存在者之存在的其他特征,即我们提及的对象之对象性、现实之现实 242
性,仍然基于在场的基本特征,正如在一切主体性中依然贯通并闪现着ὑποκείμενον[基体、主体],即作为呈放者的在场者,与之相应的是作为掌握和把握的变换了的让呈放,即作为逻辑之λόγος[逻各斯]的λέγειν[言说、置放]。经由康德“先验逻辑”的酝酿,又通过黑格尔,逻辑这个称号获得了在形而上学范围内可能的最高意

① 此处“过来在场和已经邻近在场”德语原文为:das Her- und schon bei-wesen,也可译为“过来现身和已经邻近现身”。——译注

义。“逻辑”在这里意味着绝对主观性的存在－学[①]。这种“逻辑”不是一门学科，它归属于实事本身，在黑格尔形而上学所思考的存在意义上，它就是存在者整体的存在。

西方逻辑最后变成逻辑斯谛，其不可抑制的发展此间已导致电子计算机的产生；电子计算机使人之本质适应于在技术之本质中显现出来的、几乎不受重视的存在者之存在。

我们现在是不是比以往有了更高的疑问精神，来关注ἐόν ἔμμεναι[存在者存在]这些词语所命名的东西，即在场者之在场呢？也许是的。若此，则我们最好是打消这样的想法：我们无需长期的准备，从一开始就能成功做到这种关注。今日公众中流行着这样一种看法，即认为思想家的思想必须通俗易懂，就像人们读得懂报纸一样。并非人人都能理解现代理论物理学的思路，人们会觉得这是正常的。然而，要学会思想家的思想，这在本质上讲是更为艰难的，并不是因为这种思想更为错综复杂，而倒是因为它是简单的，甚至对于流行的通常表象思维来说是太简单了。

根据巴门尼德的箴言，ἐόν ἔμμεναι[存在者存在]乃是λέγειν τε νοεῖν τε[既让呈放又留心、既言说又思想]必须针对的东西，由此方能从两者的接合中发展出后来决定性的思想之本质。这就是说：ἐόν εμμεναι[存在者存在]自为地——鉴于自身——要求λέγειν τε νοεῖν τε[既让呈放又留心、既言说又思想]。唯当让呈放

① 此处“存在－学”原文为 Onto-Logie，或译为“存在－逻辑”。海德格尔后期把西方形而上学的本质规定为“存在－神－逻辑”（Onto-Thoe-Logie）。参看海德格尔：“形而上学的存在－神－逻辑学机制”，载《同一与差异》，中译本，孙周兴等译，北京：商务印书馆，2014 年，第 54 页以下。——译注

和留心顺应于ἐόν ἔμμεναι[存在者存在]，并且总是依赖于ἐόν ἔμμεναι[存在者存在]，总是被指引入其中，它们的接合才能满足从ἐόν ἔμμεναι[存在者存在]而被要求的思想之本质。ἐόν ἔμμεναι 243
[存在者存在]，即在场者之在场，乃是这样一个东西，χρή即“需用”(Es brauchet)通过这个东西才说话。ἐόν ἔμμεναι[存在者存在]隐蔽地命名了作为“需用”的χρή中的“它”①。因此，ἐόν ἔμμεναι[存在者存在]命名了那个把思想叫唤入其本质之中、进入λέγειν[言说、置放]和νοεῖν[思想、留心]的接合之中的东西。这种接合决定了后来的思想在何种意义上把自己规定为διαλέγεσθαι[论辩、对话]和διανοεῖσθαι[思考、考虑]。从此以后，它们的本质是由逻辑和辩证法、作为辩证法的逻辑来掌管的。“逻辑”这个名称一旦成了西方形而上学的最高成就的标题，也就获得了至高的荣光。进而，它命名着那个东西，后者在黑格尔的《精神现象学》中，是被精神本身当作自己的因素为自己准备的，在其中，精神的诸环节“以**单一性的形式**扩展开来”，而且“组织和发展成一个整体”。绝对者的这种组织运动乃是“**逻辑或思辨哲学**”(参看《精神现象学》序言，霍夫麦斯特编，第33页)。②

在ἐόν ἔμμεναι[存在者存在]中隐藏着叫唤入西方思想之中的指令。

如果事情若此，我们就可以用更简略的方式来阐述事态。但

① 此处“它”指的是作者用来翻译希腊文χρή的“需要”(Es brauchet，或译为“它需要”)中的“它”(Es)。——译注

② 参看黑格尔：《精神现象学》上卷，中译本，贺麟、王玖兴译，北京：商务印书馆，1983年，第24页。——译注

在此我们只遵循巴门尼德自认为已指定的那种阐述方式。巴门尼德多半只说νοεῖν[思想、留心]而不说λέγειν τε νοεῖν τε νοεῖν τε[既让呈放又留心、既言说又思想]。代替ἐόν ἔμμεναι[存在者存在],他要么只说εἶναι[是/存在],要么干脆说ἐόν[存在者]。

根据我们已经显明的事态,所谓νοεῖν[思想、留心](简译为思想),只有当它指向εἶναι[是/存在]即存在,并且被指引入其中时,它才是一种思想。Νοεῖν[思想、留心]之所以是"思想",绝非因为它是作为一种心灵和精神的非质料性活动而进行的。Νοεῖν[思想、留心]作为νοεῖν[思想、留心],是与εἶναι[是/存在]共属一体的,因而归属于εἶναι[是/存在]本身。

巴门尼德说过这番话吗?他说过,而且首先是在残篇第三(以前被辑为残篇第五)这个箴言中,进而也在大篇幅的残篇第八中(第34行以下)。

第一段文字如下:

244 τὸ γὰρ αὐτὸ νοεῖν ἐστίν τε καὶ εἶναι.

我们通常把它译为:

"因为思想和存在是同一的。"

可是,通过对我们前面探讨过的箴言的翻译,我们已经学会更清晰地倾听:εἶναι[是/存在]说的是ἐόν ἔμμεναι[存在者存在],即在场者之在场;而νοεῖν[思想、留心]属于一种与λέγειν[言说、置放]的接合,意味着:留心。但在我们眼下引用的箴言中,τὸ αὐτό[同一者]意味着什么呢?人们正确地把它译为:同一者(das Selbe)。这是什么意思呢?它指的是与“一式一样”(einerlei)意义上的相同者吗?绝不是。因为第一,τὸ αὐτό[同一者]从来不是这个意思;第二,正如我们前面翻译过的箴言所表明的那样,巴门尼德决不会认为,存在与思想是一式一样的,仿佛人们可以任意地把存在替换成思想,把思想替换成存在。但也许,τὸ αὐτό即同一者是可以在相同者意义上来理解的。用我们的说法,我们其实也可以继续交换这两个表达:同一者与相同者。但在希腊语中,表示“相同者”的是ὅμοιον[相同、相似],而不是τὸ αὐτό。而且曾几何时,思想与存在怎么就是相同者了呢?它们恰恰是不同的东西:在场者之在场与留心。

不过,作为这种不同的东西,思想与存在恰恰是共属一体的。但两者在哪里以及如何是共属一体的呢?使两者共属的要素是什么呢?是νοεῖν[思想、留心]还是εἶναι[是/存在],抑或两者都不是?也就是说,是不是有一个第三者,它实际上对于两者来说是第一位的,但这个第一位的东西并不是两者的综合,而是比一切论题更原初和更具开端性?我们已经说了:如果νοεῖν[思想、留心]被独自分隔开来,也就是在没有与εἶναι[是/存在]的关联的情况下被表象,那么,νοεῖν[思想、留心]就根本还不是思想。偏偏巴门尼德本人在残篇第八第35—36行中,向我们透彻地道出了这一点:

οὐ γὰρ ἄνευ τοῦ ἐόντος... εὑρήσεις τὸ νοεῖν.

“因为你能发现，留心并不与在场者之在场相分开。”[1]

245 在这里，很可能不只是出于语言表达的原因，而倒是出于实事方面的原因，巴门尼德说ἄνευ τοῦ ἐόντος[与在场者之在场相分开]，而不说ἀνευ τοῦ εἶναι[与存在相分开]。ἄνευ一词意思是分开意义上的“没有”；ἄνευ[没有]的意思与σύν即“在一起”相反[2]。Οὐ γὰρ ἄνευ，因为并不与……相分开，而只是与……在一起；这个γάρ[因为]关系到ταὔτον、τὸ αὐτό即同一者。那么，τὸ αὐτό即同一者一词意味着什么呢？它意味着共属一体的东西。

Τὸ γὰρ αὐτὸ νοεῖν ἐστιν τε καὶ εἶναι.

“因为留心与在场者之在场是同一者。”[3]

两者是共属一体的，也即首先指出的νοεῖν[思想、留心]的本质在于，始终被指引入在场者之在场中。所以，ἐόν[存在者]，即在场者之在场，把νοεῖν[思想、留心]保存于自身，而且是把它当作归属于自己的东西。从ἐόν[存在者]即在场者之在场中说话的是两

---

① 这是海德格尔的译法，通常的译文是：“因为离开了存在，……你将找不到思想”。可参看基尔克等：《前苏格拉底哲学家》，中译本，聂敏里译，上海：华东师范大学出版社，2014年，第391页。——译注

② 此句中的ἄνευ[没有、不带]（相当于德语的ohne）和σύν[在一起、与、和]（相当于德语的mit）为希腊语中的两个意义相反的介词。——译注

③ 这是海德格尔的译法，通常的译文如上文所引：“因为思想与存在是同一的。”——译注

者的二重性[1]。从这种二重性中说话的是那种指令，后者把我们叫唤入思想之本质中，让思想进入自己的本质之中，并且把它保存在自身那里。

何以如此呢？为什么以及以何种方式思想从存在者之存在而来被引入其本质之中，被叫唤入其中？关于如此这般的实情，巴门尼德在残篇第三和残篇第八第 34/36 行中给予明确的言说。诚然，巴门尼德并没有谈论指令。但他的确会说：在在场者之在场中有一种指令在说话，这种指令把我们召唤入思想中，它的呼声通过把νοεῖν[思想、留心]指引入εἶναι[是/存在]之中，得以把思想召唤入自己的本质中。

可是，在我们上面刚刚指出的两段文字的第二处，巴门尼德却给出了一个决定性的提示，指出νοεῖν[思想、留心]与εἶναι[是/存在]为什么以及以何种方式是共属一体的。为了能听懂这个提示，要求比本讲座所能提供的更多的东西。首先我们必须思考语言的本质，而且要着眼于前面关于λέγειν[言说、置放]和λόγος[逻各 246
斯]所提及的东西来思考。[2] 依然晦暗不明的是，为什么恰恰是ἐόν ἔμμεναι[存在者存在]叫我们进入思想，它又是以何种方式叫我们进入思想的。大可注意的是：ἐόν ἔμμεναι[存在者存在]，即在场者之在场，不是自为的在场者，不是自为的存在，也不是在一种综合中被合计的两者，相反：它们的源于其纯一性（Einfalt）之遮蔽

① 未展开的！——作者边注

② 参看《同一律》。——作者边注

的二重性庇护着指令。[①]

与之相反,另外一点是清楚的:箴言τὸ γὰρ αὐτὸ νοεῖν ἐστίν τε καὶ εἶναι[因为思想与存在是同一的]成了全部西方-欧洲思想的基本主题。从根本上讲,西方-欧洲思想的历史乃是这个唯一主题的各种变式的后果,即便在巴门尼德的箴言没有特别地被提及的地方也是这样。这个主题的最卓越的变式是康德那个定律(被他认为是一切先天综合判断的最高原理),尽管其形而上学基本立场全然不同,但它的伟大程度仍然可与早期希腊思想的尊严相媲美。康德所谓的先天综合判断乃是关于λέγειν τε νοεῖν τε ἐὸν ἔμμεναι[既言说又留心存在者存在]的现代解释。康德在这个原理中说的是:思想,即着眼于其存在对(可经验的)存在者的表象,与存在者之存在是共属一体的,又是如何共属一体的。但对康德来说,存在者显示为经验之对象。"存在"(Sein)说的是对象之对象性。

在康德那里出现的巴门尼德命题的变式如下:

> "一般**经验的可能性**条件同时也是**经验对象的可能性**条件……"(《纯粹理性批判》,A158,B197)。[②] 这个"同时"是康德对τὸ αὐτό即"同一者"的解释。

① 注意此句中的"纯一性"(Einfalt)与"二重性"(Zwiefalt)的词根联系。——译注

② 参看康德:《纯粹理性批判》,《康德著作全集》第 3 卷,中译本,李秋零译,北京:中国人民大学出版社,2004 年,第 140 页。——译注

这个命题所说的东西是与巴门尼德的箴言(残篇第三)所说的东西截然不同的。因此之故,我们就不能从康德出发来理解和解释巴门尼德的箴言,与之相反,倒过来的情形则是完全可能的和必要的。康德说的固然是完全不同的东西,但他的思想依然与希腊 247 思想家的思想一样,活动在同一(不是相同)领域里。巴门尼德在 τὸ γὰρ αὐτὸ νοεῖν ἐστίν τε καὶ εἶναι[因为思想与存在是同一的][①]中所说的,也不同于黑格尔用来把康德的原理转换为绝对者的那个命题,即所谓“存在就是思想”(参看《精神现象学》序言,第45页)[②]。

什么叫思想?只有当我们关注所叫唤者,即λέγειν τε νοεῖν τ’ ἐὸν ἔμμεναι[既让呈放又留心存在者存在],并且以追问方式期望叫唤者,期望ἐόν ἔμμεναι[存在者存在]、在场者之在场、同一个词语即一切分词的分词(ἐόν[存在者])所命名的二重性,即:在场者在场着,这时候,我们才能探问什么叫思想这个问题。

“什么叫思想?”我们最后又回到了这个问题,就如同起初我们对它的追问——起初我们已经查明,我们德语的“思想”(Denken)一词原始地意味着什么。心思(Gedanc)意味着:记忆、思念、谢恩。

但在此期间,我们已经学会看到:思想之本质取决于给予思想的东西,也即取决于在场者之在场,取决于存在者之存在。唯当思

① 作者在上面把这个箴言译为:“因为留心与在场者之在场是同一者。”——译注

② 参看黑格尔:《精神现象学》上卷,中译本,贺麟、王玖兴译,北京:商务印书馆,1983年,第37页。——译注

想思-念[1]ἐόν[存在者]，思-念这个词语真正地亦即未明言地命名的那个东西时，思想才成其为思想。那个东西就是存在者与存在的二重性。它是真正地给予思想的东西。如此这般给出自己的东西，乃是最值得追问者的赠礼。

那么，思想能够接受这个赠礼，也即留心这个赠礼，从而在λέγειν[言说、置放]中，在一种道说中，把它托付给语言的原始言说吗？

① 此处“思-念”原文书作 *an*-denkt，是对德语 andenken(思念、追忆)一词的分写。——译注

附　　录

1951—1952 年冬季学期讲座第九讲迄今未发表部分

251

在过去半个世纪中，人们从尼采身上取得了什么呢？人们都把什么推到尼采思想上了呢？时至今日，哪怕只是说出"尼采"这个名字，就足以让许多人以为立即有个十足的魔鬼站在自己面前了。

倘若尼采获知那种所谓的赞同和追随，即过去几十年间在我们这儿，人们用来突袭尼采的赞同和追随，那么，他或许会大吃一惊的。——但倘若尼采听到从另一个方面会把他淹没的种种驳斥和谴责，那么，他同样也会大吃一惊的。

尼采会惊骇么？不会——他只会蔑视——但不是以一种来自仇恨和泥潭的蔑视，而是以他在《查拉图斯特拉如是说》第三部里所讲的蔑视，在那里，查拉图斯特拉说："呵，我的灵魂，我已经教给你蔑视，这蔑视之到来并不是像蠕虫的啃啮；我已经教给你伟大的蔑视，爱的蔑视，它最蔑视时爱得最深。"[①]就这番话来说，我们就必须始终——尤其是当我们孤立地引用它时——关注它所隶属的

① 参看尼采：《查拉图斯特拉如是说》第三部，"大渴望"，中译本，孙周兴译，上海：上海人民出版社，2009 年，第 286 页。——译注

那节文字的标题。该标题叫:“大渴望”。

这种蔑视,这种“只从爱中起飞的”蔑视,乃是在通往超人的道路上直观到的东西。

然而,在超人也不再能够爱的地方,又是怎样的情形?尼采在报道查拉图斯特拉的傻子的那节文字中对此做了回答。这个傻子想引诱查拉图斯特拉,发泄对“大城市”的仇恨——那是“纠缠者、无耻者、爱弄墨者和爱吵闹者、发烧的虚荣者”的城市。查拉图斯特拉是如何回应他的傻子的这个无理要求的呢?

252
> “哀哉,这大城市啊!——而且我希望,我已经看到这大城市在其中焚烧的火柱!
>
> 因为这样的火柱必定先行于那伟大的正午。可是,这是有自己的时间和自己的命运的。——
>
> 但你这傻子呵,临别之际我要给你这番教导:在人们再也不能热爱的地方,人们就应当——**路过**!”[①]

第三部中的这整节文字就是以最后这个词“路过”为标题的。

但我们在此不能想得太短浅了:“大城市上空的火柱”——意即在现代忙碌的生活经营上,后者本身和整体**尚未**显现出来。

我们不可自以为是地妄加决定,尼采本人是否能做到这种路过,这种不再能爱、但更不能恨的路过。太过蹩脚的做法是,指出

① 参看尼采:《查拉图斯特拉如是说》第三部,“路过”,中译本,孙周兴译,上海:上海人民出版社,2009 年,第 226—227 页。——译注

尼采本人在他的最后岁月里，向来不可超越地，只用论战文字来应答围绕着他堆积起来的种种误解。倘若人们想要证明，这些著作的腔调和内容未能达到一种与自己的思想道路的直接明白的一致性，那么，这或许只是一种报复心。但关于这种一致性，关于这条道路的声响和歌唱，我们知道些什么呢？——在此道路的终点，尼采写下了一个纸条，上书："为我唱一首新歌吧：世界容光焕发，天国喜气洋洋。被钉十字架者。"

253 # 1952 年夏季学期讲座未做的最后一讲（第十二讲）

关于［《什么叫思想？》第 247 页］

巴门尼德残篇第八第 34—35 行如下：

ταὐτὸν δ᾽ ἐστὶ νοεῖν τε καὶ οὕνεκεν ἔστι νόημα.
οὐ γὰρ ἄνευ τοῦ ἐόντος, ἐν ὧι πεφατισμένον ἔστιν,
εὑρήσεις τὸ νοεῖν· οὐδ᾽ ἦν γὰρ ἢ ἔστιν ἢ ἔσται
ἄλλο πάρεξ τοῦ ἐόντος, ἐπεὶ τό γε Μοῖρ᾽ ἐπέδησεν
οὖλον ἀκίνητον τ᾽ ἔμμεναι.

“而思想以及因此被思想者是同一。不是说没有存在者（在存在者中，思想是被道说者）你将找到思想——不是曾经存在，或者现在存在，或者将存在。

既然‘存在者’为命运所缚，在‘存在者’之外则完全不同也不动，存在。”①

① 现有中译本译为：“而对于思想和思想所关涉的是同一回事。/因为离开了存在，在说过的东西中，/你将找不到思想；因为没有别的什么现在或将在/在存在之外，既然命运束缚了它/是完整而不动的”。参看基尔克等：《前苏格拉底哲学家》，中译本，聂敏里译，上海：华东师范大学出版社，2014 年，第 391 页。——译注

在上面的残篇中关于νοεῖν[思想、留心]与εἶναι[是/存在]即“思想与存在”说了些什么呢?

就我所见,形形色色的变得通常的解释总是遵循下列三个角度中的一个,而这三个角度也总是可以在文本中找到某种支持。

首先,人们把思想看作某个与其他许多事物一样出现和存在的东西。据此,这个存在者就必须像任何与之类似的存在者一样,被算入其他存在者之列,并且被包括、“被整合”在其中。这种整合[①]是一种总和与累积。从上述角度来看,思想与存在者乃是同类的。存在者之总和被叫作存在。于是表明思想乃是与存在相同的东西。为了切中此断言,我们几乎不需要哲学。这里所说不仅适合于作为一个事件的思想。它也适合于海上航行、房屋建造、每一种人类行为。人们感到奇怪的是,何以巴门尼德恰恰着眼于思想明确地做了类似的断言,何以他还用一种空洞套话加上了对此断言的特殊论证,即:在存在者之外以及在存在者整体之外没有任 254
何存在者。严格说来,不论人们多么经常地如此这般来编造此事,但人们早就不再惊奇了。因为,使哲学家们在最早的哲学尝试中还能有所创造的东西,亦即把每一个存在之物归入存在者,随着哲学的进展而丧失了一种真正的思想之任务的特征。不过,几乎不值得去探讨这种“大量的”、把存在者表象为存在之总量的关于存在与思想之关系的解释——如果这种解释并没有给出理由,特别地指明:巴门尼德无论在哪里都没有说,思想也是许多ἐόντα[存

① 此处“整合”(das Integral)原义为数学上的“积分、整数”。前句的“被整合”(integriert)则是与之对应的动词形式。——译注

在者]即多样的存在者之一,其中每个存在者既存在又不存在,因而根本上始终两边同时的:在场-不在场。

另一种更令人深思的文本处理,至少在这段文字中找到了“难以理解的表述”。为使理解变得容易些,人们寻求一种帮助。因为看起来,在思想与存在之间的关系上涉及的是认识与现实的关系问题,所以人们便在近代哲学那里寻求必要的帮助;近代哲学建立了一种通过怀疑而达到的认识理论,并且使之成为它的追问的决定性的基本特征。在把存在者设定为表象之对象的近代哲学中,我们可以发现一个命题,它为解说巴门尼德的句子提供了一种具有解放作用的指导。那就是以笛卡尔的基本立场为基础的贝克莱的命题:esse = percipi:“存在就是被表象”。通过这种编排,巴门尼德的陈述就首先进入一种得到清楚表达的哲学问题提法的角度中了。

存在与思想相若,[1]因为对象之对象性是在表象性的意识中
255 得到“构造”的。根据此种规定性,巴门尼德的句子就证明自己是关于认识之本质的近代学说的一个仍显粗笨的预备形式。不容怀疑,这个近代的命题 esse = percipi 是以巴门尼德的句子为基础的——尽管表面看来,我们可以在历史学上确定两者是独立的。然而,近代的命题与早期希腊的句子的这样一种历史性的共属一体性,包含着两者在意义上的根本差异性。这种差异性已经在道说方式上向专心的目光显示出来。巴门尼德在两处首先命名了

[1] 此句德语原文为:Das Sein ist gleich dem Denken,似也可译为“存在与思想相似”。——译注

νοεῖν[思想、留心],并且把νοεῖν[思想、留心]指派给εἶναι[是/存在],而不是相反。以一种一致的相似性,这个近代的命题或许必定叫作:percipi = esse[感知 = 存在]。不过,它反过来把首先得到命名的 esse[存在]指派给 percipi[感知],依照的是笛卡尔的定律:ens = ens verum[存在 = 真实存在者],verum = certum[真理 = 确定性]。这个近代的命题是关于“存在”的陈述,而早期希腊的句子则是关于“思想”的陈述。因此,根据近代思想的视野来解释早期希腊的句子从一开始就误入歧途了。但它仍然是一种以多重方式进行的力求居有希腊思想的尝试。

而最后,古代哲学试图以自己的方式(也即柏拉图的方式)给予巴门尼德的句子一个分量。在此指导性的角度乃是从苏格拉底-柏拉图关于存在者之存在的学说中得出来的。据此学说,在每个存在者那里构成“存在”①的“理念”(Ideen)并不属于感性之物的领域。它们只有在νοεῖν[思想、留心]中才是可觉知的。因此,存在并不归于 αἰσθητά[感知],而是 νοητόν[思想、思维]——在柏拉图看来,这并不是巴门尼德的句子要说的。存在具有“精神”的本质特性。所谓思想是与存在相同者,这个句子是想说:两者具有非感性的和超感性的本质。在新柏拉图主义对巴门尼德箴言的解释中,这个句子既不是一个关于“思想”的陈述,也不是一个关于“存在”的陈述,甚至也不是一个关于不同的两者之共属一体性的本质的陈述,而毋宁说,它是一个关于两者对非感性领域的归属性的陈述。

① 此处“存在”德语原文为 seiend,为分词形式,也可译为“存在着”。——译注

256 上述三种解释中的每一种都把晚近的问题提法加给和配给早期希腊思想了。也许一切晚近的思想(它试图与早期思想展开一场思想对话)都必须自发地言说,并且因此打破早期思想的沉默。这样一来,早期思想虽然无可避免地被纳入后来的对话之中,被置入晚近思想的听觉区和视野内,因而可以说剥夺了本己道说的自由。但由此未必也已经完成了一种进入晚近思想之中的重新解释。一切都取决于,由晚近的思想开启出来的对话是否自始而且持续地开放自己,让早期思想向自己发出决定性的要求,或者,晚近的思想是否向早期思想锁闭自己,并且用后来的学说掩盖了早期思想。当晚近的思想耽搁了自己的使命,没有去追问早期思想所具有的听觉区和视野,那么,上面讲的这种自行锁闭就出现了。这样一种追问诚然不止于一种勘查,只想认识在不曾道出的前提方面为早期思想奠基的东西。这种追问必定会成为一种谈话(Aussprache),在其中视野、听觉区及其本质来源达乎思想语言。如果这样一种沉思并没有发生,那么,那就根本不会有一种思想对话。与之相反,在其他情形中,早期思想可能通过对话展开到它本己的可疑性之中。因此,在此角度上的任何一种尝试都将特别注意幽暗而可疑的文本段落,而不会马上唯一地固守那种独自带有可理解性假象的东西;因为这样一来,对话在开始之前就结束了。

但我们下面的讨论将满足于更多地只以一种列举的方式,注明那些幽暗的文本段落。这样一种做法虽然可能为一种翻译做准备,但未必就提供了一种翻译。

一 257

当务之急还得确定,把巴门尼德的句子流传给我们的更详细的文本(残篇第八,第34行以下)谈论的是ἐόν[存在者]。以这个如此被命名的"存在者",巴门尼德绝不是指自在存在者整体——甚至思想作为某种存在者也得纳入其中。τὸ ἐόν[存在者]同样也不是指"自为存在"意义上的εἶναι[是/存在],仿佛唯有自为存在的非感性的本质类型才能区别于自在存在者。从语法上看,ἐόν[存在者、存在着]乃是分词说法,而从实事来看,则是着眼于二重性而被思考的。这种二重性,我们可以用"存在者之存在"与"存在者在其存在中"①的说法来加以命名。但这样一种命名却远远不能把二重性本身思为这样一种二重性,甚或把这种二重性提升为值得追问的东西。

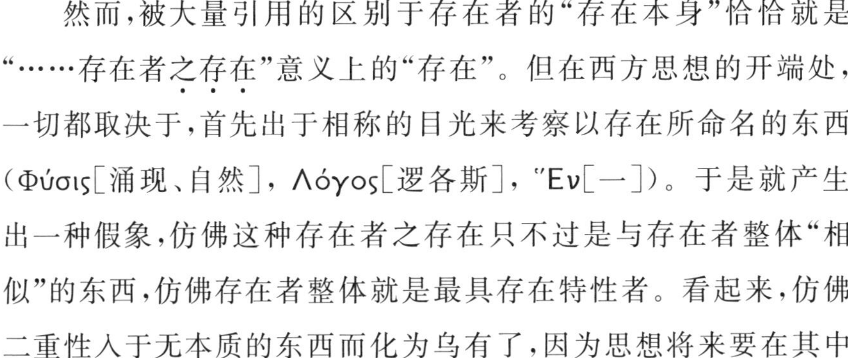

然而,被大量引用的区别于存在者的"存在本身"恰恰就是"……存在者之存在"意义上的"存在"。但在西方思想的开端处,一切都取决于,首先出于相称的目光来考察以存在所命名的东西(Φύσις[涌现、自然],Λόγος[逻各斯],Ἕν[一])。于是就产生出一种假象,仿佛这种存在者之存在只不过是与存在者整体"相似"的东西,仿佛存在者整体就是最具存在特性者。看起来,仿佛二重性入于无本质的东西而化为乌有了,因为思想将来要在其中

① 此处"存在者之存在"德语原文为:Sein *des* Seienden;"存在者在其存在中"德语原文为:das Seiende *in* seinem Sein。——译注

活动，以至于它没有给予任何要思量的东西，即便在二重性依照命运性的本质烙印（“……存在者之存在”进入其中）而经历不同的表现的地方也没有。在西方思想的开端处，二重性作为这样一个东西已经失落了。不过，这种失落并不是一无所有，因为在这种失落中二重性落入被遗忘状态之中。但被遗忘状态的本质昭示于Λήθη[遮蔽]中。在这里，面对一种仓促的意见，我们还得看到，我们不能根据一种流行的，但不确定的关于“遗忘”的观念，把Λήθη[遮
258 蔽]解释为被遗忘状态。相反，要紧的倒是，依照其名称，根据作为被遮蔽状态的Λήθη[遮蔽]来探问被遗忘状态的本质。

二

按照残篇三（早先为残篇五），思想完全归属于存在。但我们不能反过来仓促地把这种归属性解说为同一性。可是，残篇 8 说得更清楚——也就是更迫切地进入值得追问者之中而进行解说——，必须从哪个角度来关注思想与存在的这种归属性。ἐόν[存在者]乃是那个东西，即οὕνεκεν ἔστι νόημα[因此被思想者]。ἐόν[存在者]乃是被留心者因之而在场的东西。思想既不为“自在存在者”所需要，也不为“自为存在”所急需。但为了它的缘故要求νοεῖν[思想、留心]以及与此同时要求 λέγειν[言说、置放]即“让呈放”，并且召唤走上通向自身的道路的东西，乃是ἐόν[存在者]，即存在者之存在。思想本身唯一地因为诚然未曾明言的二重性而存在（*ist*）。存在者（作为）存在着的东西，在在场中的在场者的显现，需要λέγειν[言说、置放]与νοεῖν[思想、留心]的接合（Gefüge），

由之而来,西方－欧洲思想的具有形而上学烙印的本质,将来才能展开自己。这种思想进而使存在者明确地作为存在者(ὂν ᾗ ὄν,ens qua ens[存在者之为存在者])显露出来,这种显露在ἐόν[存在者]的容易听不见的歧义性中似乎尚未闪现出来。以此方式,思想与二重性便紧密联系在一起。作为如此这般共属一体的东西,ἐόν(εἶναι)[存在者(是/存在)]与νοεῖν[思想、留心]是同一的。

三

这种共属一体性具有何种性质呢?依照我们已经解释过的λέγειν τε νοεῖν τε[既言说又思想][①](残篇第八)的结构,νοεῖν[思想、留心]自始因此始终寓居于λέγειν[言说、置放]中。因此,甚至作为νοούμενον[所思、被思者]的νόημα[所思、思想]也是一种λεγόμενον[所说、被言说者]。被留心的东西总是已经作为呈放者而被聚集了。被留心的东西展开并且保存这种聚集。但λέγειν 259
[言说、置放]即让呈放,亦即在其在场中的在场者,却规定着以希腊方式被经验的道说之本质。νοούμενον[所思、被思者]及其νοεῖν[思想、留心]——并非附加地和偶然地,相反时而本质性地——乃是一个被道说者。两者的区别何在呢?为什么巴门尼德在残篇八中把νοούμενον[所思、被思者]和νοεῖν[思想、留心]命名为πεφατισμένον[被表说者]呢?后者在词典里被正确地翻译为"被言说者"。然则在此以φάσκειν[言说]和φάσις[言词、陈述]来命名的这

① 海德格尔前面提供的译法是:"既让呈现又留心"。——译注

种言说(Sprechen)意指什么呢？言说在此只被视为一种词语含义和句子含义(σήματα τῶν ὄντων)的传达(φωνή[声音])吗？言说在此只是区别于“语义”的“语音”么？根本不是。在φάσκω[言说]中含有:赞扬式的命名、欢呼或招致、让显现;φάσμα[幻象、预兆]乃是显现,例如星辰、月亮在其变化形象中显现,所以才有月“相”。言说,即 φημί[说话、讲话],具有与λέγειν[言说]同一的本质(虽然并不是相同的本质):让在场者在其在场中呈放。

巴门尼德是要说,νοεῖν[思想、留心]归属于何方。唯在它本来所归属的地方,我们才可能找到它。我们在哪里找到νοεῖν[思想、留心]呢？唯在显示自己的地方。而它只在它已经达乎显现的地方才显示自己。νοεῖν[思想、留心]在哪里以及如何是一种已显现的νοεῖν[思想、留心]呢？它作为πεφατισμένον[被表说者]才是这样一种已显现的νοεῖν[思想、留心]。也就是说,νοεῖν[思想、留心]在被言说者中达乎显现。被言说者作为被传达者,乃是一种感性地可感知者。语言表达把感性地不可表象的可道说者之意义挤、推、带入话语传达和文字描绘的感性之物中。但巴门尼德在此言说的莫非是,一种被意指的非感性的意义在词句中达到感性显现？绝不是。他的追问唯一地关乎νοεῖν[思想、留心]与εἶναι[是/
260 存在]的关系。着眼于此,巴门尼德说:τὸ νοεῖν... πεφατισμένον ἐν τῷ ἐόντι,留心乃“在存在者中”达乎显现。这意思是说νοεῖν[思想、留心]乃是在其他ἐόντα[存在者]中间、在存在者区域里(也包括心灵之物)可找到的吗？倘若我们想要反思作为一种心灵体验的νοεῖν[思想、留心],并且试图在“意识事实”领域里找到它,那么,我们就决不能按照巴门尼德的意思把νοεῖν[思想、留心]收

入眼帘。但巴门尼德却说:οὐκ ἄνευ τοῦ ἐότος εὑρήσεις τὸ νοεῖν——并不与“存在者”相分离,你就能找到νοεῖν[思想、留心]。确实如此。我们只是σύν[一道、同时]在与ἐόν[存在者]相随的聚集中才能找到它。为什么呢?因为νοεῖν[思想、留心]作为λέγειν[言说、置放]从其自身而来唯一地聚焦于ἐόν[存在者],并且只是作为这种聚集者而如其所是地现身。唯有作为λεγόμενον[所说、被言说者],νόημα[所思、思想]才能在ἐόν[存在者]中得到显露,而且是这样:πεφατισμένον[被表说者]。我们该如何来理解这一点呢?

只有当我们并没有把“被言说者”表象为感性地被传达出来的东西,而是以希腊方式把它思为已经显现者,这时候,一种理解才可能如愿以偿。这就要求,恰恰不能把显现与自身显示(σήματα[标志、记号])局限于在感性地可感知之物的领域里出现的东西,而不如说,要首先从作为自行解蔽者在一切感性与非感性的区分之前现身的东西出发,来自行显现和显现。

πεφατισμένον[被表说者]乃是一个已经显现的东西,但却ἐν τῷ ἐόντι[在存在者中]显现,也就是说:既不是在感性地可感知的存在者中,为δόξα[意见]所接受和先行-取得的ἐόντα[存在者]中间,(“自在”现实之物),又不是在作为后来所谓ἰδέα[相、理念]的εἶναι[是/存在]中,即非感性的“自为存在”中。νοεῖν[思想、留心]唯作为νοεῖν[思想、留心]显示自己,亦即作为对在ἐόν[存在者]本身中的 ἐὸν ἔμμεναι[存在者存在]的留心。ἐόν[存在者]本身在“存在者存在着”[①]之二重性中现身,即便二重性作为这样一

① 此处“存在者存在着”德语原文为:Seiendes seiend,或译为“存在者存在”。——译注

种二重性没有特别地得到命名，甚至思考。

在在场者在其在场中显示自己之际，在在场在在场者之在场
261 意义上显现之际，在那里，也即“在”这种二重性本身中，而且唯有在这种二重性本身中，νοεῖν[思想、留心]才参与进来，并且因此ἐν τῷ ἐόντι[在存在者中]（分词意义上）达乎显露，因为νοεῖν[思想、留心]并不觉知任意之物。它留心的是ἐὸν ἔμμεναι[存在者存在]，即存在者之存在着①。后来的思想说：νοεῖν[思想、留心]留心ἐὸν ᾗ ἐόν[存在者之为存在者]——并非在场者之为在场者——因而关注在场者之在场，总是追问：τί τὸ ὄν[什么是存在者?]，着眼于其在场，在场者是什么？如何着眼于存在者来规定存在，如何从有待思想的存在出发来规定存在者之为存在者？

四

νοεῖν[思想、留心]属于εἶναι[是/存在]。νοεῖν[思想、留心]与εἶναι[是/存在]的关系就在于，它依照χρή[需用、需要]，作为 λέγειν τε νοεῖν τε[既言说又思想]向ἐὸν ἔμμεναι[存在者存在]的吸纳(Einbezug)而存在。οὕνεκεν ἔστι νόημα[因此被思想者]（残篇第八，第34行）回过头来关涉于什么呢？是因为什么而现身于被留心者之中的？无非是因为它自发地需要一种留心的东西。在场(εἶναι[是/存在])也即ἐόν[存在者]，在场者之在场。使νόημα[所

① 此处“存在者之存在着”德语原文为：Seiend *des* Seienden，或译为“存在者之存在”。——译注

思、思想]因之而现身的这个东西乃是同一（ταὐτόν），后者也就是留心，亦即νοεῖν[思想、留心]与之共属一体的那个东西，即：在其二重性（Zwiefalt）中的ἐόν[存在者]。

这一切意味着什么呢？它令我们思考，由于在场与在场者之二重性，道说及其被道说者如何存在以及在何种程度上存在。νοεῖν[思想、留心]倾听于εἶναι[是/存在]，因为它听从于λέγειν[言说、置放]，归属于ἐόν[存在者]之二重性。道说安居于存在与存在者之二重性中。何以这么讲呢？巴门尼德没有给出回答，因为他远离于这个问题，就如同他远离于一种关于λεγόμενον[所说、被言说者]与πεφατισμένον[被表说者]之区分的探讨，远离于一种关于二重性与语言之本质的可能的本质共属性的沉思。我们后来者可以着眼于这种远离来猜测，我们必须追问：道说安居于存在与存
在者之二重性中，是因为有存在（始终就是存在者之存在）之家，是 262
因为有二重性之家，但这个家却是在语言之本质的基础上建造起
来的？[①]

然则语言之本质基于何处？我们曾说过：道说乃是让呈放和让显现。语言现身于显现起支配作用的地方，显露、出现（Hor-vor-kommen）发生的地方：从遮蔽状态中出来而进入无蔽状态而到达。只要无蔽状态即'Α-Λήθεια[无－蔽]发生出来，语言就存在。

谁或者什么是'Αλήθεια[无蔽]呢？巴门尼德命名了'Αλήθεια[无蔽]。他的运思的道说乃基于对于'Αλήθεια[无蔽]之允诺

① 这里传达的是后期海德格尔的重要思想："语言是存在之家"。——译注

(Zuspruch)的倾听来说话的。希腊地来思考,这种允诺的意思不同于保证,即保证它所端出的东西是完全正确的,而不是错误的。在思想家之道说中,'Αλήθεια[无蔽]在说话,这意思毋宁是说:在ἐόν[存在者]中的二重性之隐蔽本质与同样被掩蔽的语言之本质,这两者护送着思想上路,而这条道路处处都是一条三岔路(Drei-Weg)。

但巴门尼德仍然没有追问'Αλήθεια[无蔽]的本质。他像任何一个希腊思想家一样,通常并不在'Αλήθεια[无蔽]之本质渊源的方向上追问。可能相反地,所有这些思想家,同样也包括他们的后裔,最后是在其遗著《论非道德意义上的真理与谎言》(1873年)[1]中的尼采,他们无不都在'Αλήθεια[无蔽](在在场中的在场者之无蔽意义上)的保护下思想。即便在人与在场者的关系借助于lumen naturale[自然之光]而得到说明的地方,情形也是如此。这种"光"已经是以'Αλήθεια[无蔽]为前提的,历史性地首先是通过后者并且在后者中而被点燃的。由'Αλήθεια[无蔽]给予的可见性让在场之为在场作为"外观"(εἶδος[爱多斯])和"视象"(ἰδέα[相、理念])而出现[2],据此,与在场者之在场的基本关系就被规定为观看(Sehen)即εἰδέναι,也即知识(Wissen),而这种规定还最鲜明地在确定性(作为近代的真理的本质形态)中显露出来。奥古斯丁与

① 参看尼采:《尼采著作全集》第1卷,科利和蒙提那里编,柏林/纽约,1988年,第873页以下。——译注

② 此处"外观"(Aussehen)和"视象"(Gesicht)均与"观、看"(sehen)相关,同样,希腊哲学中的εἶδος[爱多斯]和ἰδέα[相、理念])均是动词ἰδεῖν[观、看]的变式。——译注

中世纪关于光的理论，且不论它们的柏拉图主义起源，按实情来看，如果不是回溯到其本质渊源依然掩蔽着的'Αλήθεια[无蔽]来 263
思考，那就完全是无所依托的。在同一种掩蔽中，语言之本质也躲避一种沉思，这种沉思之所思不同于向形而上学的（也即逻辑的、语法的、语音－韵律的、生物－社会学的和技术的）表象呈现出来的语言显现形式。主张真理与语言起源于作为第一因的上帝，这样一种神学的说明从未澄清如此招致的东西的本质，而始终只是以后者为前提的；正如说到底，每一个关于“语言”之起源的问题都必定已经澄清了语言之本质和本质领域之种类。诚然，在这一刻，通常的起源问题就失效了。

两个残篇（残篇第三和残篇第八，第 34 行以下）思考了νοεῖν[思想、留心]与εἶναι[是/存在]的归属性，而且每每都把这种归属突出地置于句子开头。按照希腊文文本，τὸ αὐτό[同一]和ταὐτόν[同一]必须总是被看作一个在语法上以νοεῖν[思想、留心]为“主语”的句子的突出的谓语。唯在一种不再希腊地思想、根本上不再以存在学－形而上学方式思想的返回步伐中，τὸ αὐτό[同一]才可能，甚至必须被读作一个句子的“主语”。于是，τὸ αὐτό[同一]就命名着尚未被思考的'Αλήθεια[无蔽]之本质，因为它展开为ἐόν[存在者]之二重性，这种二重性本身“需要”λέγειν τε νοεῖν τε[言说与思想]，尽管'Αλήθεια[无蔽]从来就没有于自身中庇藏着χρή[需用、需要]（残篇第六）的本质渊源——因为它本身是从被遮蔽者中出来的。

五

可是，巴门尼德为何恰恰着眼于νοεῖν[思想、留心]与εἶναι[是/存在]的共属性来强调那种表面上看来不言自明的东西，即“在存在者之外”向来就找不到存在者？显然这只是因为，νοεῖν
264 [思想、留心]唤起了一种假象，仿佛它就逗留于“在场者”一旁。这种假象也不是单纯的外观①。因为λέγειν[言说、置放]与νοεῖν[思想、留心]让在场者在其在场中呈放，并且对立于在场者。λέγειν[言说、置放]与νοεῖν[思想、留心]的结构开放出ἐὸν ἔμμεναι[存在者之存在]，即在其显现中的在场，并且同时以某种方式摆脱掉在场者。不过，这种摆脱能够具有这种结构，只是因为νοεῖν[思想、留心]乃是一种λεγόμενον[所说、被言说者]，并且作为λεγόμενον[所说、被言说者]，νοεῖν[思想、留心]乃是一种“被言说者”，也即显现者。但νοεῖν[思想、留心]从何而来显现——如果不是从二重性本身，因为它关注这种二重性，并且从这种关注中才获得现身的保证？恰恰因为νοεῖν[思想、留心]把在其在场中的在场者开放出来，它才能被扣留到ἐόν[存在者]之二重性之中。在二重性之外，除了ἐόν[存在者]，没有任何东西与在场者之在场相关，尤其没有λέγειν[言说、置放]与νοεῖν[思想、留心]的结构。

巴门尼德说(残篇第八第36行以下)：

① 此句中的“假象”(Anschein)与“外观”(Scheine)在日常德语中均可被译为“假象”。——译注

οὐδ' ἦν γὰρ ἢ ἔστιν ἢ ἔσται
ἄλλο πάρεξ τοῦ ἐόντος,ἐπεὶ τό γε Μοῖρ' ἐπέδησεν
οὖλον ἀκίνητον τ' ἔμμεναι.
[不是曾经存在,或者现在存在,或者将存在。
既然“存在者”为命运所缚,在“存在者”之外则完全不同
也不动,存在。][①]

命运束缚住了ἐόν[存在者],也即把后者捆绑到二重性之中了。依照这种二重性,在场把在其在场与不在场中的在场者聚集起来。在场乃是统一者－一－唯一者[②],后者作为整体而现身,不可肢解,尤其决不能只是由当下在场者和不在场者拼凑起来。与这种如此这般运动的东西相比,与这种在与不在、来与去的东西相比,ἐόν[存在者]始终“没有运动”(κίνησις[运动]);因为它是那种στάσις[位置、方位],它在拖延之际让在其不在场与在场中的在场者延宕。Μοῖρα[命运]乃是分配,即分配入存在者与存在的二重性之中。这种分配配送的是二重性,在这种二重性范围内,在场者在场而显现出来。“存在”(ἐόν[存在者])之命运乃是二重性之遣送(Schickung),但这种命运却把二重性本身保持于遮蔽之中。唯有未被抛弃者才真正地作为配送了其展开之可能性的赠礼而被

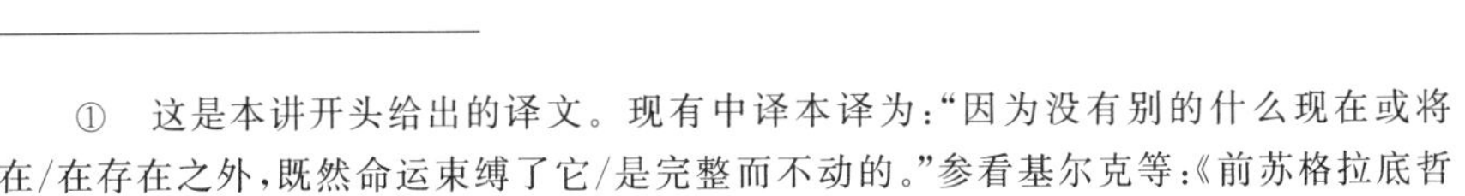

① 这是本讲开头给出的译文。现有中译本译为:“因为没有别的什么现在或将在/在存在之外,既然命运束缚了它/是完整而不动的。”参看基尔克等:《前苏格拉底哲学家》,中译本,聂敏里译,上海:华东师范大学出版社,2014 年,第 391 页。——译注

② 此处“统一者－一－唯一者”德语原文为:das Einende-Eine-Einzige,或可译为“具有统一作用的唯一之一”。——译注

给予。

265 相应地，“存在之命运”从来都不是一个事件序列，也即脱离于存在者的“自为存在”(Sein für sich)所经历的事件的序列，仿佛这种历史只是为一种新的历史学开启了对迄今为止所谓的形而上学历史的更深刻的洞察。“存在之历史”乃是ἐόν[存在者]的命运，在其中发生着二重性之遣送。与此之相随，在场者之为在场者进入无蔽状态中。那么命运本身呢？命运本身既不能根据在场者来加以说明，也不能从在场出发来加以表象，甚至也不能根据作为一个最终者的二重性来加以思考。

因为二重性本身始终遮蔽于命运中，而且恰恰是因为，始终只有二重性的东西即在场者与在场是解蔽的，因而要求着作为表象的思想。从二重性的东西出发被表象的二重性以πρότερον[在先的、早先的]与 ὕστερον τῇ φύσει[自然之后的、后到的]——即着眼于涌现先行和后来的东西；也即 a priori[在先的、先天的]与 a posteriori[后天的]东西——之区分的形态显现出来。鉴于这种区分，人们在任何时候都完全有理由确信，支撑全部存在学的差异(Differenz)对于西方哲学来说乃是早就熟知的。它是如此缠人地熟知，以至于找不到任何动因，在某个时候对区分之为区分的本质渊源做出思考——同时着眼于以往的思想而变成可思虑的。不断增强的要把以往关于思想的学说即逻辑学“转换”为逻辑斯谛的企图，不断增多的要把一般语言转移到逻辑斯谛的技术上去的期望，力求保障一切言说(广播言说)和书写(作为文学制作)的意志，都说明乞灵于二重性及其本质渊源之未思虑(Nicht-Bedenken)的形而上学的完成，才刚刚处于其摸索性的开始阶段。

但在其本质中被扣留的在场者与在场之二重性,早在西方思想的早期阶段,就已经昭示出它的可疑性了。它太容易被忽略了。因为思想在开端处首先必须穿越的那条决定性的道路,其目标在 266
于首要地去关注在场者之在场,方能命名使在场在其中显示自己的东西(τὰ σήματα τοῦ ἐόντος[存在者之标志或记号])。

让作为Ἕν[一]的εἶναι[是/存在]向νοεῖν[思想、留心]呈放出来的λέγειν[言说、置放],如此毫无疑问地达乎语言,以至于人们太容易忽视掉一点,即何以连这条对真正的思想进程来说决定性的道路也流失于可疑问性之中。因为它是这样一条道路,即它只在与其他两条道路的统一性中,也即与不可通行的第二条道路和不可回避的第三条道路的统一性中。这条三岔路在其统一性中取决于第一条道路。三岔路的这种统一性规定着早期思想的出发方式。

在对相应的三岔路的关注的指引中,说话的是那种指令,后者通过二重性而发出让呈放和关注的指令:在场者在场着。服从于这种指令,西方-欧洲思想洞见到在场者之在其显现的那些烙印中,依此烙印,形而上学的基本立场才得到了规定。

与巴门尼德的对话从来不会终结;这不只是因为在其流传下来的“教诲诗”的残篇中,许多东西还是晦暗不明的,不如说是因为所道说者本身依然是可疑的。然而,对话的无止境并不是什么缺陷,而倒是一种面向思念(Andenken)的丰富的可思性的标志。

然而,谁若只期望从思想获得一种保障和抚慰,他就会要求思想毁灭自己。当我们沉思,终有一死者的本质被召唤入对那种指令——把他们指引到有待思想的东西那里的指令——的留心关注之中,这时候,这种要求就会在一种奇怪的光亮中显现出来。

267

编者后记

马丁·海德格尔于1951—1952年冬季学期和1952年夏季学期在弗莱堡大学做的讲座，题为《什么叫思想?》，1954年在马克斯·尼迈耶出版社出版，此间已重印至第5版（1997年），现被编辑为《海德格尔全集》第8卷。

眼下这个全集版在“附录”部分新补充了两个文本。第一个文本是1951—1952年冬季学期讲座第九讲迄今未发表部分；它介于第92页末段与第93页第一段之间，第93页第一段开头如下：“我们试图把穿越者的道路刻画出来，从而……”第二个文本包含1952年夏季学期讲座因为时间原因而未做的最后一讲。这最后一讲（即第十二讲）的文本首先发表于《黑格尔研究》第25卷（第23—34页），作为其中由居伊·凡·凯克霍温（Guy van Kerckhoven）编辑、1952年9月15日在姆根布鲁恩（Muggenbrunn）举行的《辩证法高级研讨班》的附录；马丁·海德格尔在聚会期间宣读了这最后一讲的文本，参加该高级研讨班的有欧根·芬克（Eugen Fink）、马克斯·穆勒（Max Müller）、卡尔-海因茨·伏克曼-施鲁克（Karl-Heinz Volkmann-Schluck）、安纳丽塞·伏克曼-施鲁克（Annelise Volkmann-Schluck）、玛丽·比梅尔（Marly Biemel）、瓦尔特·比梅尔（Walter Biemel）、亨利·比罗（Henri Birault）、伯恩哈德·韦尔特（Bernhard Welte）、海因里希·奥克斯纳（Heinrich Ochsner）、艾尔弗里德·海德格尔（Elfride Heidegger）和冯·布伦塔诺（v. Brentano）女士等。在弗莱堡大学做的讲座文本中，这最后一讲的文本被一个新的结尾所取代，后者始于第247页上的如下句子："'什么叫思想？'我们最后回到这个问题……"最后一讲继续讲那里中断的巴门尼德解释。

根据马丁·海德格尔为全集版所做的指示，*课时之间的过渡* 268
（在单行本中它们是被分开排印的）要分别插入相关课时的开头。根据这种文本调整，眼下的全集版没有给出单行版的页码。

为眼下这个新版或者说初版，我们对讲座文本以及两个补充文本做了全盘*审读*。纠正了若干印刷错误，补充了少数几处标点（逗号）。以编者的确凿之见，第187页上数第4行（也是按照海德格尔的手稿）必定是："但［不是：自身］凡在语言（其中缺失句法）照面之处，人们多半把它们的结构理解为对句法的偏离，或者理解为一种句法之未及。"但按海氏遗稿保管人海尔曼·海德格尔先生的决定，这个句子仍取单行本第一版的表述。

所有的引文都做了核查，有几处做了修正。只要可能，引言是按海德格尔本人使用的版本来核查的。

在单行本中与今天流行的书写规则相应的*古写法*（在谢林、荷尔德林、叔本华和尼采那里），在新版中得到了修复。

按照海德格尔给出的指示，我们从他的样书中采纳了四处*文字修正*，它们在眼下这个版本中位于第127页、第153页、第170页和第210页，也采纳了若干处*斜体写法*。[①] 此外，我们在文中添

① 我们在译本中处理为重点号。——译注

加了 42 个作者边注，它们是海德格尔在自己的样书中标注的，或者——共有四处——摘自他插在样书中的 A6 纸条（印在第 9 页上的关于“科学并不思”的评注），以及他的两封书信。第 211 页上的作者边注 a 来自一封他写给曼恩弗雷德·弗林斯（Manfred Frings）的信。弗林斯当时是马克斯·舍勒（Max Scheler）著作全
269 集的编者，1974 年 6 月 25 日写信给马丁·海德格尔，提出一个问题：在“让呈放根本上必须为我们带来某物，后者进而作为一个呈放者而可能得到关注”这句话中，这个“进而”（dann）要如何来理解才好？在这封信的背面，海德格尔写道：“进而 = 然后→分四点解说”。我们从海德格尔给弗林斯的答复中采纳了相应的句子。第 213 页上的作者边注 b 以及第 234－235 页上的作者边注，是从海德格尔 1967 年 8 月 10 日致美国教授和海德格尔著作译者格莱恩·格雷（Glenn Gray）的一封信中摘来的。

我们没有采纳的，是这样一些文字标记，以及有时在书页边上记下的关键词和内部参引，它们只具有一种定向指引的性质，并不是真正意义上的作者边注。

海德格尔做的对自己著作单行本的参引页码说明，只要这些著作已有全集版，则以相应的全集版的页码来加以替换。

在本书“前言”提到的罗马数字，在眼下的全集版中则代之以“第一讲”、“第二讲”等等的说明。

有两个未标注的尼采引文，我们在此给出目录学的说明。第 57 页上的引文（“人人都在谈论我……但没有人思念我”）引自《查拉图斯特拉如是说》第三部“萎缩的德性”第 2 节。第 61 页上的引文（“人是尚未被确定的动物”）摘自《善恶的彼岸》第三章第 62 个

箴言。

海德格尔在本书第65页上所做的关于希腊文ῥέω[传达]和拉丁文reor[传达]的说明，参引的是下列词典：巴佩（W. Pape）：《希腊语-德语简明辞典》第3版，布劳恩施韦格，1914年，第2卷，第839页；格奥尔格（K. E. Georges）：《拉丁语-德语详解辞典》，莱比锡，1880年，第2卷，第2070页。

在第94页上引用的黑格尔的一句话“补过的袜子总比破的 270
强，自我意识的情形却并非如此”，是由罗森克兰茨（K. Rosenkranz）传下来的，参看他的《格奥尔格·威廉姆·弗里德里希·黑格尔的生平》（1844年），重版本，达姆斯达特，1977年（学术书社），第552页。

第153页和第209页上引用了格奥尔格·特拉克尔（Georg Trakl）的《雷雨》和《诗篇》中的诗句，可见于奥托·穆勒出版社（萨尔茨堡）于1938年出版的诗集《诗歌》，第179页或者第61页。

1952年6月20日课前，海德格尔就展览《战俘发言》讲了一小段话，现在印在本书第161页上。根据《全集》的安排，这段话同时也以《思想乃一种思念》为题，收入由海尔曼·海德格尔编的《全集》第16卷《讲话与生平证词》，美因法兰克福，2000年，第481页。

第202—203页上提到的关于逻各斯的文章，以《逻各斯（赫拉克利特残篇五十）》为题，刊印于《演讲与论文集》（《全集》第7卷）中，弗里德里希-威廉姆·冯·海尔曼编，美因法兰克福，2000年，第211—234页。

*

本书两个讲座包含一种根本的关于“什么叫思想?”的存在历史性的沉思，取该问题预先确定的双重统一的定向。它们追问思想意味着什么，但它们同时也追问思想历史性地把什么任务交给人。它们因此来思量“可思虑的东西”和“最可思虑的东西”，即我们“在我们这个可思虑的时代里”“尚未思想”。西方哲学的开端和终结构成一个视野或境域，海德格尔就在其中提出和讨论关于思想之本己要素的问题，同时也即关于作为此－在(Da-sein)的人之存在的问题。1951—1952 年冬季学期的第一个讲座展开为对作
271 为西方形而上学之“完成”的尼采之基本立场的争辩。1952 年夏季学期的第二个讲座包含着一种与巴门尼德的存在历史性的对话，巴门尼德乃是这样一个“原初开端性的”思想家，他经验到了，存在与思想的共属一体性乃是“在道说之第一个暗示中”的“一切思想的最完满的秘密”。

*

我要衷心感谢弗里德里希－威廉姆·冯·海尔曼教授，在本卷编辑过程的各个不同阶段，他都给予许多帮助和指导。尤其是要感谢他在文本校对以及样书中作者边注和文字修正的转录方面给予我的帮助。衷心感谢遗稿保管人海尔曼·海德格尔博士，他参与了编者所转录的作者边注的核校。我也要对汉斯－克里斯蒂安·京特(Hans-Christian Günther)教授表达谢意，感谢他在解答

几个重要的古语文学问题方面给我的专业建议。尤塔·海德格尔(Jutta Heidegger)女士、弗里德里希-威廉姆·冯·海尔曼教授、伊诺·奥格斯贝克(Ino Augsberg)博士细致地读了本书清样,在此一并致谢。

波拉-路多维卡·科里安多

2002 年 6 月于弗莱堡

译　后　记

“思想/思”(Denken)问题是20世纪德国思想家马丁·海德格尔(Martin Heidegger,1889—1976年)后期思想中的核心课题之一。在1950年代初,海德格尔在弗莱堡大学开设了一门讲座课程,专门讲“思想/思”,课程名为《什么叫思想?》(Was heißt Denken?)(1951—1952年冬季学期,共10讲;1952年夏季学期,共11讲)。没两年(1954年),该讲座稿即在马克斯·尼迈耶出版社出版了单行本(这在海德格尔的讲座稿中是少见的);现被辑为《海德格尔全集》之第8卷(2002年)。

这部讲座稿意义重大。海德格尔的弟子、著名女哲学家汉娜·阿伦特(Hannah Arendt,1906—1975年)甚至主张:《什么叫思想?》是除《存在与时间》之外海氏最重要的一部著作——但我以为,阿伦特此说显然是有点夸张了。毕竟本书只是两个讲座,虽然是海德格尔战后复出后(1951年)的头一次开课。即便就内容而言,本书主要涉及海德格尔后期思想的诸多主题之一,也不能跟《林中路》、《尼采》、《演讲与论文集》等著作相比;而在思想的系统性和广度上,本书更不能与《哲学论稿(从本有而来)》(《全集》第65卷)相比。所以,我们大概只好说,本书是后期海德格尔的代表性著作之一。

海德格尔本人似乎没有多么重视和高估本书，不过，他也曾经抱怨过当时人们对于本书的轻视。比如，在著名的《明镜》访谈（1966 年 9 月 23 日）中，海德格尔曾经说过这样一番话："思想并不是无所作为，而是自己在自身中行动，这种行动是处于与世界命运的对话中。在我看来，从形而上学产生出来的与实践的区别和二者之间的转化的想法阻塞着洞察我所理解的思想的道路。也许我可以在此指出我讲的一门课程，这门课程已于 1954 年以《什么叫思想？》的书名出版。恰恰这部书是我发表过的一切著作中最少被人阅读的一部，这件事或许也是我们时代的一个标志。"[1]

这是一个"无思时代"。在"无思时代"里，当然无人读《什么叫思想？》啰——有出版界的友人告诉我，眼下的图书市场很怪异，凡带有"什么叫……？""什么是……？"之类书名的书都好卖。但好卖不一定表明书好读，更不证明读者好思。

在开篇第一讲，海德格尔就为我们端出了一个命题：

> "在我们这个可思虑的时代里最可思虑的是我们尚未思想"。[2]

---

① 海德格尔："只还有一个上帝能救渡我们"，载《海德格尔全集》第 16 卷，美因法兰克福，2000 年，第 676 页；中译本，熊伟译，载孙周兴编选：《海德格尔选集》下卷，上海：上海三联书店，1996 年，第 1311 页。

② 见本书德文版第 7 页。此句以前被中译为："在我们这个激发思的时代的最激发思的东西显明于：我们尚不会思"。参看孙周兴编选：《海德格尔选集》下卷，上海：上海三联书店，1996 年，第 1206 页。此译广为流传，但显然不合原义，估计是译者根据英译本做的翻译。

我们(今日人类)尚未“思想”么？人类文明(特指书写文明)历经两千多年，人类此间发明和揭示了包括思维规律在内的自然法则和精神规律，特别是在欧洲文明中，形成了一门关于“思想/思维”的严格科学即逻辑学，我们怎么可以说人类尚未“思想”呢？我想大概只有一种可能性：海德格尔所讲的“思想”并非我们通常所想的思想。海德格尔直接补充说：“科学并不思”。实际上，这是海德格尔后期形成的一个基本思路：科学并不思想，甚至作为科学之源头和科学之基础的形而上学(或一般而言的哲学)也不“思想”——是所谓“哲学的终结与思想的任务”。哲学与“思想”构成一种对立，这是在海德格尔的“存在历史”观意义上来讲的。也正是在这个意义上，本书编者在“编者后记”中提纲挈领地概括了本书主旨：

> 本书两个讲座包含一种根本的关于“什么叫思想?”的存在历史性的沉思，取该问题预先确定的双重统一的定向。它们追问思想意味着什么，但它们同时也追问思想历史性地把什么任务交给人。它们因此来思量“可思虑的东西”和“最可思虑的东西”，即我们“在我们这个可思虑的时代里”“尚未思想”。西方哲学的开端和终结构成一个视野或境域，海德格尔就在其中提出和讨论关于思想之本己要素的问题，同时也即关于作为此-在(Da-sein)的人之存在的问题。1951—1952年冬季学期的第一个讲座展开为对作为西方形而上学之“完成”的尼采之基本立场的争辩。1952年夏季学期的第二个讲座包含着一种与巴门尼德的存在历史性的对话，巴门尼德乃

是这样一个"原初开端性的"思想家,他经验到了,存在与思想的共属一体性乃是"在道说之第一个暗示中"的"一切思想的最完满的秘密"。①

海德格尔的存在历史观可表达为"两端论":前苏格拉底思想向苏格拉底-柏拉图形而上学哲学的转向构成一端,为"第一开端的脱落";西方形而上学在尼采那里的完成与后哲学思想的开启构成另一端,为存在历史的"另一开端"。所以,在《什么叫思想?》中,海德格尔抓住了"两端",以两个讲座分别处理尼采与巴门尼德,前者为"形而上学之完成",而后者为"开端性的思想家"中的标志性人物(前苏格拉底思想家,海德格尔推崇的是阿那克西曼德、赫拉克利特和巴门尼德三位)。我想,海德格尔的《什么叫思想?》之所以重要,原因恐怕也在于此了。

我们知道,在20世纪30年代中期至40年代中期,在纷乱不堪的战争年代里,海德格尔在弗莱堡大学讲了差不多十年之久的尼采,后来亲自整理出皇皇巨著《尼采》两卷本,因此造就了一个"哲学的尼采"或者说"形而上学的尼采"。可以说,正是由于海德格尔的尼采解释,尼采这位向来不被看作正经哲学家、经常被当作文学家的异类思想人物,才获得了"大哲学家"的地位。在海德格尔的解释中,尼采晚期通过"权力意志"和"相同者的永恒轮回"两大概念,回答了西方-欧洲形而上学的"本质"(essentia)与"实存"(existentia)两大问题,即先验-存在学和超验-实存哲学/神学

① 本书"编者后记",德文版第270—271页。

的两大问题，同时，尼采哲学因其极端主体性特征和历史虚无主义规定，构成西方形而上学的极端类型和完成形态。在此意义上，海德格尔可以把尼采称为“最后一个形而上学家”。

在本书中，海德格尔的尼采解释的基本立场未变，但侧重点和切入点有所不同：是要围绕尼采的《查拉图斯特拉如是说》一书，从人的本质规定性出发进入尼采的形而上学。尼采有言：“人是尚未被确定的动物”。以往的哲学在感性－超感性（非感性）的二元对立意义上把人规定为 animal rationale［理性的动物］，或者说，人被规定为超肉身、超形体的东西，但在这种规定中，传统哲学既没有深思“感性”，也没有深思“非感性”，因此在传统的人的规定中，人是尚未被确定的动物。处于传统规定中的人被尼采称为“末人”，而为了超越这种“末人”，尼采提出“超人”（Übermensch）理想。关于“超人”，尼采在《查拉图斯特拉如是说》中有一段经典表述：

> 我来把超人教给你们。人类是某种应当被克服的东西。为了克服人类，你们已经做了什么呢？……看哪，我来把超人教给你们！超人乃是大地的意义。让你们的意志说：超人是大地的意义！我恳求你们，我的兄弟们，忠实于大地吧，不要相信那些对你们阔谈超尘世的希望的人！无论他们知不知道，他们都是放毒者。[1]

① 尼采：《查拉图斯特拉如是说》“序言”，中译本，孙周兴译，上海：上海人民出版社，2009年，第7页。

“超人”之所以为“超”，首先当然是对以往的人的“超出”和“克服”，是对以往的人之本质的否定，也即否定人的理性本质。尼采的做法是“颠倒”：把超尘世颠倒为尘世，把理性颠倒为动物性。进一步，尼采对“超人”的正面规定是：“超人乃是大地的意义”。这里的“大地”（Erde）也可以解为“尘世”，但仅仅把它解为“尘世”又是不够的。上面我们说尼采把“理性”颠倒为“动物性”，“大地”首先就暗示着这种“动物性”。而所谓动物性指的是肉身地存在的“身体”（Leib），是意愿生命本身的全部本能、欲望和激情的统一体，是尼采所谓“权力意志”的一个形态。

然而，虽然“超人”要追求强力和权力，但它的根本标志并不在于权力，而在于它能忍受“永恒轮回”思想，或者说，是为“权力意志”和“相同者的永恒轮回”所要求的那个人类。但为何“超人”与“相同者的永恒轮回”相关呢？两者是何种关联呢？在本书第一个讲座中，海德格尔完成了对尼采哲学中的“超人”与“相同者的永恒轮回”之关联的揭示。“超人”的本质在于“穿越”和“过渡”。“超人”要穿越“末人”。“末人”的特征是“复仇”（这当然是“道德人”和“宗教人”的通病）；在尼采看来，“复仇”甚至是以往全部思索的基本特征。所以，“超人”之“穿越”“末人”，关键就在于摆脱“复仇”。故海德格尔在讲座中反复引用和解释了尼采的下面一句话：

> 这个，的确，只有这个，才是复仇本身：意志对时间及其“曾在/曾是”的憎恶才是复仇。[1]

① 尼采：《查拉图斯特如是说》第二部，“救赎”，中译本，孙周兴译，上海：上海人民出版社，2009 年，第 180 页。

尼采这个句子的核心在于:“意志对时间及其‘曾在/曾是’的憎恶”,这是“复仇”的本质。海德格尔则在其中看出了对于西方形而上学传统来说决定性的时间观念,即“把时间刻画为消逝、先后相继之流”的线性时间观念——在《存在与时间》中则称之为“现在时间”。而所谓“复仇之解脱”,根本上就是要摆脱传统形而上学的时间观以及以此为基础的存在理解。海德格尔的解释由此通向尼采的“相同者的永恒轮回”之说:“复仇之解脱是一种过渡,即从意志对时间及其‘曾在/曾是’的憎恶,过渡到永远意愿相同者的轮回,并且在这种意愿中意愿自身成为它自身的基础的意志。”[①]因为在海德格尔看来,尼采的“相同者的永恒轮回”思想意在克服形而上学和虚无主义,这个思想的着眼点是“瞬间”,以“永恒轮回”为特征的生成/变易之流不再具有线性时间特征,而是被落实于“瞬间”(Augenblick)以及以“瞬间”为焦点的三维循环涌现的时间性结构。对于行动的个体此在来说,当下瞬间的时机性决断才是至关重要的,只有置身于“瞬间”者,其行动才能深入到“将来”,同时把“过去”接受和肯定下来。貌似高超空洞的“永恒轮回”之说,实质上却是指向个体此在的当下存在。尼采仿佛是想“教”我们:你应当如此这般地生活在每个瞬间中,并且相信每个瞬间都是永恒的,是永恒轮回的。

对于尼采“永恒轮回”学说的这样一种实存论意义,海德格尔在其《尼采》书中做了如下总结:“永恒轮回学说中最沉重和最本真的东西就是:永恒在瞬间中存在,瞬间不是稍纵即逝的现在,不是

① 本书德文版,第108页。

对一个旁观者来说仅仅倏忽而过的一刹那，而是将来与过去的碰撞。在这种碰撞中，瞬间得以达到自身。瞬间决定着一切如何轮回。”[①]永恒在瞬间中存在——在海德格尔看来，这正是尼采后期哲学的要义所在。在以“神性”为标志的传统形而上学的“永恒”和“超越”思考终结之后，尼采关注“如何安顿个体此在生活”这样一个实存论问题，不再主张任何具有形而上学（神学）色彩的谋求永恒的超越论，而是采取了一条“把瞬间永恒化”的路径。

在本书第二个讲座中（1952年夏季学期），海德格尔主要提供给我们关于巴门尼德的解释，其实主要是对巴门尼德的一个箴言（残篇第六）的解释。这个箴言说的是：χρὴ τὸ λέγειν τε νοεῖν τ᾽ ἐὸν ἔμμεναι。按照传统的或习惯的译法，这个箴言的意思是：“必需去道说和思考存在者存在”。而根据海德格尔所做的重新解释，这个箴言的意思大变，竟然成了：

> χρὴ τὸ λέγειν τε νοεῖν τ᾽ ἐὸν ἔμμεναι.
> 需用既让呈放又留心：存在者存在着。[②]

这种重解当然是极为怪异的了。我们看到，几乎这个箴言原文的每个词语，均被海德格尔做了重新解释和翻译。其中χρὴ通常被译为“必需的”（nötig ist），而海德格尔则把它改译为“需用”（Es brauchet）；通常被译为“言说、说话”的λέγειν，海德格尔则建

① 海德格尔：《尼采》上卷，斯图加特，1998年，第278页；中译本，孙周兴译，北京：商务印书馆，2015年，第327页。

② 本书德文版，第227页。

议把它改译为"让呈放"(vorliegenlassen)或"置放"(legen);而最异乎寻常的是,通常被译为"思想"的νοεῖν,海德格尔则把它译解为"留心、关注"(In Acht nehmen)。凡此种种,无论是海德格尔对χρὴ还是对λέγειν和νοεῖν的重译,意图只在于揭示:在前苏格拉底的巴门尼德思想中,人还不是主体性意义上的人,人的活动还是非对象性的,人是受"存在之命运"的规定、被存在所"用"才去言说(让呈放)和思考(留心)存在者之存在的。

正是在此意义上,海德格尔在本讲座的最后部分,也对巴门尼德的残篇第八——"因为思想和存在是同一的"(τὸ γὰρ αὐτὸ νοεῖν ἐστίν τε καὶ εἶναι.)——做了一次重新译解。巴门尼德这个残篇是更为人所熟知的,在西方哲学史上被认为具有开创性或开端性的意义,是"纯思"的开始,以老黑格尔的说法:以此命题,"真正的哲学思想从巴门尼德起始了"。[①] 确实,巴门尼德这个箴言τὸ γὰρ αὐτὸ νοεῖν ἐστίν τε καὶ εἶναι[因为思想与存在是同一的]早就成了全部西方哲学的基本主题。在海德格尔看来,甚至康德的定律"一般经验的可能性条件同时也是经验对象的可能性条件",也无非是这个基本主题的变式,更不消说黑格尔的命题"存在就是思想"了。

然而,海德格尔仍然完全不能同意传统哲学史关于巴门尼德的定论。以他的区分,巴门尼德是一个伟大的思想者,还不是后世所谓的哲学家,因而还不可能提出和确立"存在与思想的同一性"

① 参看黑格尔:《哲学史讲演录》第一卷,中译本,贺麟、王太庆译,北京:商务印书馆,1995 年,第 267 页。

这样一个存在学/本体论(ontologia)的原理。按海德格尔的建议，巴门尼德的箴言第八(τὸ γὰρ αὐτὸ νοεῖν ἐστίν τε καὶ εἶναι)，我们不能以哲学的方式把它译为“因为思想与存在是同一的”，而是要把它译解为：“因为留心与在场者之在场是同一者”——而此处所谓的“同一者”(das selbe)，海德格尔也给出了他自己的一个解释：不是逻辑的同一，不是一式一样的东西，而是“共属一体”(zusammengehören)的东西。因此，巴门尼德这个箴言的意义在于提示我们：“νοεῖν[思想、留心]与εἶναι[是/存在]为什么以及以何种方式是共属一体的。”[①]关于νοεῖν与εἶναι的这样一种“共属关系”的思想，自然还不可能是哲学思维，而是一种前哲学的开端性的“思想”。

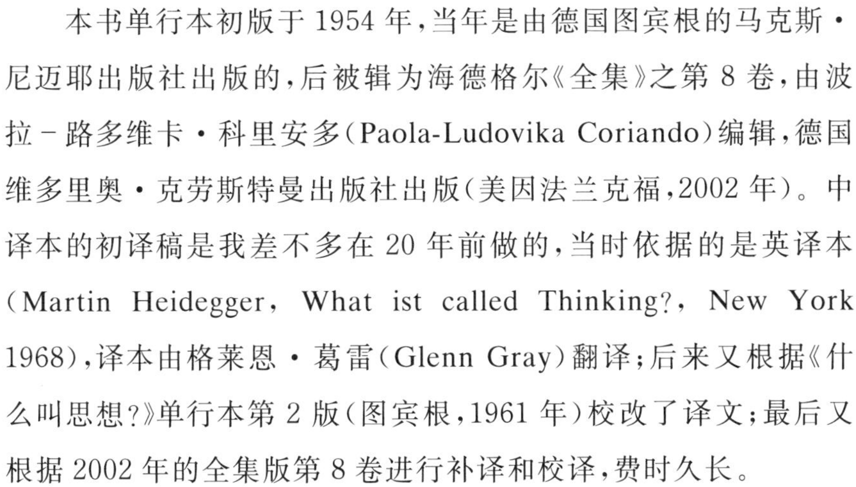

本书单行本初版于1954年，当年是由德国图宾根的马克斯·尼迈耶出版社出版的，后被辑为海德格尔《全集》之第8卷，由波拉-路多维卡·科里安多(Paola-Ludovika Coriando)编辑，德国维多里奥·克劳斯特曼出版社出版(美因法兰克福，2002年)。中译本的初译稿是我差不多在20年前做的，当时依据的是英译本(Martin Heidegger, What ist called Thinking?, New York 1968)，译本由格莱恩·葛雷(Glenn Gray)翻译；后来又根据《什么叫思想？》单行本第2版(图宾根，1961年)校改了译文；最后又根据2002年的全集版第8卷进行补译和校译，费时久长。

本书初译时所依据的英译本是根据1954年出版的德文单行

① 本书德文版，第245页。

本做的，内容上并不完备，译文也未必准确，但终归也给中译工作提供了有益的参考。

书中出现的“注释”包括海德格尔的“原注”、“作者边注”和中译者所加的“译注”。所谓“作者边注”（Randbemerkung）是海德格尔生前在他自己的单行本样书上做的一些批注，现由全集版编者波拉－路多维卡·科里安多（Paola-Ludovika Coriando）教授整理并补入新版中。据编者的统计，本书中共有 42 个“作者边注”。有关具体情况，可参看书后的“编者后记”。

译文中的[ ]用于标示古希腊文和拉丁文词语的对应中文翻译；有必要注明的德文原文词句则用( )标示。

本书译文初稿早在 20 世纪 90 年代中期即告完成，后来商务印书馆有关编辑也表示愿意出版本书。然而，由于本书中文版翻译版权早就被另一家中国大陆出版社购得，我只好把译稿存在电脑里了，一晃十几年过去了。而别人的中文译本却久未见出版，到最后过了版权期（其间应该过了几次版权期），德国出版社收回了中文版权，这时候，商务印书馆才有了购买的机会。此次承蒙本书作者之子海尔曼·海德格尔先生（Hermann Heidegger）的促成，以及克莱特－科塔出版社的罗兰·克奈倍先生（Roland Knappe）的相助，商务印书馆成功购得了本书中文版权，从而使拙译终于有了面世的机会。为此要感谢两位的支持。

2013 年冬季学期，我在同济大学哲学系开设《德语哲学原著选读课》，跟十几位研究生阅读本书德文版。一学期下来，只读了第一部分（即 1951—1952 年冬季学期讲座）的前面几十页；2015

年冬季学期,我又在同济大学哲学系开设《海德格尔原著选读课》,这次读的是第二部分(即1952年夏季学期讲座)的前面几十页(第1—5讲)。这种细读对本书的修订工作是大有促进的。在此也要感谢参加该课程的同学们。

本书虽然是由两个讲座构成的,而讲座文字在通常情况下总归是比较轻松易懂的,但本书的文字却不然,尤其是涉及巴门尼德思想的后一个讲座,其中关于巴门尼德箴言所做的解释迂回曲折,义理幽远,殊为费解,给我们的汉译工作带来了极大困难。

本书初译稿是译者早年根据英文译本做的,而其中一个原因,居然是当年我在国内没有找到德文版(单行本)——现在中国的研究者恐怕已经难以想象我们那时候在资料方面的匮乏了。时过境迁,文字心思均有大变。这次我根据德文全集版把译文重新做了一遍,希望现在交出来的译文对得起这二十几年的延宕。

译文或有差错,敬请识者批评指正。

2006年8月28日记于沪上康桥

2016年2月9日再记于普吉岛